高等中医药院校教材
习题精选

主编·邵建华 顾柏平

物 理 学
习题精选

上海科学技术出版社

图书在版编目(CIP)数据

物理学习题精选/邵建华,顾柏平主编. —上海:上海科学技术出版社,2014.1(2025.1 重印)
(高等中医药院校教材习题精选)
ISBN 978-7-5478-2102-2

Ⅰ.①物… Ⅱ.①邵…②顾… Ⅲ.①物理学-中医院校-习题集 Ⅳ.①O4-44

中国版本图书馆 CIP 数据核字(2013)第 280888 号

物理学习题精选
主编/邵建华 顾柏平

上海世纪出版(集团)有限公司
上海科学技术出版社 出版、发行
(上海市闵行区号景路 159 弄 A 座 9F-10F)
邮政编码 201101 www.sstp.cn
常熟市兴达印刷有限公司印刷
开本 787×1092 1/32 印张 8.375 字数 200 千
2014 年 1 月第 1 版 2025 年 1 月第 7 次印刷
ISBN 978-7-5478-2102-2/O·32
定价: 18.00 元

本书如有缺页、错装或坏损等严重质量问题,
请向工厂联系调换

编委名单

主 编

邵建华　上海中医药大学
顾柏平　南京中医药大学

副主编

李　光　长春中医药大学
韦相中　广西中医药大学
黄　浩　福建中医药大学
郭晓玉　河南中医学院
王　勤　贵阳中医学院
刘海英　辽宁中医药大学

主 审

侯俊玲　北京中医药大学

编 委

(按姓氏笔画排序)

王 贺	黑龙江中医药大学
王文龙	长春中医药大学
王冬梅	黑龙江中医药大学
王立普	刑台医学高等专科学校
孔志勇	山东中医药大学
叶 红	上海中医药大学
刚 晶	辽宁中医药大学
刘 慧	成都中医药大学
杨林静	云南中医学院
张 莉	北京中医药大学
张灵帅	河南中医学院
林 蓉	上海中医药大学
俞 允	福建中医药大学
高建平	甘肃中医学院
柴 英	大连医科大学中山学院
凌高宏	湖南中医药大学

钱天虹　安徽中医药大学
鲁玮瑗　首都医科大学
蒋良平　大连大学

学术秘书

彭春花　上海中医药大学

编写说明

本书是普通高等中医药类"十二五"规划教材(全国高等教育中医药类精编教材)《物理学》的配套教学用书。由于学时有限,为了便于学生学习,掌握主要的内容而编写了本书。本书按《物理学》的章节顺序一一对应编写,便于学生与教材同步使用。每章包括内容提要、习题解答、课外练习三部分,且在全书最后附有课外练习的参考答案。全书具有以下几个特点:(1)内容提要部分给出每章主要的知识点,便于学生归纳总结学习的内容;(2)习题解答部分详尽地给出每章对应习题的解题过程,降低了学生的解题困惑;(3)课外练习部分选用了中医药院校一线教师多年收集的经典习题,有单选题、判断题、填空题、简答题和计算题,目的在于启发和引导学生积极思考,开拓思路;(4)参考答案部分同样给出了课外练习的全部解题过程,方便学生进行对照和分析。

本书在编写过程中得到了上海科学技术出版社、上海中医药大学以及参编学校领导和同行专家的关心和支持,同时我们借鉴了同行的教材,在此一并表示感谢。

本教材的不妥之处,恳请专家、教师和同学给予批评指正,以便再版时修订和改进。

编委会
2013 年 11 月

目 录

第一章	力学基础知识	1
第二章	流体的运动	13
第三章	分子物理学基础	26
第四章	热力学基础	38
第五章	静电场	53

第六章	恒定电流与电路	65
第七章	电磁现象	75
第八章	机械振动和机械波	90
第九章	波动光学	118
第十章	几何光学	132

第十一章	量子力学基础	139
第十二章	X射线	151
第十三章	原子核物理学基础	159
第十四章	狭义相对论简介	175

课外练习参考答案　　188

第一章
力学基础知识

【内容提要】

1. 刚体力学

刚体 无论在多大的外力作用下,物体的形状和大小都不发生改变。

平动 当刚体运动时,刚体内任一条直线,在运动过程中始终彼此平行。

刚体的定轴转动 刚体运动过程中,其上各个质点都围绕同一直线做圆周运动,且转轴固定不动。

角速度 $$\omega = \lim_{\Delta t \to 0} \frac{\Delta \theta}{\Delta t} = \frac{d\theta}{dt}$$

角加速度 $$\beta = \lim_{\Delta t \to 0} \frac{\Delta \omega}{\Delta t} = \frac{d\omega}{dt} = \frac{d^2\theta}{dt^2}$$

转动动能 $$E_k = \frac{1}{2} I \omega^2$$

转动惯量 物体所有质点的质量与其转动半径的平方的乘积之和。

$$I = \sum \Delta m_i r_i^2 \text{ 或 } I = \int r^2 dm = \int r^2 \rho dV$$

力矩 $\quad M = Fd = Fr\sin\varphi, \boldsymbol{M} = \boldsymbol{r} \times \boldsymbol{F}$

刚体的转动定律 转动刚体在外力矩的作用下,所获的角加速度 $\boldsymbol{\beta}$ 的大小与作用在刚体上的外力矩 $\boldsymbol{M}$ 的大小成正比,与刚体的转动惯量 I 成反比,方向与合外力矩方向相同。

$$\boldsymbol{M} = I\boldsymbol{\beta}$$

角动量 $\quad\quad\quad\quad \boldsymbol{L} = I\boldsymbol{\omega}$

角动量定理 定轴转动刚体所受到的外力矩的冲量矩,等于刚体从 t_1 到 t_2 时间内角动量的增量。

$$\int_{t_1}^{t_2} M\mathrm{d}t = \int_{\omega_1}^{\omega_2} \mathrm{d}(I\omega) = I\omega_2 - I\omega_1 = L_2 - L_1 = \Delta L$$

角动量守恒定律 当刚体所受的合外力矩等于零时,刚体的角动量(或动量矩)等于恒量。

$$L = I\omega = 恒量$$

陀螺的进动角速度 $\Omega = \dfrac{mgl}{L} = \dfrac{mgl}{I\omega}$

陀螺的进动角速度 Ω 与质心的位置 l 成正比,与转动惯量 I 和自转角速度 ω 成反比。

2. 物体的弹性

正应变 $\quad\quad\quad\quad \varepsilon = \dfrac{\Delta l}{l_0}$

正应力 $\quad\quad\quad\quad \sigma = \dfrac{F}{S}$

张应力(压应力)的方向与物体的横截面积垂直,称为正应力,相应的应变统称为正应变。

体应变 $\quad\quad\quad\quad \theta = \dfrac{\Delta V}{V_0}$

体应力　使体积变化的应力,可以用压强 p 表示。

切应变 $$\gamma = \frac{\Delta x}{d} = \tan\varphi$$

切应力 $$\tau = \frac{F}{S}$$

杨氏模量 $$E = \frac{\sigma}{\varepsilon} = \frac{Fl_0}{S\Delta l}$$

体变模量 $$K = -\frac{\Delta p}{\theta} = -V_0\frac{\Delta p}{\Delta V}$$

压缩系数或压缩率 $$k = \frac{1}{K} = -V_0\frac{\Delta p}{\Delta V}$$

切变模量 $$G = \frac{\tau}{\gamma} = \frac{Fd}{S\Delta x}$$

弹性势能　在弹性限度内,物体在外力的作用下会发生弹性形变,外力对弹性物体所做的功是以弹性势能的形式储存在弹性物体中,即外力所做的功转变为弹性物体的形变势能。

$$E_P = A = \frac{1}{2}kx^2$$

3. 骨骼和肌肉的力学性质

希尔方程　$(T+a)(v+b) = b(T_0+a)$

式中,T_0 是初始张力,a、b 为常数。

【习题解答】

1-1　一飞轮从静止开始做匀加速转动,经 10 s 后角速度达到 40 rad·s^{-1},求转轮的角加速度及在 10 s 内转轮转过的角度。

解　$\beta = \dfrac{\omega - \omega_0}{t} = \dfrac{40-0}{10} = 4 \text{ rad·s}^{-2}$

因为 $\theta = \omega_0 t + \frac{1}{2}\beta t^2$,所以有 $\theta = \frac{1}{2}\beta t^2 = \frac{1}{2} \times 4 \times 10^2 = 200 \text{ rad}$。

1-2 长为 l,质量为 m 的均匀细棒,其转轴通过棒的中心并与棒成 θ 角,求棒对此轴的转动惯量。

解 如图 1-1 所示,建立 OX 轴,O 点为棒的中点。在其上取长为 $\mathrm{d}x$、距 O 点为 x 的质量元 $\mathrm{d}m$,$\mathrm{d}m = \frac{m}{l}\mathrm{d}x$,其绕转轴 PP' 的转动惯量

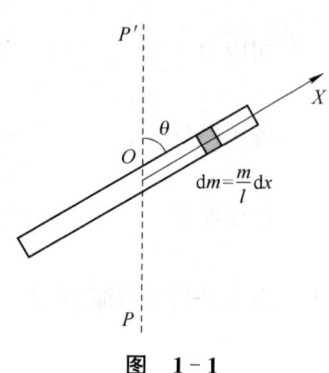

图 1-1

$$\mathrm{d}I = (x\sin\theta)^2 \cdot \frac{m}{l}\mathrm{d}x$$

则
$$I = \int \mathrm{d}I = 2\int_0^{\frac{l}{2}} \frac{m}{l}\sin^2\theta \cdot x^2 \mathrm{d}x$$

$$I = \frac{1}{12}ml^2\sin^2\theta$$

1-3 质量均匀分布的圆盘,半径为 R,质量为 M',使它绕通过盘心与盘面垂直的转轴转动,若在盘边缘上挂一质量为 m 的重物,试求此圆盘的角加速度及圆盘边缘上切向加速度(摩擦力不计)。

解 物体 m 对绳的拉力为 T,下落的加速度为 a_t(即圆盘边缘的切向加速度),物体 m 匀加速下落的同时圆盘也做匀加速转动。根据转动定律有

另外还列出
$$M = I\beta$$
$$M = TR$$
$$I = \frac{1}{2}M'R^2$$

$$a_t = R\beta$$
$$mg - T = ma_t$$

解 由上面五个方程组成的方程组可得

$$a_t = \frac{2m}{2m+M}g \qquad \beta = \frac{2m}{(2m+M')R}g$$

1-4 被固定的发动机飞轮转动惯量为 $2\,000\ \text{kg}\cdot\text{m}^2$，在恒外力矩的作用下，该飞轮从静止开始转动，经过 $100\ \text{s}$ 后，转速达 $20\ \text{rev}\cdot\text{s}^{-1}$，求：(1)外力矩的大小；(2)此刻的转动动能的大小；(3)经过 $100\ \text{s}$ 时，发动机飞轮转过的圈数。

解 在恒外力矩作用下的飞轮做匀加速转动，由 $\omega = \omega_0 + \beta t$ 可得

$$\beta = \frac{\omega}{t} = \frac{20 \times 2\pi}{100} = 0.4\pi\ \text{rad}\cdot\text{s}^{-2}$$

(1) 由 $M = I\beta$ 可得

$$M = 2\,000 \times 0.4\pi = 800\pi\ \text{N}\cdot\text{m}$$

(2) 由 $E_k = \frac{1}{2}I\omega^2$ 可得

$$E_k = \frac{1}{2} \times 2\,000 \times (40\pi)^2 = 1.6 \times 10^6 \pi^2\ \text{J}$$

(3) 由 $\theta = \omega_0 t + \frac{1}{2}\beta t^2$ 可得

$$\theta = \frac{1}{2}\beta t^2 = \frac{1}{2} \times 0.4\pi \times 100^2 = 2\,000\pi\ \text{rad}$$

转过的圈数

$$N = \frac{\theta}{2\pi} = \frac{2\,000\pi}{2\pi} = 1\,000\ \text{圈}$$

1-5 将绳绕在半径 $R = 1\ \text{m}$，质量 $m = 100\ \text{kg}$ 的圆盘上，在

绳的一端施加 20 N 的拉力，此圆盘绕过盘心垂直于盘面的定轴转动。求：(1)圆盘的角加速度；(2)当线拉下 5 m 时，圆盘所得到的动能。

解 圆盘对通过盘心垂直于盘面的轴的转动惯量为

$$I = \frac{1}{2}mR^2 = \frac{1}{2} \times 100 \times 1^2 = 50 \text{ kg} \cdot \text{m}^2$$

(1) 由转动定律 $M = I\beta$ 得

$$\beta = \frac{M}{I} = \frac{FR}{I} = \frac{20 \times 1}{50} = \frac{2}{5} \text{ rad} \cdot \text{s}^{-2}$$

(2) 外力矩所做的功等于圆盘动能的增加，即

$$E_k = \frac{1}{2}I\omega^2 = Fl = 20 \times 5 = 100 \text{ J}$$

1-6 一水平转台绕竖直定轴转动，每 10 s 转一周。转台对轴的转动惯量为 1 200 kg·m²。一质量为 80 kg 的人，开始站在台的中心，随后沿半径向外跑去，试求：当人离转台中心 2 m 时，转台的角速度。

解 人站在台中心时的转动惯量 $I_1 = 1\,200$ kg·m²，转速为 $\omega_1 = \frac{2\pi}{10} = 0.2\pi$ rad·s⁻¹。当人跑到距台中心 2 m 处时的转动惯量 $I_2 = I_1 + mr^2 = 1\,200 + 80 \times 2^2 = 1\,520$ kg·m²，此时角速度设为 ω_2，根据角动量守恒定律可得

$$\omega_2 = \frac{I_1}{I_2}\omega_1 = \frac{1\,200}{1\,520} \times 0.2\pi = 0.158\pi \text{ rad} \cdot \text{s}^{-1}$$

1-7 系统由圆盘 A 和 B 组成，开始时，盘 A、B 是分开的，盘 A 的角速度为 ω_0，盘 B 静止，盘 A 的转动惯量为盘 B 的一半。两者的轴由离合器控制，两者衔接到一起后，产生了 2 000 J 的热，求原来盘 A 的动能为多少？

解 设两者衔接到一起后的共同角速度为 ω,根据角动量守恒定律有

$$I_A\omega_0 = (I_A + I_B)\omega$$

$$\omega = \frac{1}{3}\omega_0 \qquad (1-1)$$

根据能量守恒得

$$\frac{1}{2}I_A\omega_0^2 = \frac{1}{2}(I_A + I_B)\omega^2 + 2\,000 \qquad (1-2)$$

将式(1-1)代入式(1-2)得

$$E_A = \frac{1}{2}I_A\omega_0^2 = 3\,000\ \text{J}$$

1-8 松弛的肱二头肌是一条长 0.20 m、横截面积为 50 cm² 的均匀柱体,若使它伸长 2.0 cm 时,所需要的力为 10 N。当它处于挛缩状态而主动收缩时,产生相同的伸长量需 200 N 的力。上述两种状态下求它的杨氏模量。

解 由 $E = \dfrac{\sigma}{\varepsilon} = \dfrac{Fl_0}{S\Delta l}$ 得

$$E_1 = \frac{F_1 l_0}{S\Delta l_1} = \frac{10 \times 0.20}{50 \times 10^{-4} \times 2.0 \times 10^{-2}} = 2.0 \times 10^4\ \text{Pa}$$

$$E_2 = \frac{F_2 l_0}{S\Delta l_2} = \frac{200 \times 0.20}{50 \times 10^{-4} \times 2.0 \times 10^{-2}} = 4.0 \times 10^5\ \text{Pa}$$

1-9 某人右手肱骨的长度为 0.28 m,横截面面积为 4.8 cm²,若用右手竖直举起重 300 N 的物体,试求:(1)右手所受到的正应力 σ;(2)右肱骨缩短的长度 Δl。

解 (1)由 $\sigma = \dfrac{F}{S}$ 得

$$\sigma = \frac{300}{4.8 \times 10^{-4}} = 6.25 \times 10^5\ \text{Pa}$$

（2）由 $\Delta l = \dfrac{Fl_0}{SE}$ 得

$$\Delta l = \dfrac{300 \times 0.28}{4.8 \times 10^{-4} \times 9 \times 10^9} = 1.9 \times 10^{-5} \text{ m}$$

【课外练习】

一、单选题

1. 做定轴转动的刚体，在每 1 s 的时间间隔内，角速度都增加 $\dfrac{\pi}{2}$ rad·s^{-1}，此刚体的运动为（　　）。

   A．匀加速转动　　　　　　B．匀速转动
   C．匀减速转动　　　　　　D．不能确定

2. 如图 1-2 所示，均匀细杆 PQ 在竖直平面内绕 P 轴自由转动，当细杆 PQ 从水平位置开始摆下至竖直位置，角加速度变化为（　　）。
   A．始终不变
   B．由小变大
   C．由大变小
   D．恒等于零

   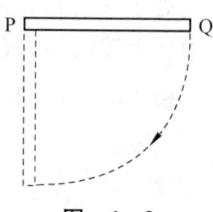

   图 1-2

3. 有两个共轴的圆盘 M 和 N。M 盘和 N 盘是分开的，盘 N 静止，盘 M 的角速度为 ω_0。两者接合后的共同角速度为 $\dfrac{1}{3}\omega_0$。已知盘 M 绕该轴的转动惯量为 I_M，则盘 N 绕该轴的转动惯量 I_N 等于（　　）。

   A．$4I_M$　　　B．$3I_M$　　　C．$2I_M$　　　D．I_M

4. 两个刚体的转动动能相等,转动惯量之比为 4∶1,它们的角速度之比为(　　)。
   A．1∶2　　　B．2∶1　　　C．1∶$\sqrt{2}$　　　D．4∶1

5. 绕垂直中心轴转动的圆形飞轮,对轴的转动惯量为 $20\ \text{kg} \cdot \text{m}^2$,在 $200\pi\ \text{N} \cdot \text{m}$ 的恒外力矩作用下,圆盘由静止开始转动,经 2 s 后飞轮转过的圈数为(　　)。
   A．10　　　B．20　　　C．30　　　D．40

6. 物体受张应力的作用而发生断裂时,该张应力称为(　　)。
   A．范性　　B．延展性　　C．抗压强度　　D．抗张强度

7. 平滑肌在某些适宜的刺激下就会发生(　　)。
   A．自发的节律性收缩　　B．等宽收缩
   C．不自主收缩　　D．等级收缩

8. 骨骼肌主动收缩所产生的张力和被动伸长所产生的张力的关系是(　　)。
   A．不相等　　　　　　B．前者小于后者
   C．前者大于后者　　　D．近似等于

二、判断题

1. 骑三轮车时,车脚蹬子在任何位置骑车人施加于它的力矩都相等。(　　)

2. 绕定轴做自由旋转的物体,在其受热膨胀后,角速度减少。(　　)

3. 作用在定轴转动刚体上的合力越大,刚体转动的角加速度越大。(　　)

4. 刚体做定轴转动的角速度越大,说明作用在刚体上的合外力矩就一定越大。(　　)

5. 足球守门员要先后接住两个质量和前进的速度都相同的球,第一个球从空中飞来(无转动);第二个球从地面滚来。他先后接住这两个球所需做的功相等。(   )

6. 长骨的切变模量比玻璃的切变模量大,比铜的切变模量小。(   )

7. 在正比极限范围内,发生切应变时,切应力与切应变之比称为该材料的切变模量。(   )

8. 当肌肉疲劳时,收缩能力减弱,这时使骨骼受到异常的高载荷而导致的骨折称为疲劳骨折。(   )

三、填空题

1. 刚体对某一定轴的转动惯量由其各部分质量对给定转轴的分布情况决定,也就是与_____有关。

2. 水平面放置的均质圆盘绕通过盘心垂直盘面的轴转动,圆盘对该轴的转动惯量为 I,当其转动角速度为 ω 时,一质量为 m 的质点垂直落到距转轴 $\dfrac{R}{2}$ 处圆盘上,它们的共同转动的角速度为_____。

3. _____是角动量守恒成立的前提条件。

4. 在围绕自身的对称轴自转的同时,对称轴还沿着以垂直轴为对称轴的圆锥面不断旋转,陀螺的这种运动我们称之为_____。

5. 陀螺的进动角速度 Ω 与质心位置 l 成_____,与转动惯量 I 和自转角速度 ω 成_____。

6. 当物体受到切应力作用时,发生的应变为_____,_____

与_____的比值为切变模量。

7. 骨的功能决定于它的_____。

8. _____、_____、_____、_____和_____是骨骼的六种受力形式。

9. 希尔(A. V. Hill)在详细研究了等张收缩时骨骼肌的张力 T 与其最大缩短速度 v 之间的关系之后,得出的希尔方程是_____。

四、简答题

1. 两个半径不同的均质轮用一皮带(质量忽略不计)连接,皮带与轮之间无相对滑动,大轮边缘与小轮边缘上各点的线速度的大小是否相同?大、小轮的角速度是否相同?

2. 当飞轮做加速转动时,在飞轮上半径不同的两个质点,它们的切向加速度是否相同?法向加速度是否相同?

3. 一人坐在转椅上双臂展开,两手各拿一只重量相等的哑铃,转椅以一定的角速度转动。如果收回手臂,收回前、后整个系统的转动惯量、转动角速度将如何变化?试说明原因。

4. 说明正应力、正应变和杨氏模量的定义以及它们之间的关系。

5. 肌肉有哪些种类?心肌与骨骼肌主要区别有哪些?心室的顺应性是什么?

五、计算题

1. 在粗糙的水平桌面上有一半径为 R、质量为 m 的均质圆形平板,圆形平板与水平桌面之间的摩擦系数为 μ,圆形平板绕通过圆心且垂直于平板的轴转动,摩擦力对轴的力矩为多少?

2. 长为 $2l$ 的均匀细棒 MN,以铰链将 M 点固定,用手在 N 点把细棒水平放置,并使其静止不动。若放开 N 端,细棒绕 M 点转到竖直位置时,去掉铰链,使细棒成为自由落体,在以后的运动中,其质心沿抛物线运动,而棒绕质心旋转,试求:当细棒的质心下降 h 高度时,细棒转过的圈数。

3. 两个质量为 m_1 和 m_2 的物体分别系在两条绳上,这两条绳又分别绕在半径为 r_1 和 r_2 并装在同一轴的两鼓轮上,如图 1-3 所示。已知两鼓轮绕轴的转动惯量为 I,轴间摩擦不计,绳子的质量忽略不计,求鼓轮的角加速度。

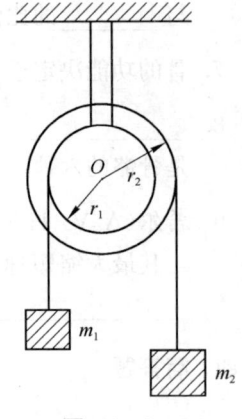

图 1-3

4. 水平放置的圆盘绕垂直于盘心的轴旋转,其转动惯量为 I,质量为 m 的人站在圆盘的边缘,角速度为 ω_0,若此人从盘的边缘走到盘心,试求:(1)人走到盘心时的角速度 ω;(2)系统动能增量 ΔE_k。

5. 头骨的抗压强度为 1.7×10^8 Pa,如果质量为 1 kg 的重物,竖直砸到人的头上,设重物与头骨的作用时间为 1×10^{-3} s,作用面积为 0.4 cm²,问重物离头顶至少多高下落才会砸破人的头骨?

第二章
流体的运动

【内容提要】

1. 流体的特性

在很多实际问题中,可压缩性和黏性只是影响流体运动的次要因素,而流动性才是决定流体运动的主要因素。所以在流体力学中用理想流体这一理想化的模型来代替实际流体进行分析,从而得出理想流体运动的基本规律。所谓理想流体,就是绝对不可压缩,完全没有黏性的流体。

2. 稳定流动

如果空间任意固定点的流速不随时间而变,即同一时刻流体内各处的流速可能不同,但流体粒子流经空间任一给定点的速度是确定的,不随时间变化,即可认为其流动状态是稳定的,这种流动称为稳定流动。

3. 连续性方程

相同时间内,流过同一细流管任意一横截面的连续流动的流体体积相等,即

$$S_1 v_1 = S_2 v_2$$

4. 伯努利方程

$$\frac{1}{2}\rho v^2 + \rho g h + p = 恒量$$

理想流体做稳定流动时,同一流管内任一横截面处单位体积流体的动能、势能和压强能的总和是一恒量。伯努利方程实质上是能量守恒定律在流体力学中的具体表达形式。

5. 牛顿黏滞定律

流体内相邻两流层接触面间的内摩擦力 f 的大小与接触面积 S 及速度梯度 $\dfrac{\mathrm{d}v}{\mathrm{d}r}$ 成正比,即

$$f = \eta \frac{\mathrm{d}v}{\mathrm{d}r} S$$

6. 泊肃叶定律

$$Q = \frac{\pi R^4 \Delta p}{8\eta L}$$

泊肃叶定律表明,不可压缩的牛顿流体在水平圆管中做稳定流动时,流量 Q 与管道半径 R 的四次方成正比,与管两端的压强梯度 $\dfrac{\Delta p}{L}$ 成正比,与流体的黏度 η 成反比。

7. 斯托克斯定律

若在黏性流体中运动的物体是一个小球,其速度很小(雷诺数 $Re < 1$)时,所受到的黏滞阻力 f 与小球的半径 r、运动的速度 v、流体的黏度 η 成正比,即为斯托克斯定律

$$f = 6\pi \eta r v$$

【习题解答】

2-1 两个桶,用号码 1 和 2 表示,每个桶顶都开有一个大口,两个桶中盛有不同的液体,在每个桶的侧面,距液面下相同深度 h 处都开有一个小孔,但桶 1 的小孔面积为桶 2 的小孔面积的一半,问:(1)如果由两个小孔流出的质量流量(即单位时间内通

过横截面的质量)相同,则两液体的密度比值$\dfrac{\rho_1}{\rho_2}$为多少?(2)从这两个桶流出的流体体积流量的比值是多少?(3)在第二个桶的孔上要增加或排出多少高度的液体,才能使两桶的体积流量相等?

解 小孔流速仅仅与小孔到液面的高度 h 有关,且 $v=\sqrt{2gh}$,两种情况 h 相同,小孔流速相等。

(1)开始时,质量流量相等,即

$$\rho_1 S_1 v_1 = \rho_2 S_2 v_2 \quad (这里 S_1 = \frac{1}{2}S_2)$$

则

$$\frac{\rho_1}{\rho_2} = \frac{2}{1}$$

(2)体积流量的比值

$$\frac{Q_{V1}}{Q_{V2}} = \frac{S_1 v_1}{S_2 v_2} = \frac{\rho_2}{\rho_1} = \frac{1}{2}$$

(3)设第二个桶排出 h_x 高度的液体时,这时,两小孔的体积流量相等,即

$$S_1 v_1 = S_2 v_2$$
$$S_1 \sqrt{2gh} = S_2 \sqrt{2g(h-h_x)}$$

则

$$h_x = \frac{3}{4}h$$

2-2 在水管的某处,水的流速为 $2\ \text{m}\cdot\text{s}^{-1}$,压强比大气压大 $10^4\ \text{Pa}$,在水管另一处高度下降了 $1\ \text{m}$,此点水管截面积比最初面积小 $\dfrac{1}{2}$,求此点的压强比大气压大多少?

解 设水管最初处的横截面积 S_1,流速 $v_1 = 2\ \text{m}\cdot\text{s}^{-1}$,压强 $p_1 = p_0 + 10^4\ \text{Pa}$,另一处的横截面积 S_2,流速 v_2,压强 p_2,已知 $S_2 = \dfrac{1}{2}S_1$。

由连续性方程,得

$$v_2 = \frac{S_1}{S_2}v_1 = 4 \text{ m} \cdot \text{s}^{-1}$$

又由伯努利方程,得

$$p_1 + \frac{1}{2}\rho v_1^2 + \rho g h_1 = p_2 + \frac{1}{2}\rho v_2^2$$

代入已知数值得

$$\Delta p = p_2 - p_0 = 10^4 + \frac{1}{2} \times 10^3 \times (2^2 - 4^2) + 10^3 \times 10 \times 1$$
$$= 1.4 \times 10^4 \text{ Pa}$$

2-3 一圆形水管的某处横截面积为 5 cm²,有水在水管内流动,在该处流速为 4 m·s⁻¹,压强比大气压大 1.5×10^4 Pa,在另一处水管的横截面积为 10 cm²,压强比大气压大 3.3×10^4 Pa,求此点的高度与原来的高度之差。

解 设原来高度为 h_1,后来的高度为 h_2,由连续性方程,得

$$v_2 = \frac{S_1}{S_2}v_1 = 2 \text{ m} \cdot \text{s}^{-1}$$

由伯努利方程 $p_1 + \frac{1}{2}\rho v_1^2 + \rho g h_1 = p_2 + \frac{1}{2}\rho v_2^2 + \rho g h_2$ 可得

$$\Delta h = h_2 - h_1 = \frac{1}{10^3 \times 10} \times \left[(1.5 - 3.3) \times 10^4 + \frac{1}{2} \times 10^3 \right.$$
$$\left. \times (4^2 - 2^2)\right] = 2.4 \text{ m}$$

2-4 水在截面不同的水平管中做稳定流动,出口处的截面积为管的最细处的 3 倍,若出口处的流速为 2 m·s⁻¹,求最细处的压强为多少? 若在此最细处开一小孔,水会不会流出来?

解 由连续性方程,得最细处的流速

$$v_1 = \frac{S_2}{S_1}v_2 = 6 \text{ m} \cdot \text{s}^{-1}$$

由伯努利方程,可求出最细处的压强

$$p_1 + \frac{1}{2}\rho v_1^2 = p_0 + \frac{1}{2}\rho v_2^2$$

则
$$p_1 = p_0 + \frac{1}{2}\rho(v_2^2 - v_1^2)$$
$$= 1.01 \times 10^5 + \frac{1}{2} \times 10^3 \times (2^2 - 6^2)$$
$$= 8.5 \times 10^4 \text{ Pa}$$

最细处的压强 $p_1 < p_0$(大气压),所以在最细处开一小孔,水不会流出。

2-5 通过毛细血管中心的血液流速为 $0.066 \text{ cm} \cdot \text{s}^{-1}$,毛细血管长为 0.1 cm,它的半径 R 为 $2 \times 10^{-4} \text{ cm}$,求:(1)通过毛细血管的流量 Q_1(已知毛细血管压降为 $2\,600 \text{ Pa}$);(2)从通过主动脉的血液流量是 $83 \text{ cm} \cdot \text{s}^{-1}$ 这一事实,估计体内毛细血管的总数。

解 因毛细管中心的血液流速为 $v = 0.066 \text{ cm} \cdot \text{s}^{-1}$,血管壁边缘流速视为 0,则其平均流速 $\bar{v} = \frac{1}{2}v$。

$$Q_1 = \frac{1}{2}\pi R^2 v = \frac{1}{2} \times 3.14 \times (2 \times 10^{-4})^2 \times 0.066$$
$$= 4.14 \times 10^{-9} \text{ cm}^3 \cdot \text{s}^{-1}$$

体内毛细血管的总数

$$N = \frac{Q}{Q_1} = \frac{83}{4.14 \times 10^{-9}} = 2.0 \times 10^{10}$$

2-6 直径为 0.01 mm 的水滴在速度为 $2 \text{ cm} \cdot \text{s}^{-1}$ 的上升气流中,是否可向地面落下?(设此时空气的黏度 $\eta = 1.8 \times 10^{-5} \text{ Pa} \cdot \text{s}$)

解 水滴在上升的气流中,受到三个力的作用:向下的重力

$mg = \frac{4}{3}\pi R^3 \rho g$,向上的黏滞力 $f = 6\pi\eta r v$ 和空气浮力(相对较小,可忽略不计),重力和黏滞力计算如下。

重力 $\quad mg = \frac{4}{3} \times 3.14 \times (0.5 \times 10^{-5})^3 \times 10^3 \times 10$
$\quad\quad\quad = 5.2 \times 10^{-12}$ N

黏滞力
$\quad f = 6 \times 3.14 \times 1.8 \times 10^{-5} \times 2 \times 10^{-2} \times 0.5 \times 10^{-5}$
$\quad\quad = 3.4 \times 10^{-11}$ N

可见 $f > mg$,所以不会落下地面。

2-7 液体中有一空气泡,泡的直径为 1 mm,液体的黏度为 0.15 Pa·s,密度为 0.9×10^3 kg·m^{-3}。求:(1)空气泡在该液体中上升时的收尾速度是多少?(2)如果这个空气泡在水中上升,其收尾速度又是多少?(水的密度取 10^3 kg·m^{-3},黏度为 1×10^{-3} Pa·s)

解 (1)由收尾速度公式可得

$$v_1 = \frac{2gr^2}{9\eta}\rho = \frac{2 \times 10 \times \left(\frac{1}{2} \times 10^{-3}\right)^2}{9 \times 0.15} \times 0.9 \times 10^3$$
$$= 3.33 \times 10^{-3} \text{ m} \cdot \text{s}^{-1}$$

(2)若空气泡在水中上升,则

$$v_2 = \frac{2gr^2}{9\eta}\rho_\text{水} \approx 0.6 \text{ m} \cdot \text{s}^{-1}$$

2-8 一个红细胞可近似地认为是一个半径为 2.0×10^{-6} m 的小球,它的密度 ρ 为 1.3×10^3 kg·m^{-3},求红细胞在重力作用下,在 37 ℃ 的血液中均匀下降后沉降 1.0 cm 所需的时间(已知血液黏度 $\eta = 3.0 \times 10^{-3}$ Pa·s,密度 $\sigma = 1.05 \times 10^3$ kg·m^{-3})

解 均匀下降 1.0 cm 所用的时间

$$t = \frac{l}{v} = \frac{9\eta l}{2gr^2(\rho-\sigma)} = 1.35 \times 10^4 \text{ s}$$

【课外练习】

一、单选题

1. 在稳定流动中,任一点处速度矢量是恒定不变的,那么流体质点是( )。
   A. 加速运动 B. 减速运动 C. 匀速运动 D. 不能确定

2. 血管中血液流动的流量受血管内径影响很大。如果血管内径减少一半,其血液的流量将变为原来的( )。
   A. $\frac{1}{2}$倍 B. $\frac{1}{4}$倍 C. $\frac{1}{8}$倍 D. $\frac{1}{16}$倍

3. 人在静息状态时,整个心动周期内主动脉血流平均速度为 $0.2 \text{ m} \cdot \text{s}^{-1}$,其内径 $d = 2 \times 10^{-2} \text{ m}$,已知血液的黏度 $\eta = 3.0 \times 10^{-3} \text{ Pa} \cdot \text{s}$,密度 $\rho = 1.05 \times 10^3 \text{ kg} \cdot \text{m}^{-3}$,则此时主动脉中血液的流动形态处于( )。
   A. 层流   B. 湍流
   C. 层流或湍流   D. 无法确定

4. 正常情况下,人的小动脉半径约为 3 mm,血液的平均速度为 $20 \text{ cm} \cdot \text{s}^{-1}$,若小动脉某部分被一硬斑阻塞使之变窄,半径变为 2 mm,则此段的平均流速为( )。
   A. $30 \text{ cm} \cdot \text{s}^{-1}$ B. $40 \text{ cm} \cdot \text{s}^{-1}$ C. $45 \text{ cm} \cdot \text{s}^{-1}$ D. $60 \text{ cm} \cdot \text{s}^{-1}$

5. 有水在同一水平管道中流动,已知 A 处的横截面积为 $S_A = 10 \text{ cm}^2$,B 处的横截面积为 $S_B = 5 \text{ cm}^2$,A、B 两点压强差为 1 500 Pa,则 A 处的流速为( )。
   A. $1 \text{ m} \cdot \text{s}^{-1}$ B. $2 \text{ m} \cdot \text{s}^{-1}$ C. $3 \text{ m} \cdot \text{s}^{-1}$ D. $4 \text{ m} \cdot \text{s}^{-1}$

6. 有水在一水平管道中流动,已知 A 处的横截面积为 $S_A = 10\ cm^2$,B 处的横截面积为 $S_B = 5\ cm^2$,A、B 两点压强之差为 1 500 Pa,则管道中的体积流量为(　　)。
   A. $1 \times 10^{-3}\ m^3 \cdot s^{-1}$　　　　B. $2 \times 10^{-3}\ m^3 \cdot s^{-1}$
   C. $1 \times 10^{-4}\ m^3 \cdot s^{-1}$　　　　D. $2 \times 10^{-4}\ m^3 \cdot s^{-1}$

7. 通常情况下,人的小动脉内径约为 6 mm,血流的平均流速为 $20\ cm \cdot s^{-1}$,若小动脉某处被一硬斑阻塞而变窄,测得此处血流的平均流速为 $80\ cm \cdot s^{-1}$,则小动脉此处的内径应为(　　)。
   A. 4 mm　　　B. 3 mm　　　C. 2 mm　　　D. 1 mm

8. 正常情况下,人的血液密度为 $1.05 \times 10^3\ kg \cdot m^{-3}$,血液在内径为 6 mm 的小动脉中流动的平均速度为 $20\ cm \cdot s^{-1}$,若小动脉某处被一硬斑阻塞而变窄,此处内径为 4 mm,则小动脉宽处与窄处压强之差为(　　)。
   A. 82 Pa　　　B. 83 Pa　　　C. 84 Pa　　　D. 85 Pa

二、判断题

1. 理想流体做稳定流动时,空间各点的流速应处处相等。(　　)

2. 粗细不均匀的流管中做稳定流动的理想流体,在横截面积较大处,流速小,对应的压强一定较大。(　　)

3. 流体做稳定流动时,流管内外的流体不能穿过流管侧壁进行交换。(　　)

4. 理想流体做稳定流动时,一段细流管中单位体积流体的动能、势能和压强能可以相互转换。(　　)

5. 速度梯度是表示流体流速对空间变化率的物理量,通常流体的黏滞系数与速度梯度有关。(　　)

6. 不可压缩但具有黏滞性的流体不是理想流体,故不能应用伯

努利方程求解相关的问题。（　　）

7. 雷诺数是判断圆形管道中实际流体流动形式的物理量,当其数值小于3 000时,流体一定在做层流。（　　）

8. n 段不同流阻的管道串联时,比起各段管道的流阻,总流阻增大;并联时,总流阻减小。（　　）

三、填空题

1. 流体的四大特性指的是:_____、_____、_____和_____。

2. 理想流体指的是_____而且_____的流体。

3. 如果在流体流过的区域内,各点上的流速_____,则这种流动称为稳定流动。

4. 国际单位制中体积流量 Q_V、质量流量 Q_m 和重量流量 Q_g 的单位分别是_____、_____和_____。

5. 在做稳定流动的流体空间中任意一点处,两条流线_____。

6. 伯努利方程 $\frac{1}{2}\rho v^2 + \rho g h + p =$ 恒量,表示_____流体做_____流动时,在_____中,单位体积的动能、势能和_____之和是一个恒量。

7. 做稳定流动的流体中,有一个正对着流速方向的几何形状对称的障碍物,相应的驻点应该在障碍物的_____；驻点处的流速应该_____；在与驻点对应的流线上,流体做_____运动。

8. 根据连续性方程和伯努利方程,水平管中管径细的地方_____大、压强_____,喷雾器就是根据这一原理制成的。

9. 牛顿流体指的是,在一定温度下_____为常量,即遵循_____定律的流体。

10. 按牛顿黏性定律,实际流体做层流时,相邻两流层间的内摩擦力与这两层的接触面_____、接触面所在处流体的_____和流体本身的_____成正比。

11. 毛细管黏度计是依照_____定律制成的,该定律表明,对一段长度、半径一定的圆管,当管的两端压强一定时,液体在管中流动的体积流量与液体的_____成反比。

12. 按斯托克斯定律,小球在液体中下沉的收尾速度与小球的_____和_____有关,同时还与液体的_____和_____有关。

四、简答题

1. 两条相距较近、平行共进的船会相互靠拢而导致船体相撞,试解释其原因。

2. 在稳定流动时,任一点处的流速恒定。那么流体质点能否有加速度,为什么?

3. 水从水龙头流出后,下落的过程中水流逐渐变细,这是为什么?

4. 试解释飞机机翼截面形状与升力之间的关系。

5. 某人在购买白酒时,将酒瓶倒置,观察瓶中小气泡上升的速度,以此来判断白酒品质的优劣。试问这种做法有无科学道理?原因何在?

五、计算题

1. 用水泵将流速为 $0.50 \text{ m} \cdot \text{s}^{-1}$ 的水,从内径为 300 mm 的管道,推入内径为 60 mm 的管道中去,求其流速为多少?

2. 一大水槽中的水面高度为 H,在水面下深度为 h 处的槽壁上开一小孔,让水射出,试求:(1)水流在地面上的射程 S 为多大;(2) h 为多大时射程最远;(3)最远的射程 S_{max} 是多大。

3. 水平管道中流有重度为 $8.8\times 10^3 \mathrm{N}\cdot\mathrm{m}^{-3}$ 的液体。在内径为 106 mm 的 1 处,流速为 $1.0\mathrm{m}\cdot\mathrm{s}^{-1}$,压强为 121.59 kPa。求在内径为 68 mm 的 2 处液体流速和压强。

4. 有一上下截面积均为 S 的容器,盛水至液面高度为 H。打开容器底部一截面积为 A 的孔,让水从孔中流出。试求:(1)水位下降到 h 时所需的时间;(2)水全部流完所需的时间。

5. 在水管的某处,水的流速为 $2.0\mathrm{m}\cdot\mathrm{s}^{-1}$,压强比大气压强大 1.0×10^4 Pa。在水管的另一处,高度上升了 1.0 m,水管截面积是前一处截面积的 2 倍。求此处水的压强比大气压强大多少?

6. 一个顶端是开口的圆桶形容器,直径为 10 cm,在圆桶底部中心,开一面积为 $1.0\mathrm{cm}^2$ 的小圆孔。水从圆桶顶部以 $140\mathrm{cm}^3\cdot\mathrm{s}^{-1}$ 的流量注入圆桶,问桶中水面最大可以升到多高?

7. 将一根横截面积均匀的虹吸管,一端插入大水槽中,另一端低于大水槽水面 $h=0.40$ m,让水流出,如图 2-1 所示。试求:

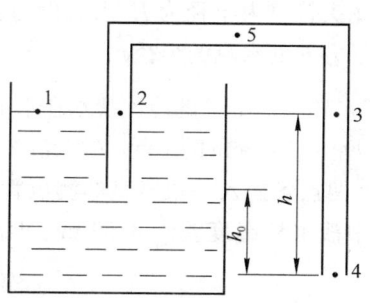

图 2-1

(1)虹吸管中的水流速度;(2)虹吸管中与大水槽内水面1点高度相同的2、3点处压强。(这里,大气压强取为 $p_0 = 1.0 \times 10^5$ Pa)。

8. 如图2-2所示,有一上方开口截面积很大的水槽,槽内水深 $h = 40$ cm,接到槽外水平管的截面积依次是 1.0 cm^2、0.5 cm^2、0.25 cm^2。试求:(1)体积流量 Q_V;(2)各段水平管中水流速度 v_c、v_d、v_e;(3)与水平管相连的各压强计中水柱的高度 h_c、h_d、h_e。

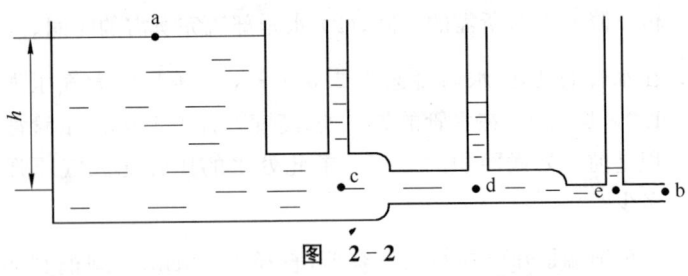

图 2-2

9. 注射器活塞面积为 1.5 cm^2,针头横截面积为 1.0 mm^2,当注射器水平放置时,用 4.9 N 的力推动活塞,使活塞匀速地移动了 4.0 cm,让水射出。求此过程所需时间。

10. 当水从水龙头缓慢流出而自由下落时,水流随位置的下降而变细。若水龙头管口内半径为 R,水流出的速度为 v_0。求在水龙头出口下方 h 处水流的半径 r。

11. 密度 $\rho = 1.5 \times 10^3$ kg·m^{-3} 的冷冻盐水在水平管道中流动,先流经内径为 $D_1 = 100$ mm 的 1 点,又流经内径为 $D_2 = 50$ mm 的 2 点。1、2 两点各插入一根竖直的测压管,测得 1、2 两点处的测压管中盐水柱高度差为 0.59 m。求盐水在管道中的质量流量。

12. 大容器中装有密度为 ρ 的黏性液体,液面高度为 H,在其底部

横插一根长为 L、半径为 r 的水平细管。流体从细管中每分钟流出的体积为 V，求其动力黏度。(可近似用流体静压强来处理容器底部与液面的压强差)。

13. 20 ℃的水在半径为 1.0 cm 的管内流动，如果在管的中心处流速为 10 cm·s^{-1}，求由于黏滞性使得沿管长为 1.0 m 的两个截面间的压强降为多少？

14. 20 ℃的水以 30 cm·s^{-1} 的流速在直径为 15 cm 的光滑直管道中流动。试求：(1)相应的雷诺数是多少；(2)它应属于哪种流动；(3)体积流量是多少。

15. 液体中有一空气泡，泡的直径为 1.0 mm。已知液体的动力黏度为 0.30 Pa·s，密度为 9.00×10^2 kg·m^{-3}。问气泡在液体中上升的收尾速度为多少？(比起该液体空气密度可以忽略)

第三章
分子物理学基础

【内容提要】

1. 理想气体的压强和温度

1) 理想气体状态方程

$$pV = \frac{M}{\mu}RT$$

2) 理想气体压强公式

$$p = \frac{2}{3}n\left(\frac{1}{2}m\overline{v^2}\right) \quad \text{或} \quad p = nkT$$

3) 理想气体温度公式

$$\frac{1}{2}m\overline{v^2} = \frac{3}{2}kT$$

2. 能量按自由度均分原理

1) 均分原理

在温度为 T 的平衡状态下,分子的每一个自由度都具有相等的平均动能,其值为 $\frac{1}{2}kT$。

一个分子的平均平动能为

$$\frac{1}{2}m\overline{v^2} = \frac{3}{2}kT$$

2) 理想气体的内能公式

$$E = \frac{M}{\mu}\frac{i}{2}RT$$

3. 液体的表面现象

1) 表面张力

指在液体表面内沿表面切向而使液面具有收缩趋势的力,即

$$f = \alpha L$$

2) 弯曲液面的附加压强

弯曲液面的附加压强与表面张力系数成正比,与曲率半径成反比,即

$$p_s = \frac{2\alpha}{R}$$

3) 气体的栓塞现象

当液体在细管中流动时,如果管中出现气泡,由于产生了附加压强,液体的流动就会受到比没有气泡存在时更大的阻碍。气泡多了就可能堵塞管子,使液体不能流动。

4) 表面活性物质和表面吸附

4. 液体的附着层现象

1) 浸润现象

附着力大于内聚力,液体能润湿固体;而内聚力大于附着力,液体不能润湿固体。

2) 毛细现象

指润湿管壁的液体在细管中上升,而不润湿管壁的液体在细管里下降的现象,液体上升或下降的高度为

$$h = \frac{2\alpha\cos\theta}{\rho g r}$$

【习题解答】

3-1 假设开有小口的容器其容积为 V,其中充满双原子分子的气体,气体的温度为 T_1,压强为 p_0,在将气体加热到较高温度 T_2 的过程中,容器开口使气压恒定,试证明在 T_1 和 T_2 时,容器内气体的内能相等。

解 依题意 $p_0 V = \dfrac{M_1}{\mu} RT_1 = \dfrac{M_2}{\mu} RT_2 \Rightarrow M_1 T_1 = M_2 T_2$,在 T_1 和 T_2 时,气体的内能分别为 $E_1 = \dfrac{M_1}{\mu} \dfrac{i}{2} RT_1$,$E_2 = \dfrac{M_2}{\mu} \dfrac{i}{2} RT_2$,所以 $E_1 = E_2$。

3-2 在温度为 T 的平衡态时,求:(1)1 mol 刚性单原子分子、双原子分子理想气体热运动的平动能、转动能、总动能以及它们的内能;(2)1 mol 非刚性单原子分子、双原子分子理想气体热运动的平动能、转动能、总动能以及它们的内能。

解 结果列表如下:

能量类型	刚性分子		非刚性分子	
	单原子分子	双原子分子	单原子分子	双原子分子
平动能	$\dfrac{3}{2}RT$	$\dfrac{3}{2}RT$	$\dfrac{3}{2}RT$	$\dfrac{3}{2}RT$
转动能	0	$\dfrac{2}{2}RT$	0	$\dfrac{2}{2}RT$
总动能	$\dfrac{3}{2}RT$	$\dfrac{5}{2}RT$	$\dfrac{3}{2}RT$	$\dfrac{6}{2}RT$
内能	$\dfrac{3}{2}RT$	$\dfrac{5}{2}RT$	$\dfrac{3}{2}RT$	$\dfrac{7}{2}RT$

3-3 储有氧气的容器以 $u = 50 \text{ m} \cdot \text{s}^{-1}$ 的速度运动着。当容器突然停止运动,并假设氧气随容器的定向运动能量全部转变成无规则热运动能量,试求氧气的温度升高多少?

解 设容器内的氧气的质量为 M,氧气的摩尔质量为 μ,视氧分子为刚性分子,则氧气随容器定向运动的动能

$$E_k = \frac{1}{2}Mu^2$$

氧气的内能(即氧分子的热运动动能)

$$E = \frac{M}{\mu}\frac{5}{2}RT$$

当定向运动动能全部转化为热运动能量(动能)时,有

$$\Delta E = \frac{M}{\mu}\frac{5}{2}R\Delta T = \frac{1}{2}Mu^2$$

所以氧气温度将会上升

$$\Delta T = \frac{\mu u^2}{5R} = \frac{32 \times 10^{-3} \times 50^2}{5 \times 8.31} \approx 1.9 \text{ K}$$

3-4 毛细管的半径为 2×10^{-4} m,将它插入试管中的血液里。如果接触角为零,求血液在管中上升的高度。(血液的密度 $\rho = 1\,050$ kg·m^{-3},表面张力系数 $\alpha = 5.8 \times 10^{-2}$ N·m^{-1})

解 $h = \frac{2\alpha\cos 0°}{\rho g r} = \frac{2 \times 58 \times 10^{-3} \times 1}{1\,050 \times 9.8 \times 2.0 \times 10^{-4}} = 0.056\,4$ m = 5.64 cm

3-5 求半径为 2×10^{-3} mm 的许多小水滴融合成一个半径为 2 mm 的大水滴时释放的能量。

解 大水滴的表面积为 $4\pi R^2$,体积为 $\frac{4}{3}\pi R^3$,折合成 n 个小水滴,则 $n = \dfrac{\frac{4}{3}\pi R^3}{\frac{4}{3}\pi r^3} = \dfrac{R^3}{r^3} = 10^9$ 个。n 个小水滴的表面积为 $n4\pi r^2$,比一个大水滴的表面积大出 $\Delta S = n4\pi r^2 - 4\pi R^2$,它对应的表面能增量 ΔE,即为融合后放出的能量。

$$\Delta E = \alpha \Delta S = 7.0 \times 10^{-2} \times 4\pi \times (10^9 \times 2.0^2 \times 10^{-12}$$
$$- 2.0^2 \times 10^{-6}) = 3.5 \times 10^{-3} \text{ J}$$

3-6 设液体中的压强为 $p = 1.1 \times 10^5$ Pa,表面张力系数为 $\alpha = 6 \times 10^{-2}$ N·m^{-1},问在液体中生成的、半径 $r = 0.5 \times 10^{-6}$ m 的气泡中压强是多大?

解 气泡中的压强为
$$p_内 = p + p_S = p + \frac{2\alpha}{r} = 1.1 \times 10^5 + \frac{2 \times 6.0 \times 10^{-2}}{0.5 \times 10^{-6}}$$
$$= 3.5 \times 10^5 \text{ Pa}$$

3-7 表面张力系数为 7.27×10^{-2} N·m^{-1} 的水($\rho_1 = 999$ kg·m^{-3}),在毛细管中上升 2.5 cm,丙酮($\rho_2 = 792$ kg·m^{-3}) 在同样的毛细管中上升 1.4 cm,假设两者都完全润湿毛细管,求丙酮的表面张力系数是多大?

解 由 $h_1 = \dfrac{2\alpha_1 \cos\theta}{\rho_1 g r}$ 和 $h_2 = \dfrac{2\alpha_2 \cos\theta}{\rho_2 g r}$ 得
$$\alpha_2 = \frac{h_2 \rho_2 \alpha_1}{h_1 \rho_1} = \frac{1.4 \times 10^{-2} \times 792 \times 7.27 \times 10^{-2}}{2.5 \times 10^{-2} \times 999}$$
$$= 3.23 \times 10^{-2} \text{ N·m}^{-1}$$

3-8 将两根 U 形管竖直放置并注入一些水,设 U 形管两竖管的内直径分别为 1 mm 和 0.1 mm,求两竖管中水面的高度差。(水的表面张力系数为 $\alpha = 7 \times 10^{-2}$ N·m^{-1})

解 假设水完全润湿毛细管。设粗管的内半径为 r_1,其水面高度为 h_1;细管的内半径为 r_2,其水面高度为 h_2,则平衡时
$$p_0 - \frac{2\alpha \cos 0°}{r_1} + \rho g h_1 = p_0 - \frac{2\alpha \cos 0°}{r_2} + \rho g h_2$$
即
$$\rho g h_2 - \rho g h_1 = \frac{2\alpha \cos 0°}{r_2} - \frac{2\alpha \cos 0°}{r_1}$$

这样

$$\Delta h = h_2 - h_1 = \frac{2\alpha}{\rho g}\left(\frac{1}{r_2} - \frac{1}{r_1}\right)$$
$$= \frac{2 \times 7.0 \times 10^{-2}}{1.0 \times 10^3 \times 9.8}\left(\frac{1}{0.050 \times 10^{-3}} - \frac{1}{0.50 \times 10^{-3}}\right)$$
$$= 0.257 \text{ m}$$

3-9 试求把一个表面张力系数为 α 的肥皂泡,由半径为 r 吹成半径为 $2r$ 的过程所做的功。

解 半径为 r 的肥皂泡有内、外两个表面,其表面积为 $2 \times 4\pi r^2$;半径为 $2r$ 的肥皂泡有内、外两个表面,其表面积为 $2 \times 4\pi(2r)^2$。两者表面积之差为 $\Delta S = S_2 - S_1$,对应的表面能之差即为吹泡过程所做的功,即

$$\Delta E = \alpha \Delta S = \alpha \times 2 \times 4\pi[(2r)^2 - r^2] = 24\alpha\pi r^2$$

3-10 将半径为 1.0×10^{-2} mm 的毛细管插入表面张力系数为 7.2×10^{-2} N·m^{-1} 的水中。设接触角为零,求水在管中上升的高度。如果毛细管的长度只有 1.0 m,水是否会从毛细管的上端溢出,为什么?

解 $h = \dfrac{2\alpha\cos\theta}{\rho g r} = \dfrac{2 \times 7.2 \times 10^{-2}}{1.0 \times 10^3 \times 9.8 \times 1.0 \times 10^{-2} \times 10^{-3}} = 1.47$ m

若毛细管长度仅为 1.0 m,水也不会从其上端溢出。这是因为当管中水面升至管口处时,水面将成为一个曲率半径较大的弯曲液面,使水面不再继续上升。此时,相应的接触角为

$$\theta = \cos^{-1}\frac{\rho g h r}{2\alpha} = \cos^{-1}\frac{1 \times 10^3 \times 9.8 \times 1.0 \times 1.0 \times 10^{-2} \times 10^{-3}}{2 \times 7.2 \times 10^{-2}}$$
$$= 47.1°$$

【课外练习】

一、单选题

1. 两种理想气体,温度相等,则(　　)。
   A. 内能必然相等
   B. 分子的平均平动能必然相等
   C. 分子的平均总动能必然相等
   D. 分子平均能量必然相等

2. 两容器中分别贮有两种双原子理想气体,已知它们压强相同,体积也相同,则(　　)。
   A. 它们的内能一定相等
   B. 它们中温度较高的内能较多
   C. 它们中分子数较多的内能较多
   D. 它们中质量较大的内能较多

3. 1 mol 氮气,在平衡态时,设其温度为 T,则氮分子(视为刚性分子)的平均总动能 $\bar{e}_k$ 和氮气的内能 E 分别为(　　)。
   A. $\bar{e}_k = \frac{3}{2}kT$, $E = \frac{3}{2}RT$ B. $\bar{e}_k = \frac{5}{2}kT$, $E = \frac{3}{2}RT$
   C. $\bar{e}_k = \frac{5}{2}kT$, $E = \frac{5}{2}RT$ D. $\bar{e}_k = 3kT$, $E = \frac{1}{2}RT$

4. 两瓶不同种类的理想气体,若分子的平均平动能相同,则(　　)。
   A. 温度一定相同   B. 温度一定不同
   C. 压强一定相等   D. 分子数密度一定相同

5. 某一种固定的液体,在温度不变、表面积增加的情况下,其表面张力系数和表面能(　　)。
   A. 均不变
   B. 均增加

C．均减少

D．表面张力系数不变而表面能增加

6. 对于给定液体表面上一段分界线长度为 L，则其表面张力 f 的大小和方向是（　　）。

   A．f 与 L 成正比，f 指向液体内部

   B．f 与 L 成反比，f 指向液体内部

   C．f 与 L 成正比，f 与 L 垂直且沿液面的切线方向

   D．f 与 L 成反比，f 与 L 垂直且沿液面的切线方向

7. 有一半径为 R 的球形肥皂泡，其内、外的压强差 Δp 为（　　）。

   A．$\dfrac{\alpha}{R}$　　B．$\dfrac{2\alpha}{R}$　　C．$\dfrac{3\alpha}{R}$　　D．$\dfrac{4\alpha}{R}$

8. 弯曲液面所产生的附加压强的方向（　　）。

   A．一定指向液体内部　　　B．一定指向液体外部

   C．一定沿液体的表面　　　D．一定指向曲率中心

9. 将半径为 r 与半径为 $3r$ 的同种玻璃毛细管插入水中，在两管中水面上升高度之间的关系为（　　）。

   A．粗管中的高度是细管的 3 倍

   B．两管中的高度相同

   C．粗管中的高度是细管的 $\sqrt{3}$ 倍

   D．细管中的高度是粗管的 3 倍

10. 如图 3-1 所示，由于毛细现象，半径为 r 的弯曲毛细管中充满了水，管口离开水面的高度为 h。则 A、B、C、D 各点的压强与大气压 p_0 间的关系为（　　）。

    A．$p_C = p_0 > p_A = p_B > p_D$

    B．$p_A = p_B > p_D > p_C = p_0$

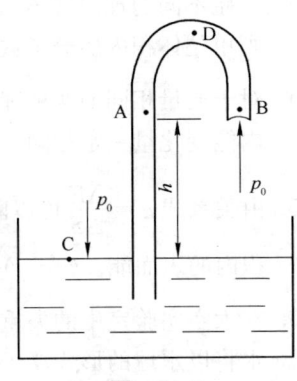

图 3-1

C. $p_D > p_A = p_B > p_C = p_0$

D. $p_C = p_0 > p_D > p_A = p_B$

11. 把一半径为 r 的毛细管插入密度为 ρ 的液体中,毛细管中液面上升高度为 h,若接触角为 θ,则液体的表面张力系数为(   )。

A. $\dfrac{\rho g h}{2r}$ B. $\dfrac{\rho g r h}{2\cos\theta}$ C. $\dfrac{\rho g h}{2r\cos\theta}$ D. $\dfrac{2\rho g h}{r\cos\theta}$

12. 在表面张力系数为 α_2 的液体 2 的表面上滴一滴表面张力系数为 α_1、密度较小的另一种液体 1,若液体在液体的表面上伸展成薄膜,则两种液体表面张力系数间的关系是(   )。

A. $\alpha_1 < \alpha_2$ B. $\alpha_1 > \alpha_2$ C. $\alpha_1 = \alpha_2$ D. $\alpha_1 \gg \alpha_2$

二、判断题

1. 在相同体积的两个容器中,分别盛有温度相同的 1 g 氢和 16 g 氧,它们的压强应该相同。(   )

2. 对于一定质量的某种理想气体,只要温度变化相同,则它的内能变化量一定相同。(   )

3. 两瓶不同的理想气体,它们的温度和压强相同,但体积不同,则单位体积内的分子数相同。(   )

4. 对于质量相同的两种理想气体,只要温度变化相同,则它们的内能变化量一定相同。(   )

5. 由关系式 $\alpha = \dfrac{\Delta E}{\Delta S}$ 可以断定,表面张力系数 α 为单位液体表面积内的表面能。(   )

6. 在太空实验室中的失重情况下,航天员从塑料瓶中挤出的饮水将以水球的形式浮于空中。(   )

7. 毛细管中恰在弯曲液面下方的 A 处压强 p_A 一定小于液面上

方的大气压强 p_0。（　　）

8. 从物理学角度，树干向树梢提供树液的方式与人体向周身提供养分的方式相类似。（　　）

9. 池塘里，在气泡从水底升至水面的过程中，气泡内压强不断地减小，同时，其表面能在不断地增加。（　　）

10. 如图 3-1 所示，一根半径为 r，上部弯曲的毛细管，将它插入水里，由于毛细现象水充满了整个毛细管，这时毛细管里的水不会从上端开口流出。（　　）

三、填空题

1. 表面活性物质的主要特征是_____。

2. 理想气体的温度为 T，则它的分子平均动能为_____，1 mol 气体的内能为_____。（设气体分子是刚性的）

3. 设一个物体在空间的_____所需要的_____，称为该物体的自由度。

4. 理想气体处于热平衡状态时，其分子沿任何方向运动的机会_____。

5. 液面下厚度约等于_____的一层液体，称为液体的表面层。液体表面层内，所有分子均受到一个_____的作用力。

6. 实验表明：表面张力 f 作用在表面任意分界线的两侧，其方向_____，并且与分界线_____；其大小与分界线长度成_____。

7. 一连通管两端各有一个肥皂泡，左端的 A 泡大，右端的 B 泡小。打开连通管活门后，_____泡将变大。这是由于弯曲液面内的附加压强与其_____成_____比关系。

8. 将毛细管插入汞中,管内汞表面呈_____,高度_____了 h;管径越细 h _____。

9. 在地球上,毛细管中液面上升高度为 h。如果将同样的实验移到月球上做(设温度相同),则毛细管中液面上升高度一定_____ h。这是由于月球上的_____比地球上的小,而液面上升高度恰恰与之成_____关系。

10. 将一枚硬币轻轻地放在水的表面上,它将在水面上漂浮,原因在于水面具有_____。若在水中滴几滴肥皂液,硬币将沉入水中,这是由于皂液使得水的_____值减少了。此处皂液起着_____的作用。

11. 正常人呼吸时,肺泡的大小能在一定范围内变化,以维持呼吸正常进行。这是由于肺泡膜液体中的_____对_____起调节作用的结果。

四、简答题

1. 将细管插入水中,在下列情形中,水在毛细管中上升的高度有何不同?(1)将毛细管加长;(2)减少毛细管的直径;(3)使水温升高。

2. 液体的表面张力是指什么?能否说某种液体的表面张力比另一种液体的表面张力大?

3. 何谓接触角?何谓润湿与不润湿现象?请从微观角度加以说明。

4. 医院中所用的棉签、绷带等,为什么要用脱脂棉制成?

五、计算题

1. 将理想气体压缩,使其压强增加 1.01×10^4 Pa,且温度保持在 27 ℃。问单位体积的分子数增加多少?

2. 容器中储有压强为 1.33 Pa、温度为 27 ℃ 的气体。试求：(1)气体分子的平均平动能；(2)1.0 cm³ 中分子具有的总平动能。

3. 一个能量为 1.01×10^{12} eV 的宇宙射线粒子射入一氖气管中，氖气管中含有 0.10 mol 的氖气，如果射线粒子的能量全部被氖分子所吸收，试求氖气的温度升高多少摄氏度？

4. 长方形金属框的一边 AB 可在框上滑动，其边长为 5.0 cm。框上浸上一层肥皂液膜，皂液的表面张力系数 $\alpha = 2.0 \times 10^{-2}$ N·m⁻¹，若在 AB 边加上外力 F，并使液膜被匀速地拉长 5.0 cm，求此外力所做的功。

5. 表面张力系数为 0.070 N·m⁻¹ 的液体从细管中缓缓滴下，测得 318 滴液体的质量为 5.0 g。求每滴液体脱离的瞬间，液滴颈的半径。

6. 空气中有一半径 $r = 1.0$ cm 的肥皂泡，设皂液的表面张力系数 $\alpha = 2.0 \times 10^{-2}$ N·m⁻¹，求泡内外的压强差。

7. 如图 3-2 所示，在半径 $r = 0.3$ mm 的毛细管中有一水柱，一部分在管的下端形成一水滴，其形状可视作半径 $R = 3.0$ mm 的球面的一部分，上部则形成一个半球面。求管中水柱的高度 h。(水的表面张力系数 $\alpha = 7.3 \times 10^{-2}$ N·m⁻¹)

8. 气压计中，由于汞的表面效应，而使得读数不准。已知汞的表面张力系数 $\alpha = 0.49$ N·m⁻¹，气压计玻璃管内径 $d = 2.0$ mm，接触角 $\theta = 180°$。某日，气压计的读数 $p = 1.000 \times 10^5$ Pa。求考虑到毛细现象后，实际的大气压强 p_0。

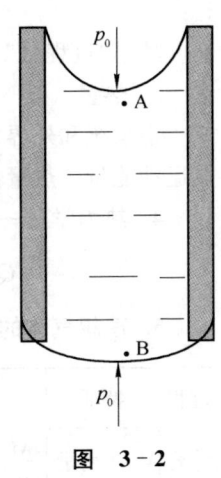

图 3-2

第四章
热力学基础

【内容提要】

1. 准静态过程
过程进行中的每一时刻，系统的状态都无限接近于平衡态。准静态过程可以用状态图上的曲线表示。

2. 准静态过程中系统对外做的功
$$dA = pdV;\ A = \int_{V_1}^{V_2} pdV$$

功是"过程量"。

3. 热量
指系统和外界之间或两个物体之间由于温度不同而交换的热运动能量。热量也是"过程量"。

4. 热力学第一定律
$$Q = \Delta E + A;\ dQ = dE + dA$$

5. 理想气体的热功转换及公式对照

过程	特征	传递热量 Q	做功 A	内能增量 ΔE
等容	$V=$衡量	$\dfrac{M}{\mu}C_V(T_2-T_1)$	0	$\dfrac{M}{\mu}C_V(T_2-T_1)$

(续表)

过程	特征	传递热量 Q	做功 A	内能增量 ΔE
等压	$p=$ 衡量	$\dfrac{M}{\mu}C_p(T_2-T_1)$	$p(V_2-V_1)$ 或 $\dfrac{M}{\mu}R(T_2-T_1)$	$\dfrac{M}{\mu}C_V(T_2-T_1)$
等温	$T=$ 衡量	$\dfrac{M}{\mu}RT\ln\dfrac{p_1}{p_2}$ 或 $\dfrac{M}{\mu}RT\ln\dfrac{V_2}{V_1}$	$\dfrac{M}{\mu}RT\ln\dfrac{p_1}{p_2}$ 或 $\dfrac{M}{\mu}RT\ln\dfrac{V_2}{V_1}$	0
绝热	$Q=0$	0	$-\dfrac{M}{\mu}C_V(T_2-T_1)$	$\dfrac{M}{\mu}C_V(T_2-T_1)$

6. 循环过程和卡诺循环

循环过程 系统从高温热源吸热，对外做功，向低温热源放热。效率为

$$\eta=\dfrac{A}{Q_1}=1-\dfrac{|Q_2|}{Q_1}$$

卡诺循环 系统只和两个恒温热源进行热交换的准静态循环过程。效率为

$$\eta=1-\dfrac{T_2}{T_1}$$

7. 热力学第二定律的表述

克劳修斯表述 热量不可能自发地由低温物体向高温物体传递。

开尔文表述 在一个循环过程中不可能从单一热源吸取热量使之全部转化为功而不引起其他变化。

8. 熵和熵增加原理

(1) 熵的概念与性质

$$\Delta S = S_B - S_A = \int_A^B \frac{dQ}{T} \text{(任意可逆过程)}$$

(2)熵增加原理

$$\Delta S \geqslant 0 \text{(孤立系统)}$$

式中,">"对应自发过程,"="对应平衡态。此式表明,孤立系统的自发过程总是向着熵增大的方向进行,当熵达到最大时,孤立系统达到平衡。

【习题解答】

4-1 如图 4-1 所示,一定量的理想气体经历 AB 过程时气体对外做功为 1 000 J。则气体在 AB 与 ABCA 过程中,吸热分别为多少?

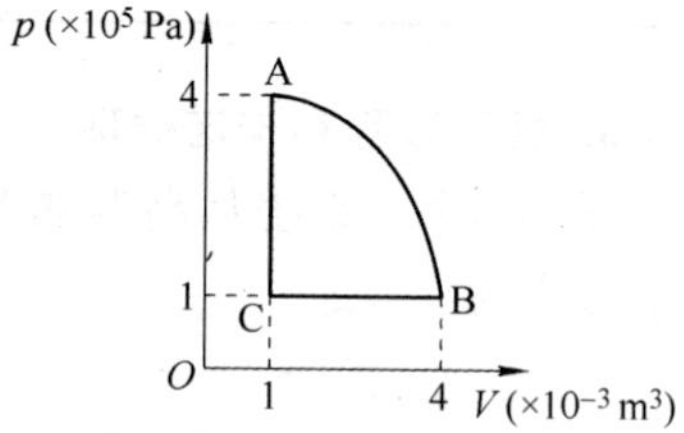

解 由图得 $p_A V_A = p_B V_B$

由状态方程 $pV = \frac{M}{\mu} RT$ 得 $T_A = T_B$

则 $Q_{AB} = A_{AB} = 1\,000$ J,$Q_{BCA} = A_{BCA}$

$Q_{BCA} = A_{BCA} = A_{BC} + A_{CA} = 10^5 \times (1-4) \times 10^{-3} + 0 = -300$ J

$Q_{ABCA} = Q_{BCA} + Q_{AB} = -300 + 1\,000 = 700$ J

图 4-1

4-2 2 mol 的氢气开始时处在压强 $p_1 = 202.65$ kPa(2 atm)、温度 $T_1 = 400$ K 的平衡态,经过一个等温过程,压强变为 $p_2 = 101.33$ kPa(1 atm)。该气体在此过程中内能增量和吸收的热量各为多少?若气体经历的是等容过程,则气体吸收的热量与内能增量又为多少?

解 气体在等温过程中吸收的热量与内能增量分别为

$$Q = A = \frac{M}{\mu} RT_1 \ln \frac{p_1}{p_2} = 4\,608 \text{ J}, \quad \Delta E = 0$$

气体在等容过程中吸收的热量与内能增量为

$$Q = \Delta E = \frac{M}{\mu}C_V(T_2 - T_1)$$

因为 $T_2 = \dfrac{p_2}{p_1}T_1 = 200\text{ K}$，所以

$$Q = \frac{M}{\mu}\frac{3}{2}R(T_2 - T_1) = 4\,986\text{ J}$$

4-3 温度为 27 ℃、压强为 101.33 kPa(1 atm) 的 1 mol 刚性双原子分子理想气体，分别经历等温过程与等压过程体积膨胀至原来的 2 倍。分别计算这两个过程中气体对外所做的功和吸收的热量。

解 等温过程吸收的热量与功为

$$Q = A = \frac{M}{\mu}RT\ln\frac{V_2}{V_1} = \frac{M}{\mu}RT\ln 2 = 1\,728\text{ J}$$

等压过程 $T_2 = \dfrac{V_2}{V_1}T_1 = 2T_1 = 600\text{ K}$，所以，等压过程气体吸收的热量与功分别为

$$Q = \frac{M}{\mu}C_p(T_2 - T_1) = \frac{7}{2}R \times 300 = 8\,725.5\text{ J}$$

$$A = p(V_2 - V_1) = pV_1 = \frac{M}{\mu}RT_1 = 2\,493\text{ J}$$

4-4 温度为 0 ℃、压强为 101.33 kPa(1 atm) 的 1 mol 刚性双原子分子理想气体，经历绝热过程体积膨胀为原来的 3 倍，那么气体对外做的功是多少？内能增量又是多少？

解 由绝热过程方程 $V_1^{\gamma-1}T_1 = V_2^{\gamma-1}T_2$，$\gamma = 1.4$，得

$$T_2 = \left(\frac{V_1}{V_2}\right)^{\gamma-1}T_1 = 176\text{ K}$$

$$A = -\Delta E = -\frac{M}{\mu}C_V(T_2 - T_1) = -\frac{5}{2}R(T_2 - T_1) = 2\,015.2\text{ J}$$

$$\Delta E = -2\,015.2\text{ J}$$

4-5 1 mol 氢气从状态 (p_1, V_1) 沿如图 4-2 所示直线变化到状态 (p_2, V_2)，试求：(1)气体的内能增量；(2)气体对外界所做的功；(3)气体吸收的热量；(4)此过程的摩尔热容(摩尔热容 $C = \Delta Q/\Delta T$，其中 ΔQ 表示 1 mol 物质在过程中升高温度 ΔT 时所吸收的热量)。

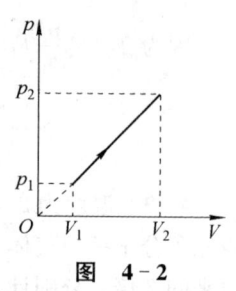

图 4-2

解 （1）$\Delta E = \frac{M}{\mu}C_V(T_2 - T_1) = \frac{M}{\mu}\frac{3}{2}R(T_2 - T_1) = \frac{3}{2}(p_2V_2 - p_1V_1)$

（2）$A = \frac{1}{2}(p_2 + p_1)(V_2 - V_1)$

（3）由过程曲线，得 $\dfrac{p_2}{p_1} = \dfrac{V_2}{V_1}$

所以 $Q = A + \Delta E = 2(p_2V_2 - p_1V_1)$

（4）因为 $Q = 2(p_2V_2 - p_1V_1) = 2\dfrac{M}{\mu}R(T_2 - T_1)$

所以 $C = \dfrac{Q}{\dfrac{M}{\mu}(T_2 - T_1)} = 2R$

4-6 一定量的刚性双原子分子理想气体装在封闭的气缸里，此气缸有可活动的活塞(活塞与气缸壁之间无摩擦且无漏气)。已知气体的初始压强为 p_1，体积为 V_1，现将该气体等容加热到压强为原来的 2 倍，然后等压加热到体积为原来的 2 倍，最后做绝热膨胀，直到温度下降到初始温度为止。(1)在 p-V 图上将整个过程表示出来;(2)试求在整个过程中气体内能的改变、所吸收的热量和所做的功。

解 (1) 略

(2) $\Delta E = 0$

(3) 整个过程中气体所吸收的热量为

$$Q = \frac{M}{\mu}C_V(T_2 - T_1) + \frac{M}{\mu}C_p(T_3 - T_2)$$

$$= \frac{5}{2}\frac{M}{\mu}R(T_2 - T_1) + \frac{7}{2}\frac{M}{\mu}R(T_3 - T_2)$$

由状态方程 $pV = \frac{M}{\mu}RT$,得 $T_2 = 2T_1$,$T_3 = 2T_2$,则

$$Q = \frac{5}{2}p_1V_1 + \frac{7}{2} \cdot 2p_1V_1 = \frac{19}{2}p_1V_1$$

由热力学第一定律,有

$$A = Q = \frac{19}{2}p_1V_1$$

4-7 气体经历如图 4-3 所示的一个循环过程,在这个循环中,外界传给气体的净热量是多少?

解 $Q = A = \Delta p \Delta V = 900 \text{ J}$

4-8 如图 4-4 所示为 1 mol 氮气所经历的循环过程,其中 AB 为等温线,求效率。

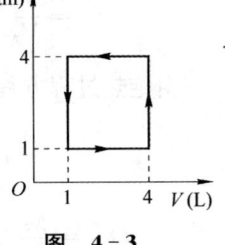

图 4-3

解 $Q_{AB} = A = \frac{M}{\mu}RT_A \ln\frac{V_B}{V_A} = RT_A \ln 2$

$Q_{BC} = \frac{M}{\mu}C_p(T_C - T_B) = \frac{7}{2}R\left(\frac{T_A}{2} - T_A\right) = -\frac{7}{4}RT_A$

$Q_{CA} = \frac{M}{\mu}C_V(T_A - T_C) = \frac{5}{2}R\left(T_A - \frac{T_A}{2}\right) = \frac{5}{4}RT_A$

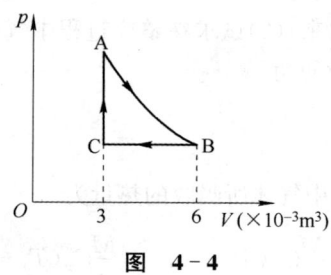

图 4-4

$$\eta = 1 + \frac{Q_{BC}}{Q_{AB} + Q_{CA}} = 9.94\%$$

4-9 1 mol 的双原子理想气体做如图 4-5 所示的循环 ACBA，B→A 为绝热过程。已知 A 态的压强为 p_1、体积为 V_1，设 $V_2 = 2V_1$，求：(1) 该循环过程气体对外所做的总功；(2) 循环效率。

解 (1) 设 A 态的温度为 T_1，由等压过程方程得

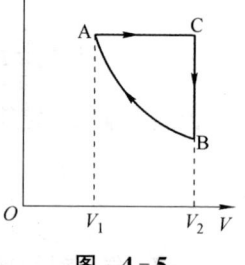

图 4-5

$$T_C = \frac{V_C}{V_A} T_1 = 2T_1$$

由绝热过程方程 $V_A^{\gamma-1} T_A = V_B^{\gamma-1} T_B$，$\gamma = 1.4$ 得

$$T_B = \frac{V_A^{\gamma-1} T_A}{V_B^{\gamma-1}} = \left(\frac{1}{2}\right)^{0.4} T_1$$

$$Q_{AC} = \frac{M}{\mu} C_p (T_C - T_A) = \frac{7}{2} \frac{\mu}{\mu} R T_1 = \frac{7}{2} p_1 V_1$$

$$Q_{CB} = \frac{M}{\mu} C_V (T_B - T_C) = -3.105 p_1 V_1$$

$$Q = A = 0.395 p_1 V_1$$

(2) $$\eta = 1 + \frac{Q_{CB}}{Q_{AC}} = 11.3\%$$

4-10 氮气经历如图 4-6 所示的循环,求循环效率。

解 循环过程气体的总功为

$$A = \frac{1}{2}(p_A - p_C)(V_B - V_A)$$

由过程曲线得 $p_B V_C = p_C V_B$,则

$$A = \frac{1}{2} p_1 V_1$$

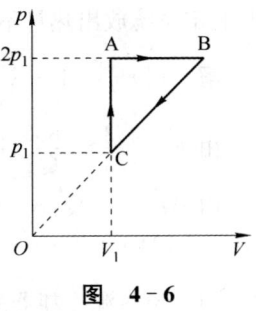

图 4-6

$$Q_1 = Q_{CA} + Q_{AB} = \frac{M}{\mu} C_V (T_A - T_C) + \frac{M}{\mu} C_p (T_B - T_A)$$
$$= \frac{M}{\mu} \frac{5}{2} R (T_A - T_C) + \frac{M}{\mu} \frac{7}{2} R (T_B - T_A)$$

由已知得 $V_B = 2V_A = 2V_1$,$T_B = 2T_A = 4T_1$,再由状态方程得

$$Q_1 = \frac{19}{2} p_1 V_1$$

$$\eta = \frac{A}{Q_1} = 5.3\%$$

4-11 一卡诺热机低温热源的温度为 27 ℃,热机效率为 40%,其高温热源的温度为多少? 今欲将该热机效率提高到 50%,若低温热源的温度保持不变,则高温热源的温度应为多少?

解 由 $\eta = 1 - \dfrac{T_2}{T_1}$,得 $T_1 = 500$ K

效率升高后高温热源的温度为 $T_1' = 600$ K

4-12 一卡诺热机当热源温度为 100 ℃,冷却器温度为 0 ℃ 时,所做净功为 800 J。现要维持冷却器的温度不变,并提高热源的温度使净功增为 1.60×10^3 J,试求:(1)热源的温度是多少? (2)效率增大到多少? (设两个循环均工作于相同的两绝热线之

间,假定系统放出热量不变)

解 (1) $\eta = 1 - \dfrac{T_2}{T_1} = \dfrac{A_{有用功}}{Q_{吸}}$

由 $1 - \dfrac{273}{373} = \dfrac{800}{Q_{吸}}$,则 $Q_{吸} = 2\,984$ J

由 $A_{有用功} = Q_{吸} - |Q_{放}|$,得 $|Q_{放}| = Q_{吸} - A_{有用功} = 2\,984 - 800 = 2\,184$ J

因低温热源冷却器的温度不变,则 $\eta' = 1 - \dfrac{T_2}{T_1'} = \dfrac{A'_{有用功}}{Q'_{吸}}$

$Q'_{吸} = |Q_{放}| + A'_{有用功} = 2\,184 + 1\,600 = 3\,784$ J

所以由 $1 - \dfrac{273}{T_1'} = \dfrac{1\,600}{3\,784}$,求得 $T_1' = 473$ K

(2) $\eta' = 1 - \dfrac{T_2}{T_1'} = 1 - \dfrac{273}{473} = 42.3\%$

4-13 现有 1.20 kg 温度为 0 ℃的冰,吸热后融化并变为 10 ℃的水。求熵变,并对结果做简要讨论。已知水的熔解热为 3.35×10^5 J·kg^{-1}。

解 0 ℃的冰吸热后融化成 0 ℃的水时,温度保持不变,即 $T = 273$ K,因此

$$\Delta S_1 = \dfrac{\Delta Q_1}{T} = \dfrac{1.2 \times 3.35 \times 10^5}{273} = 1.47 \times 10^3 \text{ J·K}^{-1}$$

ΔQ_1 是 0 ℃的冰融化成 0 ℃的水时吸收的热量。

查表得,水的定压比热 $c = 4.186\,8 \times 10^3$ J·(kg·K^{-1})。

0 ℃的水变为 10 ℃的水时的熵变为

$$\Delta S_2 = \int_{273}^{283} mc \dfrac{\mathrm{d}T}{T} = mc \ln \dfrac{283}{273} = 1.2 \times 4.186\,8 \times 10^3 \times 0.036$$
$$= 0.18 \times 10^3 \text{ J·K}^{-1}$$

总的熵为

$$\Delta S = \Delta S_1 + \Delta S_2 = 1.47 \times 10^3 + 0.18 \times 10^3$$
$$= 1.65 \times 10^3 \text{ J} \cdot \text{K}^{-1}$$

从上可知，冰融化成水和水的温度上升都是熵增加的过程。

4-14 现有 10.6 mol 理想气体，在等温过程中体积膨胀到原来的 2 倍，求熵变。

解 理想气体在等温过程中的熵

$$\Delta S = \frac{M}{\mu} R \ln \frac{V}{V_0} = 10.6 \times 8.31 \times \ln \frac{2V_0}{V_0} = 61.05 \text{ J} \cdot \text{K}^{-1}$$

4-15 证明一条绝热线与一条等温线不能有两个交点。

解 采用反证法，如果一条绝热线与一条等温线有两个交点，那么一定可以利用这两个交点之间的封闭区域做循环而连续对外界做功。在此循环中只有一个热源，即从单一热源吸热而对外界做功。每经过一个循环，系统的内能不变，根据热力学第一定律，有

$$Q = A$$

这表示，每经过一个循环，系统都会把从外界吸收的热量全部用于对外做功。这是违背热力学第二定律的，因而是不可能实现的。所以，一条绝热线与一条等温线不能有两个交点。

【课外练习】

一、单选题

1. 一定量的理想气体，从同一初态分别经历等温可逆膨胀、绝热可逆膨胀到具有相同体积的终态，在绝热过程中的压强增量 Δp_Q 与等温过程中的压强增量 Δp_T 的关系为（　　）。

A. $\Delta p_0 < \Delta p_T$ B. $\Delta p_0 > \Delta p_T$
C. $\Delta p_0 = \Delta p_T$ D. 无法确定

2. 系统的状态改变了,则其内能值(   )。
   A. 必定改变   B. 必定不变
   C. 不一定改变   D. 状态与内能无关

3. 将 20 g 的氦气(理想气体,且 $C_V = \dfrac{3}{2}R$) 在不与外界交换热量情况下,从 17 ℃升至 27 ℃,则气体系统内能的变化与外界对系统做的功为(   )。
   A. $\Delta E = 6.23 \times 10^2$ J, $A = 6.23 \times 10^2$ J
   B. $\Delta E = 6.23 \times 10^2$ J, $A = 6.23 \times 10^3$ J
   C. $\Delta E = 6.23 \times 10^2$ J, $A = 0$
   D. 无法确定

4. 将温度为 300 K,压强为 10^5 Pa 的氮气分别进行绝热压缩与等温压缩,使其体积变为原来的 $\dfrac{1}{5}$。则绝热压缩与等温压缩后的压强和温度的关系分别为(   )。
   A. $p_{绝热} > p_{等温}$,$T_{绝热} > T_{等温}$ B. $p_{绝热} < p_{等温}$,$T_{绝热} < T_{等温}$
   C. $p_{绝热} < p_{等温}$,$T_{绝热} > T_{等温}$ D. $p_{绝热} > p_{等温}$,$T_{绝热} < T_{等温}$

5. 质量为 m 的物体在温度为 T 时发生相变过程(设该物质的相变潜热为 λ),则熵变为(   )。
   A. $\Delta S = \dfrac{m\lambda}{T}$ B. $\Delta S > \dfrac{m\lambda}{T}$ C. $\Delta S < \dfrac{m\lambda}{T}$ D. $\Delta S = 0$

6. 质量一定的理想气体,从相同状态出发,分别经历不同的过程,使其体积增加一倍,然后又回到初态,则(   )。
   A. 内能最大   B. 内能最小
   C. 内能不变   D. 无法确定

7. 一定量的理想气体,经历某一过程后,温度升高了。则根据热力学定律可以断定为:(1)该理想气体系统在此过程中吸热;(2)在此过程中外界对该理想气体系统做正功;(3)该理想气体系统的内能增加了;(4)在此过程中理想气体系统从外界吸热,又对外做正功。以上正确的断言是(　　)。
A. (1)、(3)　　　　　　B. (2)、(3)
C. (3)　　　　　　　　D. (3)、(4)

8. 系统分别经过等压过程和等容过程,如果两过程中的温度增加值相等,那么(　　)。
A. 等压过程吸收的热量大于等容过程吸收的热量
B. 等压过程吸收的热量小于等容过程吸收的热量
C. 等压过程吸收的热量等于等容过程吸收的热量
D. 无法计算

9. 计算卡诺热机效率最简单的公式为(　　)。
A. $\eta = 1 - \dfrac{T_2}{T_1}$　　　　B. $\eta = 1 - \dfrac{|Q_{放}|}{Q_{吸}}$
C. 答案 A 与 B 都正确　　D. 以上答案都不正确

10. 某一热力学系统经历一个过程后,吸收了 400 J 的热量,并对环境做功 300 J,则系统的内能(　　)。
A. 减少了 100 J　　　　B. 增加了 100 J
C. 减少了 700 J　　　　D. 增加了 700 J

11. 某一理想气体的热力学系统经历等温过程后,在下列的选项中,为零的物理量是(　　)。
A. 吸收的热量　　　　B. 对外做功
C. 内能变化量　　　　D. 熵变

12. 某一热力学系统经历一个过程后,吸收 400 J 的热量,则此系统(　　)。
A. 内能一定增加了 400 J　　B. 系统一定放出 400 J 热量

C．内能不变，做功 400 J　　　D．无法确定

13. 对一个绝热热力学系统，其熵的变化必定为（　　）。
    A．$\Delta S \geqslant 0$　　　　　　　　B．$\Delta S \leqslant 0$
    C．$\Delta S = 0$　　　　　　　　D．无法确定

二、判断题

1. 在等温膨胀过程中，理想气体吸收的热量全部用于对外做功。（　　）

2. 不可能将热量从低温物体传到高温物体。（　　）

3. 系统状态变化所引起的内能变化 ΔE，只与系统的初始状态和末状态有关，与系统所经历的中间过程无关。（　　）

4. 在等压过程和等容过程中，当系统温度的增加量相等时，等压过程吸收的热量要比等容过程吸收的热量多。（　　）

5. 系统经历从初态 A 到末态 B 的过程，其熵的变化完全由 A、B 两个状态所决定，而与从初态到末态经历怎样的过程无关。（　　）

三、填空题

1. 系统从外界所获取的热量，一部分用来_____，另一部分用来对外界做功。

2. 理想气体的摩尔热容比 γ 仅与分子的自由度有关。对单原子分子气体 $\gamma = $ _____，对刚性双原子分子气体 $\gamma = $ _____，对刚性多原子分子气体 $\gamma = $ _____。

3. 内能是状态的_____，要改变系统的内能，就必须改变系统所处的状态，可以而且只能通过如下途径：或者对系统做功，或者对系统传热，或者既对系统做功又对系统传热。

4. 理想气体的摩尔热容比 γ 仅与_____有关。

5. 在相同的高温热源和低温热源之间的一切不可逆热机的效率都_____可逆热机的效率。

6. 不可能从单一热源吸取热量并将它_____而不产生其他影响。

7. 内能是由系统状态决定的量,是状态函数;而热量和功不仅决定于_____,而且与过程有关,即反映了过程的特征,是过程量。

8. 热机以理想气体为工作物质,它只与两个不同温度的恒温热源交换能量,即没有散热、漏气等因素存在,这种热机称为_____。

9. 经过可逆过程,系统的熵变 dS 与对应温度 T 和系统在该过程中吸收的热量 dQ 的关系为_____。

10. 一个孤立系统或绝热系统的熵永远不会减小:对于可逆过程,熵_____;对于不可逆过程,熵总是_____。

四、简答题

1. 简述为什么在绝热膨胀过程中降低的压强比等温膨胀过程中降低的压强多。

2. 简述卡诺热机的效率为什么只由两个热源的温度决定。

3. 简述绝热线为什么要比等温线陡峭一些。

五、计算题

1. 把标准状态下的 14 g 氮气压缩至原来体积的一半,试分别求出在下列过程中气体内能的变化、传递的热量和外界对系统做的功。(1)等温过程;(2)绝热过程。

2. 今有 80 g 氧气,初始温度为 27 ℃,体积为 0.41 dm³,若经过绝热膨胀,体积增至 4.1 dm³。试计算气体在该绝热膨胀过程中对外界所做的功。

3. 质量为 100 g 的理想气体氧气,温度从 10 ℃升到 60 ℃,如果变化过程是:(1)体积不变;(2)压强不变;(3)绝热压缩。那么,系统的内能变化如何?三个过程的终态是否是同一状态?

4. 一定量的氮气,温度为 300 K,压强为 1.013×10^5 Pa,将它绝热压缩,使其体积为原来的 $\frac{1}{5}$,求绝热压缩后的压强和温度各为多少?

5. 空气由压强为 1.52×10^5 Pa,体积为 5.0×10^{-3} m³,等温膨胀到压强为 1.01×10^5 Pa,然后再经等压压缩到原来的体积。试计算空气所做的功。

6. 一卡诺热机的低温热源温度为 7 ℃,效率为 40%,若要将其效率提高到 50%,问高温热源的温度需提高多少?

第五章
静 电 场

【内容提要】

1. 电场强度

$$E = \frac{F}{q_0}$$

电场强度叠加原理

$$E = \sum_{i=1}^{n} E_i = \sum_{i=1}^{n} \frac{1}{4\pi\varepsilon_0} \frac{q_i}{r_i^2} r_{i0}$$

点电荷的电场强度公式

$$E = \frac{1}{4\pi\varepsilon_0} \frac{q}{r^2} r_0$$

点电荷系电场的场强公式

$$E = \sum_{i=1}^{n} E_i = \frac{1}{4\pi\varepsilon_0} \sum_{i=1}^{n} \frac{q_i}{r_i^2} r_0$$

连续带电体产生的场强

$$E = \int dE = \frac{1}{4\pi\varepsilon_0} \int \frac{dq}{r^2} r_0 = \frac{1}{4\pi\varepsilon_0} \iiint_V \frac{\rho dV}{r^2} r_0$$

2. 高斯定理

$$\Phi = \oiint_S \boldsymbol{E} \cdot \mathrm{d}\boldsymbol{S} = \frac{1}{\varepsilon_0} \sum_{i=1}^{n} q_i$$

3. 静电场力做功

$$A_{P_1 P_2} = q(V_{P_1} - V_{P_2})$$

4. 电势

点电荷电场中的电势

$$V_P = \frac{1}{4\pi\varepsilon_0} \frac{q}{r_P}$$

点电荷系电场中的电势

$$V = \frac{1}{4\pi\varepsilon_0} \sum_{i=1}^{n} \frac{q_i}{r_i}$$

5. 静电场中电介质的极化

当电介质在外电场的作用下,无论是有极分子还是无极分子都要发生某种变化,结果在电介质垂直外电场的两端表面上分别出现正、负束缚电荷的现象。

有极分子产生位移极化,无极分子产生取向极化。

电极化强度

$$\boldsymbol{P} = \frac{\sum \boldsymbol{p}_i}{\Delta V} \quad P = \sigma'$$

极化电介质中的电场

$$E = \frac{E_0}{\varepsilon_r}$$

6. 静息电位和动作电位

静息电位和动作电位的产生是由于细胞膜内外存在着离子浓度差、细胞膜对不同离子的通透性不同以及钠泵的作用而引起的。

7. 电偶极子电场的电势分布

$$V = k\frac{p\cos\theta}{r^2}$$

它是心电图波形成的物理基础。

【习题解答】

5-1 如图 5-1 所示,在直角三角形 ABC 的 A 点上有电荷 $q' = 1.8 \times 10^{-9}$ C,B 点上有电荷 $q'' = -4.8 \times 10^{-9}$ C,且 BC = 0.040 m,AC = 0.030 m,试求 C 点场强的大小和方向。

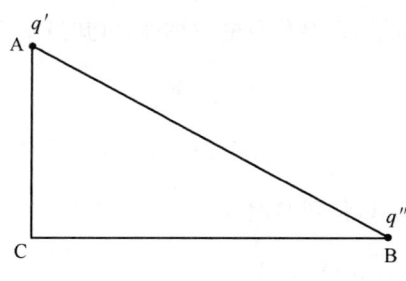

图 5-1

解 C 点场强是 q' 和 q'' 在该点产生的场强的叠加。

$$E_1 = \frac{1}{4\pi\varepsilon_0}\frac{q'}{(AC)^2} = 1.8 \times 10^4 \text{ N} \cdot \text{C}^{-1}$$

$$E_2 = \frac{1}{4\pi\varepsilon_0}\frac{q''}{(BC)^2} = -2.7 \times 10^4 \text{ N} \cdot \text{C}^{-1}$$

$$E = \sqrt{E_1^2 + E_2^2} = 3.2 \times 10^4 \text{ N} \cdot \text{C}^{-1}$$

$$\tan\theta = \frac{E_1}{E_2} = \frac{2}{3} \approx 33.7°$$

θ 是 C 点的场强方向与 BC 连线的夹角。

5-2 已知 $r = 8.0 \text{ cm}$, $a = 12 \text{ cm}$, $q_1 = q_2 = \dfrac{1}{3} \times 10^{-8}$ C, 电荷 $q_0 = 1.0 \times 10^{-9}$ C, 如图 5-2 所示。求：(1) q_0 从 A 移到 B 时电场力所做的功；(2) q_0 从 C 移到 D 时电场力所做的功。

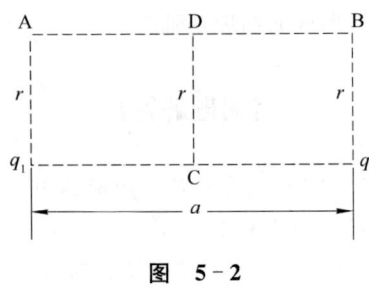

图 5-2

解 (1) 由于 A、B 位置的对称性，可知当 q_0 从 A 移到 B 时

$$V_A = V_B$$

$$A = q_0(V_A - V_B) = 0$$

(2) 当 q_0 从 C 移到 D 时

$$\begin{aligned} A &= q_0(V_C - V_D) \\ &= q_0 \left[2 \frac{q_1}{4\pi\varepsilon_0 \dfrac{a}{2}} - 2 \frac{q_2}{4\pi\varepsilon_0 \sqrt{\left(\dfrac{a}{2}\right)^2 + r^2}} \right] \\ &= 4.0 \times 10^{-7} \text{ J} \end{aligned}$$

5-3 半径为 R 的无限长直薄壁金属圆管，表面上均匀带正电，且单位长度带有电荷为 λ，求离管轴垂直距离为 r 处的场强。

解 由对称性可知，场强方向由管轴沿圆管半径向外辐射，且距轴等距离处的场强大小相同。作一个和圆管同轴半径为 r、高为 l 的圆柱面为高斯面，此高斯面的上、下底面和场强平行，所以没有电通量穿过。据高斯定理

$$r < R$$

$$\oiint_S \boldsymbol{E}_{内} \cdot \mathrm{d}\boldsymbol{S} = \iint_{侧面} \boldsymbol{E}_{内} \cdot \mathrm{d}\boldsymbol{S} = E_{内} \cdot 2\pi rl = \frac{\sum q_i}{\varepsilon_0} = 0$$

$$E_{内} = 0$$

$$r \geqslant R$$

$$\oiint_S \boldsymbol{E}_{外} \cdot \mathrm{d}\boldsymbol{S} = E \cdot 2\pi rl = \frac{\sum q_i}{\varepsilon_0} = \frac{\lambda l}{\varepsilon_0}$$

$$E_{外} = \frac{\lambda}{2\pi\varepsilon_0 r}$$

5-4 已知电荷面密度为 σ、半径为 R 的均匀带正电球壳,试求球壳内、外电场强度和电势的分布规律。

解 由于均匀带电球壳的电荷分布具有球对称性,所以场强分布也是球对称,即和带电球壳同心的任一球面上各点的场强大小相等,场强方向由球心出发沿球壳半径指向外部。以任意长度 r 为半径作一个和带电球壳同心的球面为高斯面。选无穷远为零电势。

球壳外 ($r \geqslant R$):在球壳外任取一点 A,A 在高斯面上。由高斯定理可得

$$\Phi = \oiint_S \boldsymbol{E}_A \cdot \mathrm{d}\boldsymbol{S} = E_A \oiint_S \mathrm{d}S = E_A 4\pi r^2 = \frac{\sum q_i}{\varepsilon_0}$$

$$E_A = \frac{\sigma R^2}{\varepsilon_0 r^2}$$

$$V_A = \int_A^\infty E \mathrm{d}r = \int_A^\infty \frac{\sigma R^2}{\varepsilon_0 r^2} \mathrm{d}r = \frac{\sigma R^2}{\varepsilon_0 r}$$

球壳内 ($r < R$):在球壳内任取一点 B,B 在高斯面上。由高斯定理可得

$$\Phi = \oiint_S \boldsymbol{E}_B \cdot \mathrm{d}\boldsymbol{S} = E_B \oiint_S \mathrm{d}S = E_B 4\pi r^2 = \frac{\sum q}{\varepsilon_0} = 0$$

$$E_B = 0$$

$$V_B = \int_B^\infty E \mathrm{d}r = \int_r^R E_B \mathrm{d}r + \int_R^\infty E_A \mathrm{d}r = \int_R^\infty \frac{\sigma R^2}{\varepsilon_0 r^2} \mathrm{d}r = \frac{\sigma R}{\varepsilon_0}$$

5-5 两个半径分别为 R_1 和 R_2($R_2 > R_1$)、带有等量异号电荷、单位长度上的电荷为 λ 的无限长同轴圆柱面,求离轴线垂直距离为 r 处的场强。

解 以 r 为半径,作和带电圆柱面同轴、长为 l 的圆柱面为高斯面,高斯柱面侧面上各点处的场强 $\boldsymbol{E}$ 大小都相同,场强方向沿高斯面的半径方向,只有通过高斯面侧面的电通量不为零,且电通量为 $\oiint_S \boldsymbol{E} \mathrm{d}\boldsymbol{S} = E 2\pi r l$,由高斯定理得

$$E 2\pi r l = \frac{\sum q_i}{\varepsilon_0}$$

当 $0 < r < R_1$ 时,$\sum q_i = 0$,所以,$E_1 = 0$。

当 $R_1 \leqslant r < R_2$ 时,$\sum q_i = \lambda l$,所以,$E_2 = \dfrac{\lambda}{2\pi\varepsilon_0 r}$。

当 $r \geqslant R_2$ 时,$\sum q_i = 0$,所以,$E_3 = 0$。

【课外练习】

一、单选题

1. 在点电荷形成的电场中,某一点距场源电荷为 r,当 $r \to 0$ 时,根据点电荷场强公式 $E = \dfrac{1}{4\pi\varepsilon_0} \dfrac{q}{r^2}$ 可得出(　　)。

A. $E \to \infty$ B. $E \to 0$
C. 点电荷场强公式不适用   D. 以上答案都不正确

2. 在电场中以 O 点为球心作一球形高斯面，A 点为球内一点，P 点和 Q 点在球面外。点电荷 q 分别放在(　　)，通过球面的电通量相同。
   A. O 点和 A 点   B. O 点和 Q 点
   C. A 点和 Q 点   D. O 点和 P 点

3. 如图 5-3 所示的三种情况下，分别在电场中作闭合曲面。其中图 a 为两个等量同号的点电荷 q 对称地分布在闭合球面内的一条直线上；图 b 中有一有限长的均匀带电直线位于闭合圆柱面的轴线上；图 c 中一均匀带电圆盘位于闭合圆柱面中部且与轴线垂直。可以利用高斯定理求场强的是(　　)。

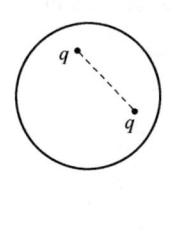 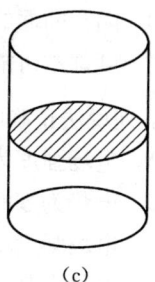

(a)   (b)   (c)

图 5-3

A. 图 a   B. 图 b
C. 图 c   D. 以上答案都不正确

4. 关于高斯定理 $\Phi = \oiint_S \boldsymbol{E} \cdot \mathrm{d}\boldsymbol{S} = \dfrac{1}{\varepsilon_0} \sum\limits_{i=1}^{n} q_i$ 下面说法正确的是(　　)。

   A. 当在高斯面外的电荷移动时，通过高斯面的电通量将发生变化

B. E 是 $\sum_{i=1}^{n} q_i$ 所激发的电场

C. $\sum_{i=1}^{n} q_i$ 是空间所有电荷的代数和

D. 当高斯面外的电荷位置发生变化时,一般来说,高斯面上的场强 E 也发生变化

5. 下列说法正确的是(　　)。
   A. 闭合曲面上各点的电场强度都为零时,曲面内一定没有电荷
   B. 闭合曲面的电通量为零时,曲面上各点的电场强度必定为零
   C. 闭合曲面上各点的电场强度都为零时,曲面内电荷的代数和必定为零
   D. 闭合曲面的电通量不为零时,曲面上任意一点的电场强度都不可能为零

6. 下列说法正确的是(　　)。
   A. 电场强度为零的点,电势也一定为零
   B. 电势为零的点,电场强度也一定为零
   C. 电场强度不为零的点,电势也一定不为零
   D. 电势在某一区域内为常量,则电场强度在该区域内必定为零

7. 在点电荷 q 和 $9q$ 连线之间放一电荷 Q,若使三个电荷受力平衡,该电荷一定是(　　)。

   A. $Q = \dfrac{9}{16}q$,极性与 q 相同　　B. $Q = \dfrac{16}{9}q$,极性与 q 相同

   C. $Q = \dfrac{9}{16}q$,极性与 q 相反　　D. $Q = \dfrac{16}{9}q$,极性与 q 相反

8. 一空气平行板电容器在充电后充入石蜡,石蜡注入时电容器仍

与电源相接,那么注入石蜡后,场强 E 和电容 C 的变化为( )。
A. E 不变, C 减小
B. E 不变, C 增大
C. E 增大, C 减小
D. E 减小, C 减小

9. 对于各向同性的均匀电介质,下面说法正确的是( )。
   A. 电介质中的电场强度一定等于没有电介质时该点电场强度的 $\frac{1}{\varepsilon_r}$ 倍
   B. 电介质中的电场强度一定等于没有电介质时该点电场强度的 ε_r 倍
   C. 电介质中的电场强度一定等于没有电介质时该点电场强度的 ε_0 倍
   D. 以上说法都不正确

10. 将两极板相距为 d 的空气平行板电容器充电后与电源断开,此时若将两板间距增大到 $2d$,电容器内电场的边缘效应忽略不计,则有( )。
    A. 电容器所带电量增大一倍
    B. 电容器的电容增大一倍
    C. 两极板间的电场强度增大一倍
    D. 以上说法都不正确

二、判断题

1. 在任一电场中,将点电荷 q 由静止状态释放,则点电荷 q 一定沿着电场线运动。( )

2. 在匀强电场中各处的电势梯度不一定都相等。( )

3. 静电场中场强的环流等于零,说明静电力是保守力。( )

4. 以一点电荷为球心作一半径为 R 的球面,则球面上各处的场强一定相同。( )

5. 始终和电源相连接的平行板电容器的极板间距保持不变,那么电容器所带电量在有电介质的情况下一定比无电介质的情况大。(   )

6. 把一个带电体 M 从远处移到一个不带电的导体 N 附近,则导体 N 的电势变化无法确定。(   )

7. 将一个带负电的带电体 A 靠近一个不带电的导体 B,在 B 的左端感出正电荷,右端感应出负电荷,若将导体 B 的右端接地,则导体 B 上的负电荷入地。(   )

三、填空题

1. 静电场中某点的电场强度在数值上等于单位正电荷在该点所受＿＿＿＿的大小,场强的方向为＿＿＿＿在该点所受电场力的方向。

2. 静电场中高斯定理的内容为＿＿。

3. 试验电荷在任何静电场中移动时,电场力所做的功仅与试验电荷的电量大小以及所移动路径的起点和终点位置有关,而与试验电荷所经历的＿＿＿＿无关。这说明静电场力是＿＿＿＿,静电场是＿＿＿＿。

4. 在静电场中,电场线起于＿＿＿＿,止于＿＿＿＿;沿着电场线的方向电势是＿＿＿＿的。

5. 静电场中任意给定点的电场强度等于该点＿＿＿＿的负值,负号表示＿＿＿＿。

6. 处于静电平衡状态的金属导体是等＿＿＿＿体,内部场强处处为＿＿＿＿。

7. 各向同性均匀电介质极化时,垂直于外电场的两端面上所产生的极化电荷的面密度,在数值上等于该处_____的大小。

8. 在无外电场作用时,每个分子的正、负电荷"重心"重合,分子的电矩等于零,对外不产生电场,这种电介质的分子称为_____;另一类电介质在无外电场作用时,每个分子的正、负电荷"重心"不重合,分子的电矩不等于零,这类分子称为_____。

9. 在各向同性均匀电介质充满整个电场的情况下,电介质中的场强减弱为在真空中产生的场强的_____倍,即 $E < E_0$。该结果是_____后对原电场产生影响所造成的。

10. 在整个心电周期中,连接所有_____所形成的环形轨迹,称作空间心电向量环,即心电向量环。

11. 动作电位的形成分为_____过程和_____过程。

四、简答题

1. 当产生电场的全部电荷分布在有限区域内时,选无限远处的电势为零,说明下面几种情况下电势能的正负:(1)正电荷(或负电荷)在正电荷的电场中;(2)正电荷(或负电荷)在负电荷的电场中。

2. 请根据场强与电势梯度的关系,回答问题:(1)在电势不变的空间内,电场强度是否为零?(2)在电势为零处,场强是否一定为零?(3)场强为零处,电势是否一定为零?

3. 在匀强电场中,各点的电势梯度是否相等?各点的电势是否相等?

4. 在金属空腔内放入一带电物体后,用什么方法可以实现金属腔的全屏蔽作用?

5. 简述产生静息电位的离子机制。

6. 简述心电向量环的组成。

五、计算题

1. 半径为 R、电荷体密度为 ρ 的球体内正电荷均匀分布,求带电球体内外的电场强度分布。

2. 半径为 R、电荷体密度为 ρ(正电)的"无限长"直圆柱,若取圆柱轴为电势零点,试求直圆柱的场强与电势分布,并画出 E-r、V-r 曲线。

3. 电容 C 为 100 pF 的平行板电容器,极板间充满相对电容率 ε_r 为 6.4 的电介质云母,极板的面积 S 为 100 cm^2,当极板上的电势差 U 为 50 V 时,试求:(1)电容器极板上的自由电荷 Q;(2)云母中的场强 E;(3)云母电介质面上的极化电荷 Q'。

第六章
恒定电流与电路

【内容提要】

1. 电流强度

如果在 dt 时间内通过任一横截面的电量为 dQ,则电流强度为

$$I = \frac{dQ}{dt}$$

2. 电流密度

电流密度 J 在数值上等于通过该点单位垂直面积的电流强度,即单位时间内通过单位垂直面积的电量。电流密度是矢量,它的方向是在该点的正电荷运动方向,即该点的场强 E 方向。即

$$\boldsymbol{J} = \frac{dI}{dS}\boldsymbol{n}_0$$

式中,$\boldsymbol{n}_0$ 表示该点正电荷运动方向的单位矢量。

3. 电源电动势

我们把通过电源内部将单位正电荷由负极移到正极时非静电力所做的功称为电源的电动势,用符号 ε 表示。即

$$\varepsilon = \int \boldsymbol{E}_k \cdot d\boldsymbol{l}$$

电动势是标量,单位是 V。通常规定从电源负极经电源内部指向正极的方向为电动势方向。

4. 含源电路的欧姆定律

在含源电路中任意两点的电势差等于这两点间所有电源和电阻上的电势降落的代数和,这就是一段含源电路的欧姆定律。

$$U_{AB} = \sum \varepsilon + \sum IR$$

5. 基尔霍夫第一定律

在恒定的直流电路中,汇于节点的各支路电流的代数和为零。即

$$\sum_{i=1}^{n} I_i = 0$$

6. 基尔霍夫第二定律

沿任意闭合回路绕行一周回到出发点时,回路中各元件的电势降落的代数和为零。

$$\sum_i I_i R_i + \sum_j \varepsilon_j = 0$$

【习题解答】

6-1 一电路如图 6-1 所示,$\varepsilon_1 = 12\,\text{V}$,$\varepsilon_2 = 9\,\text{V}$,$\varepsilon_3 = 8\,\text{V}$,$r_1 = r_2 = r_3 = 1\,\Omega$,$R_1 = R_2 = R_3 = R_4 = R_5 = 2\,\Omega$。(1)求 A、B 两点间的电势差;(2)求 C、D 两点间的电势差;(3)如果 C、D 两点短路,则 A、B 两点间的电势差又如何?

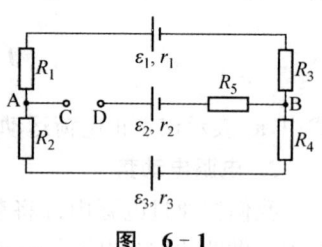

图 6-1

解 (1) 如图 6-1 所示,应用欧姆定律有

$$I = \frac{\varepsilon_1 - \varepsilon_3}{R_1 + R_2 + R_3 + R_4 + r_1 + r_3}$$
$$= \frac{12 - 8}{2 + 2 + 2 + 2 + 1 + 1} = 0.4 \text{ A}$$

再由一段含源电路的欧姆定律得

$$U_{AB} = \varepsilon_1 - I(R_1 + r_1 + R_3)$$
$$= 12 - 0.4 \times (2 + 1 + 2)$$
$$= 10 \text{ V}$$

或
$$U_{AB} = \varepsilon_3 + I(R_2 + r_3 + R_4)$$
$$= 8 + 0.4 \times (2 + 1 + 2)$$
$$= 10 \text{ V}$$

(2) $U_{CD} = U_{AD} = U_{AB} + U_{BD} = 10 - 9 = 1 \text{ V}$

或 $U_{CD} = \varepsilon_1 - I(R_1 + r_1 + R_3) - \varepsilon_2 = 1 \text{ V}$

(注:B、D 间无电流,但有电源)

(3) 设备支路的电流方向及回路的绕行方向如图 6-2 所示,由基尔霍夫定律有

$$I_1 + I_2 - I_3 = 0$$
$$\varepsilon_1 - \varepsilon_2 - I_1(R_1 + r_1 + R_3) + I_2(R_5 + r_2) = 0$$
$$\varepsilon_3 - \varepsilon_2 + I_2(R_5 + r_2) + I_3(R_2 + r_3 + R_4) = 0$$

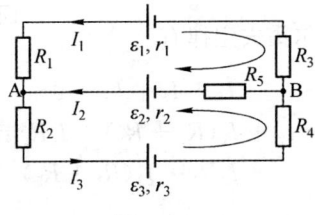

图 6-2

解方程组得

$$I_1 = 0.49 \text{ A}, I_2 = -0.18 \text{ A}, I_3 = 0.31 \text{ A}$$

则 $U_{ab} = \varepsilon_2 - I_2(r_2 + R_5) = 9.54 \text{ V}$

6-2 在如图6-3所示的电路中,求电池1的电动势 ε_1。其中电池2、3的电动势和各电阻均已知,安培计A的读数为0.5 A,电流方向如图6-3所示。(注意:当电源、安培计的电阻未指明时,可认为电源、安培计是理想的,即无内阻)

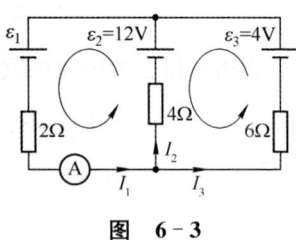

图 6-3

解 设各支路电流方向及回路的绕行方向如图6-3所示,由基尔霍夫定律有

$$I_1 - I_2 - I_3 = 0$$
$$\varepsilon_1 - \varepsilon_2 + 2I_1 + 4I_2 = 0$$
$$\varepsilon_2 - \varepsilon_3 - 4I_2 + 6I_3 = 0$$

将已知条件代入,解方程组得 $\varepsilon_1 = 6.6 \text{ V}$。

6-3 如图6-4所示电路中,$\varepsilon_1 = 2 \text{ V}$, $\varepsilon_2 = \varepsilon_3 = 4 \text{ V}$, $R_1 = R_3 = 1 \text{ Ω}$, $R_2 = 2 \text{ Ω}$, $R_4 = R_5 = 3 \text{ Ω}$,求:(1)各支路中的电流;(2)A、B两点间的电势差 U_{AB}。

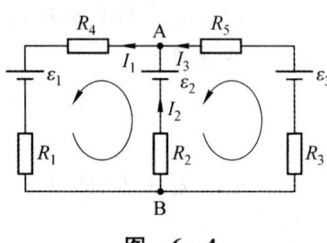

图 6-4

解 (1)由基尔霍夫定律有

$$-I_1 + I_2 + I_3 = 0$$
$$\varepsilon_1 - \varepsilon_2 + I_1(R_1 + R_4) + I_2 R_2 = 0$$
$$\varepsilon_2 - \varepsilon_3 - I_2 R_2 + I_3(R_3 + R_5) = 0$$

解方程组得

$$I_1 = 0.375 \text{ A}, I_2 = 0.25 \text{ A}, I_3 = 0.125 \text{ A}$$

（2） $$U_{AB} = \varepsilon_2 - I_2 R_2 = 3.5 \text{ V}$$

6-4 五个电阻连接如图 6-5 所示，已知 $R_1 = R_3 = 4 \text{ }\Omega$、$R_2 = R_4 = 2 \text{ }\Omega$、$R_5 = 1 \text{ }\Omega$。（1）求 a、b 间的电阻 R_{ab}；（2）如果拆去 R_5，则 R_{ab} 为多少？

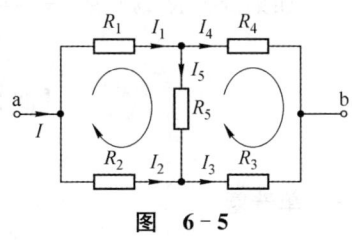

图 6-5

解 各支路电流方向及回路绕行方向如图 6-5 所示，由基尔霍夫定律有

$$I_1 - I_4 - I_5 = 0$$

$$I_2 + I_5 - I_3 = 0$$

$$I_1 R_1 + I_5 R_5 - I_2 R_2 = 0$$

$$I_4 R_4 - I_3 R_3 - I_5 R_5 = 0$$

$$R_1 = R_3 = 4 \text{ }\Omega$$

$$R_2 = R_4 = 2 \text{ }\Omega$$

解得 $$I_2 = I_4 = \frac{5}{3} I_1$$

则 $$U_{ab} = I_1 R_1 + I_4 R_4 = 4I_1 + 2 \times \frac{5}{3} I_1 = \frac{22}{3} I_1$$

$$I = I_1 + I_2 = I_1 + \frac{5}{3} I_1 = \frac{8}{3} I_1$$

$$R_{ab} = \frac{U_{ab}}{I} = \frac{\frac{22}{3}I_1}{\frac{8}{3}I_1} = 2.75\ \Omega$$

如果拆去 R_5，则 $R_{ab} = \dfrac{R_1 + R_4}{2} = 3\ \Omega$

【课外练习】

一、单选题

1. 当伏特计连接到电动势为 1.5 V 的电池两极时，伏特计的读数为（　　）。
   A．大于 1.5 V　　　　　　B．等于 1.5 V
   C．小于 1.5 V　　　　　　D．0 V

2. 一蓄电池的电动势为 12 V，内阻为 0.1 Ω，另一电池以 10 A 的电流给它充电，则被充电电池的端电压是（　　）。
   A．0 V　　B．11 V　　C．12 V　　D．13 V

3. 如图 6－6 所示，a、b 两点的电势差为（　　）。
   A．－6 V　　B．4 V　　C．－4 V　　D．－2 V

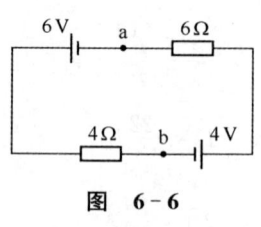

图 6－6

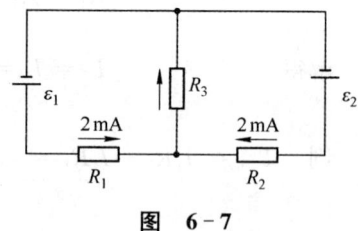

图 6－7

4. 如图 6－7 所示，流过 R_3 上的电流强度为（　　）。
   A．2 mA　　B．3 mA　　C．4 mA　　D．0 mA

5. 如图6-8所示,对于abcda回路,它的电压方程为(　　)。

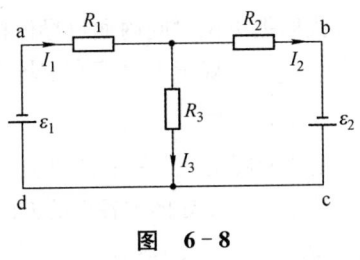

图 6-8

A. $I_1R_1 + I_2R_2 = \varepsilon_1 - \varepsilon_2$
B. $I_1R_1 - I_2R_2 = \varepsilon_1 - \varepsilon_2$
C. $I_1R_1 + I_2R_2 = \varepsilon_2 - \varepsilon_1$
D. $I_1R_1 - I_2R_2 = \varepsilon_2 - \varepsilon_1$

6. 电桥电路中共有(　　)。
   A. 4个节点,5条支路,3个独立回路
   B. 4个节点,6条支路,3个独立回路
   C. 2个节点,6条支路,5个独立回路
   D. 4个节点,5条支路,4个独立回路

二、判断题

1. 把单位正电荷从负极通过电源内部移到正极时,静电力所做的功称为这个电源的电动势。(　　)

2. 电流密度的数值等于通过导体某点任意截面的电流强度。(　　)

3. 稳恒电流是指电流场不随时间发生改变,也就是电荷的分布不随时间发生改变。(　　)

4. 如果电路中有 n 个节点,则可列出 $n+1$ 个独立的节点方程。(　　)

5. 基尔霍夫第一定律是指汇入节点的电流的代数和为零。(　　)

三、填空题

1. 产生电流的条件有两个:第一个是＿＿＿＿＿＿＿＿＿＿,
   第二个是＿＿＿＿＿＿＿＿＿＿＿＿＿＿＿＿。

2. 我们把单位时间内通过导体横截面的电量称为_____。规定正电荷在电场力作用下移动方向为_____方向。

3. 电流密度是一个矢量,它决定于通过单位垂直面积的_____,这个矢量在导体中各点的方向代表该点_____的方向。

4. 稳恒电流的条件说明:通过一闭合曲面一侧_____的电量等于从另一侧_____的电量。

5. 在含源电路中任意两点的电势差等于这两点间所有_____的电势降落的代数和,加上所有_____电势降落的代数和,这就是一段含源电路的欧姆定律。

6. 如果一复杂电路中有 n 个节点,则可列出_____个独立的节点电流方程。这些独立的节点电流方程称为基尔霍夫第一方程组,通常将基尔霍夫第一定律记作_____。

四、简答题

1. 材料相同横截面不同的两根导线串联在电路中,两端加上一定的电势差,通过它们的电流强度、电流密度是否相同?

2. 产生恒定电流的条件是什么?

3. 基尔霍夫第一定律和基尔霍夫第二定律的理论依据分别是什么?

4. 电源的电动势和端电压有何区别?什么条件下它们才相等?

5. 什么是电泳?电泳常应用于哪些领域?

五、计算题

1. 在图 6-9 中, $\varepsilon_1 = 24\ \text{V}$, $r_1 = 2\ \Omega$, $\varepsilon_2 = 6\ \text{V}$, $r_2 = 1\ \Omega$, $R_1 = 2\ \Omega$, $R_2 = 1\ \Omega$, $R_3 = 3\ \Omega$,试求:(1) a、b、c、d 各点的电位;(2) 两个电池的端电压。

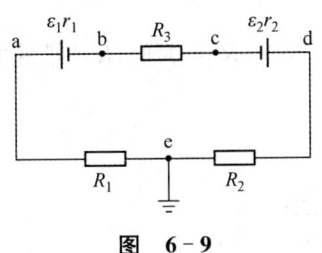
图 6-9

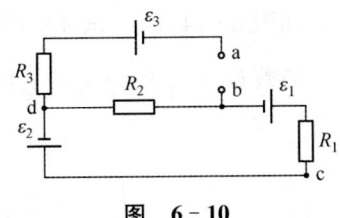
图 6-10

2. 在图 6-10 中，$\varepsilon_1 = 12$ V，$\varepsilon_2 = \varepsilon_3 = 6$ V，$R_1 = R_2 = R_3 = 3\ \Omega$，电源的内阻不计，求 U_{ab}、U_{ac}、U_{bc}、U_{ad}。

3. 如图 6-11 所示，$\varepsilon_1 = 1.5$ V，$\varepsilon_2 = 1$ V，$R_1 = 5\ \Omega$，$R_2 = 80\ \Omega$，$R_3 = 10\ \Omega$，电源内阻不计，求 R_3 上的电流大小。

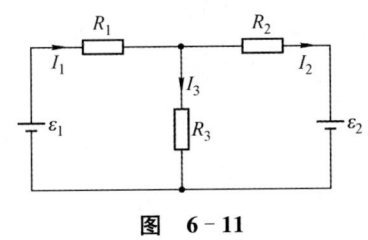
图 6-11

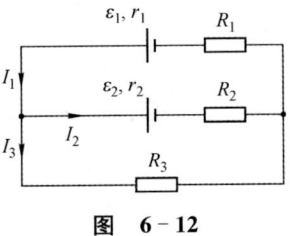
图 6-12

4. 在图 6-12 中，$\varepsilon_1 = 12$ V，$\varepsilon_2 = 6$ V，$r_1 = r_2 = R_1 = R_2 = 1\ \Omega$，通过 R_3 的电流 $I_3 = 5$ A，方向如图 6-12 所示。试求：(1)通过 R_1、R_2 上的电流大小；(2)R_3 的大小。

5. 在图 6-13 中，$\varepsilon_1 = 6$ V，$\varepsilon_2 = 4$ V，$R_1 = 1\ \Omega$，$R_2 = 2\ \Omega$，$R_3 = 3\ \Omega$，$r_1 = r_2 = 1\ \Omega$，试求：(1)电路中的电流；(2)A、B 两点的电势差。

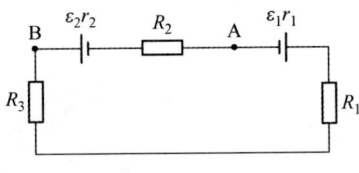
图 6-13

6. 如图 6-14 所示,试证明当 $R_1 = R_2 = R_3 = R$ 时,R 两端的电势差 $U = \dfrac{1}{4}(\varepsilon_1 + \varepsilon_2 + \varepsilon_3)$。

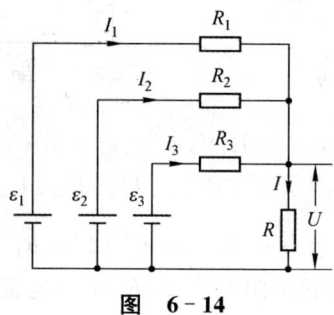

图 6-14

第七章
电磁现象

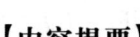

【内容提要】

1. 磁场和磁感应强度

磁场是一种特殊物质,磁感应强度是描述空间各点的磁场大小和方向的物理量。磁感应线与电场线一样,只是为了更形象地描绘磁场而采用的一种方法,并非真实存在,而磁场是客观存在的物质。

2. 磁场的高斯定理

对于闭合曲面来说,进入闭合面的磁感应线条数,必等于从闭合面出来的总磁感应线条数。若进入面内的磁感应线与外法线成钝角产生负通量,则从面内出来的磁感应线就与外法线成锐角,产生正通量,这两部分相互抵消。因而,在磁场中通过任意闭合面的总磁通量为零,即

$$\oiint_S \boldsymbol{B} \cdot d\boldsymbol{S} = 0$$

3. 安培环路定理

$$\oint_L \boldsymbol{B} \cdot d\boldsymbol{l} = \mu_0 \sum I_i$$

电流的正负符号,由电流的流向与积分时在闭合回路上所取

的绕行方向是否符合右手螺旋法则而定,即两者方向若符合右手螺旋法则时,电流为正,否则为负。

4. 洛伦兹力

磁场对运动电荷的作用力称为洛伦兹力。电量为 q 的电荷以速度 v 在磁感应强度为 $\boldsymbol{B}$ 的磁场中运动,v 与 B 的夹角为 θ,实验表明,运动电荷所受的洛伦兹力 f 可以写成

$$\boldsymbol{f} = q\boldsymbol{v} \times \boldsymbol{B}$$

5. 安培力

$$\mathrm{d}\boldsymbol{F} = I\mathrm{d}\boldsymbol{l} \times \boldsymbol{B}$$

上式为电流元内定向运动的电子所受到的磁场力的合力,被传递给载流导体,表现为电流元这个载流导体所受到的磁场力。它的大小为

$$\mathrm{d}F = I\mathrm{d}lB\sin\theta$$

式中,$\mathrm{d}F$ 就是电流元 $I\mathrm{d}l$ 在磁场中所受到的作用力,称为安培力。

6. 电磁感应定律

当通过闭合回路所包围的面积内的磁通量发生变化时,在该回路中就产生电流。这个现象称为电磁感应现象。该电流称为感应电流。

回路中出现感应电流,说明回路中存在电动势,这种由电磁感应产生的电动势,称为感应电动势。法拉第从实验中总结了感应电动势与磁通量变化之间的关系,称为法拉第电磁感应定律,即闭合回路中感应电动势的大小与穿过该闭合回路的磁通量对时间的变化率成正比,其数学表达式为

$$\varepsilon_i = -k\frac{\mathrm{d}\Phi}{\mathrm{d}t}$$

式中,负号表明了感应电动势的方向,是楞次定律的数学表达式。

【习题解答】

7-1 求图 7-1 中 O 点的磁感应强度 $\boldsymbol{B}$ 的大小和方向。

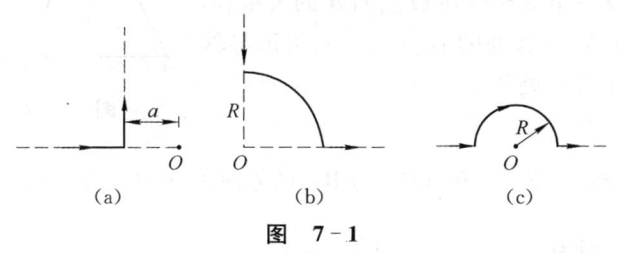

图 7-1

解 图 a:因为 O 点在水平方向半无限长载流直导线的延长线上,此导线电流对 O 点处的磁感应强度无贡献,所以 O 点处磁场就是竖直方向的半无限长载流直导线所产生,即大小为 $B = \dfrac{\mu_0 I}{4\pi a}$,方向是垂直纸面向里。

图 b:因为两部分载流直导线的延长线过 O 点,故它们对 O 点处的磁感应强度无贡献,所以 O 点处磁场就是四分之一圆弧载流导线所产生,即大小为 $B = \dfrac{\mu_0 I}{8R}$,方向是垂直纸面向里。

图 c:因为两部分载流直导线的延长线过 O 点,故它们对 O 点处的磁感应强度无贡献,所以 O 点处磁场就是二分之一圆弧载流导线所产生,即大小为 $B = \dfrac{\mu_0 I}{4R}$,方向是垂直纸面向里。

7-2 把一个厚度为 1.0 mm 的铜片放在 $B = 1.5 \text{ T}$ 的匀强磁场中,磁场垂直通过铜片,如果铜片载有 200 A 的电流,问铜片上、下两侧的霍尔电势有多大?(已知铜的电子数密度为 $8.4 \times 10^{28} \text{ m}^{-3}$)

解 $U = \dfrac{IB}{nqd} = \dfrac{200 \times 1.5}{8.4 \times 10^{28} \times 1.6 \times 10^{-19} \times 10^{-3}} = 2.2 \times 10^{-5} \text{ V}$

7-3 两根导线被引到边长为 a 的金属三角形 ABC 的 A、C

点上,电流方向如图 7-2 所示,求三角形中心处的磁感应强度是多少?

解 O 点处的磁感应强度应是直导线 1、2 及三角形导线在 O 点的 B 的矢量和,导线 1 在 O 点处的 $B_1 = 0$,三角形导线 ABC 在 O 点处的 $B_2 = 0$。

因为

$$B_2 = B_{AB} + B_{BC} + B_{AC}(B_{AB} \text{ 与 } B_{BC} \text{ 的方向为 } \odot, B_{AC} \text{ 的方向为 } \otimes)$$

又因为 $$U_{ABC} = U_{AC}$$

所以 $$I_{ABC}R_{ABC} = I_{AC}R_{AC}$$

即 $$\frac{I_{ABC}}{I_{AC}} = \frac{R_{AC}}{R_{ABC}} = \frac{\rho \frac{l_{AC}}{s}}{\rho \frac{l_{ABC}}{s}} = \frac{l_{AC}}{l_{ABC}} = \frac{1}{2}$$

$$B_{AB} = B_{BC} = \frac{\mu_0 I_{ABC}}{4\pi d}(\sin 30° + \sin 30°) = \frac{\mu_0 I_{ABC}}{4\pi d}$$

$$B_{AC} = \frac{\mu_0 I_{AC}}{4\pi d}$$

所以 $$B_2 = 2B_{AB} - B_{AC} = 0$$

7-4 如图 7-3 所示,通过一条绝缘长直导线的电流强度为 0.2 A,求距离导线 10 cm 处的磁感应强度是多少,方向如何?如果把该长直导线在中点处对折并绕在一起,其周围磁场如何?

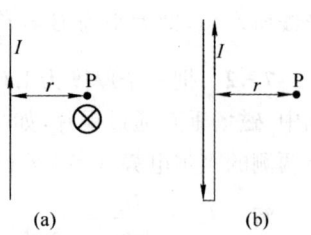

图 7-3

解 没对折时的磁感应强度

大小为 $B = \dfrac{\mu_0 I}{2\pi r} = \dfrac{4\pi \times 10^{-7} \times 0.2}{2\pi \times 0.1} = 4 \times 10^7$ T

磁感应强度方向如图 7-3a 所示,垂直纸面向里。

当直导线对折时,如图 7-3b 所示,右边半导线的电流在 P 点产生的磁场垂直纸面向里,左边半导线的电流在 P 点产生的磁场垂直纸面向外,两者大小相等、方向相反,则 P 点磁场为零。所以,当把该长直导线在中点处对折并绕在一起,其周围磁场为零。

7-5 一根长直导线上通有 100 A 的电流,把它放在 0.005 T 的匀强外磁场中,并使导线与外磁场正交,试求合磁场为零的点至导线的距离。

解 设 P 点处合磁场为 0。在该处载流导线产生的磁感应强度的大小与外磁场相同、方向相反。设 P 至导线的距离为 r,由 $B = \dfrac{\mu_0 I}{2\pi r}$ 可得

$$r = \dfrac{\mu_0 I}{2\pi B} = \dfrac{4\pi \times 10^{-7} \times 100}{2\pi \times 0.005} = 4 \times 10^{-3} \text{ m}$$

7-6 如图 7-4 所示,一根无限长的长直铜导线,轴线方向均匀通有电流 I,在导线内部作一平面 S,试计算通过每米导线内 S 平面的磁通量。

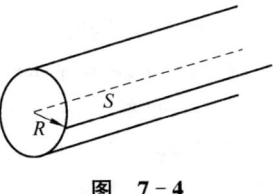

图 7-4

解 由于无限长圆柱体导线内部的磁感应强度 $B = \dfrac{\mu_0}{2\pi} \dfrac{Ir}{R^2}$,$r$ 是场点离开轴线的距离。将每米导线内 S 面沿轴线方向分割宽度很小的条形面积 $\mathrm{d}S = 1 \times \mathrm{d}r$,则通过 $\mathrm{d}S$ 的磁通量为

$$\mathrm{d}\Phi = B\mathrm{d}r = \dfrac{\mu_0}{2\pi} \dfrac{Ir}{R^2} \mathrm{d}r$$

则 $$\Phi = \int_S B\,\mathrm{d}r = \int_0^R \frac{\mu_0}{2\pi}\frac{Ir}{R^2}\mathrm{d}r = \frac{\mu_0}{4\pi}\cdot\frac{Ir^2}{R^2}\bigg|_0^R = \frac{\mu_0 I}{4\pi}$$

7-7 电荷 q 均匀地分布在半径为 R 的圆环上，圆环以匀角速度 ω 绕它的几何轴旋转。试求：(1)轴线上离环心为 x 处的磁感应强度 $\boldsymbol{B}$；(2)磁矩。

解 (1) 圆环上电荷所产生的运动电流为

$$I = q\cdot\frac{\omega}{2\pi}$$

在轴线上任一点所产生的磁场为

$$B = \frac{\mu_0 IR^2}{2(x^2+R^2)^{3/2}} = \frac{\mu_0 qR^2\omega}{4\pi(x^2+R^2)^{3/2}}$$

方向：与圆环绕行方向成右手系，与 $\boldsymbol{\omega}$ 同向。

(2) 由磁矩定义 $\boldsymbol{P}_m = IS\boldsymbol{n}$ 可得

$$\boldsymbol{P}_m = \frac{q\omega}{2\pi}\pi R^2 = \frac{1}{2}q\omega R^2$$

方向：与 $\boldsymbol{\omega}$ 同向。

7-8 一块半导体样品的体积为 $a\times b\times c$，如图 7-5 所示。沿 x 方向有电流 I，在 z 方向加有均匀磁场 $\boldsymbol{B}$，这时实验得出数据为 $a = 0.10$ cm，$I = 1.0$ mA，$B = 3\times 10^{-1}$ T，薄片两侧的电势差 $U_{AB} = 6.55$ mV。(1)问这半导体是正电荷导电（P 型）还是负电荷导电（N 型）？(2)设两个载流子的电荷量为 $q = 1.60\times 10^{-19}$ C，求载流子浓度（即单位体积内参加导电的带电粒子数）。

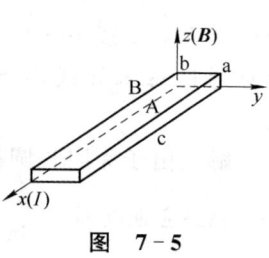

图 7-5

解 (1) 因为 $U_A > U_B$，所以该半导体应为 N 型半导体。

(2) 由 $U_H = \dfrac{IB}{nqa}$ 得

$$n = \frac{IB}{qaU_{AB}} = \frac{1.0 \times 10^{-3} \times 3 \times 10^{-1}}{1.6 \times 10^{-19} \times 0.1 \times 10^{-2} \times 6.55 \times 10^{-3}}$$
$$= 2.86 \times 10^{20} \text{ m}^{-3}$$

7-9 如图 7-6 所示,一正离子的电量为 $q = 3.2 \times 10^{-19}$ C,经 $U = 5.0 \times 10^{6}$ V 的高压加速后由小孔 S 射入磁感应强度 $B = 0.5$ T 的匀强磁场中,沿半圆周运动后打在 P 点,测得 P 点与小孔 S 的距离 $l = 0.03$ m,试求该离子的质量?

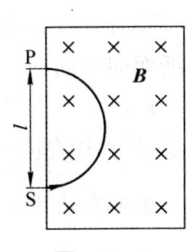

图 7-6

解 设正离子进入磁场的速度大小为 v,在磁场所受的力只改变它的运动方向。则有

$$Bqv = m\frac{v^2}{R} = 2m\frac{v^2}{l}$$

解得
$$v = \frac{Bql}{2m} \qquad (7-1)$$

正离子进入磁场的动能为

$$qU = \frac{1}{2}mv^2 \qquad (7-2)$$

将式(7-1)代入式(7-2)得

$$m = \frac{B^2ql^2}{8U} = \frac{(0.5)^2 \times 3.2 \times 10^{-19} \times (0.03)^2}{8 \times 5.0 \times 10^{6}}$$
$$= 1.8 \times 10^{-30} \text{ kg}$$

7-10 一根长直导线载有电流为 I_1,一长方形回路和它在同一平面内,载有电流为 I_2,回路长为 a,宽为 b,靠近导线的一边距导线的距离为 c,如图 7-7 所示。求直导线电流的磁场作用在

这回路上的合力。

解 长直导线在空间所产生的磁感应强度为

$$B = \frac{\mu_0 I}{2\pi r}$$

长直导线右边纸面内的磁场方向是垂直纸面向里的。

矩形上下边所受安培力大小相等,方向相反,且作用在同一直线上,故相互抵消。

矩形左边受力 $f_{AB} = I_2 a B_1 = I_2 a \dfrac{\mu_0 I_1}{2\pi c}$

方向:垂直 AB 指向直导线。

矩形右边受力 $f_{CD} = I_2 a B_2 = \dfrac{\mu_0 I_1 I_2 a}{2\pi(c+b)}$

方向:垂直 CD 远离直导线。

直导线电流的磁场作用在这回路上的合力为

$$f = f_{AB} - f_{CD} = \frac{\mu_0 I_1 I_2 a}{2\pi}\left(\frac{1}{c} - \frac{1}{c+b}\right) = \frac{\mu_0 I_1 I_2 ab}{2\pi(b+c)c}$$

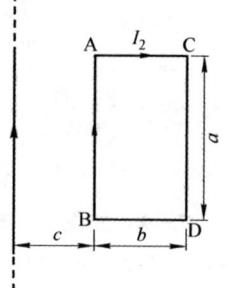

图 7-7

7-11 在磁感应强度 $B = 2.0\,\text{T}$,方向沿 x 轴正方向的空间放一个尺寸如图 7-8 所示的棱镜形立体小盒 abcdfe,求通过 abcd 面及整个闭合曲面的磁通量。

解 取棱镜型立体小盒的闭合曲面外法线方向为正方向,abcd 面法线与 $\boldsymbol{B}$ 方向夹角为 $180°$,所以

$\varPhi_{abcd} = B S_{abcd} \cos 180° = -0.24\,\text{Wb}$

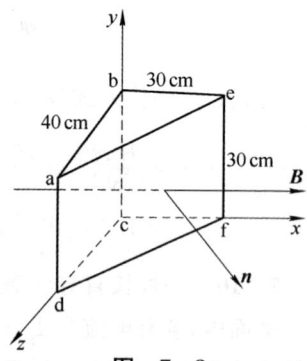

图 7-8

由高斯定理知,闭合曲面的磁通量为 $\oiint_S \boldsymbol{B} \cdot \mathrm{d}\boldsymbol{S} = 0$。

7-12 在一通有电流 I 的无限长载流直导线侧面有边长为 b 的正方形,与导线距离为 a,如图 7-9 所示,求通过该正方形的磁通量。

解 取由纸面向外方向为正法线方向,则

$$\mathrm{d}\Phi = B\mathrm{d}S\cos 0° = \frac{\mu_0 Ib}{2\pi}\frac{\mathrm{d}r}{r}$$

$$\Phi = \iint_S \mathrm{d}\Phi = \frac{\mu_0 Ib}{2\pi}\ln\left(1+\frac{b}{a}\right)$$

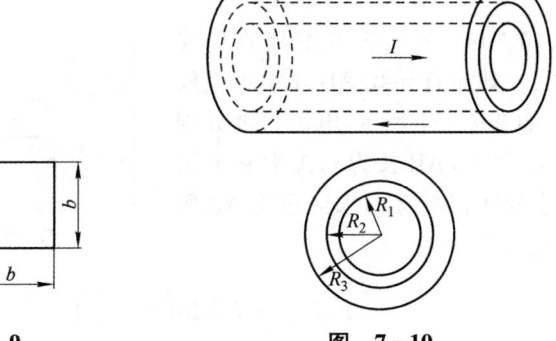

图 7-9　　　　　图 7-10

7-13 有一无限长半径为 R_1 的导体柱,外套有一同轴导体圆筒,筒的内、外半径分别为 R_2、R_3,稳恒电流 I 均匀地从导体柱流进,从外圆筒流出,如图 7-10 所示,试求空间的磁感应强度的分布。

解 由于电流分布有轴对称性,可以根据安培环路定理求解。以任一点 P 到轴线的距离 r 为半径,以轴线上任一点为圆心,在垂直于导体柱平面内作闭合回路 L,则有:

当 $r \leqslant R_1$ 时　　$\oint_L \boldsymbol{B} \cdot \mathrm{d}\boldsymbol{l} = B\oint_L \mathrm{d}l = 2\pi rB$

闭合回路所包围的电流

$$I' = \pi r^2 \frac{I}{\pi R_1^2} = \frac{r^2}{R_1^2} I$$

由安培环路定理得

$$2\pi r B = \frac{\mu_0 I}{R_1^2} r^2, \ B = \frac{\mu_0 I}{2\pi R_1^2} r$$

当 $R_1 \leqslant r \leqslant R_2$ 时 $\quad B = \dfrac{\mu_0 I}{2\pi r}$

当 $R_2 \leqslant r \leqslant R_3$ 时 $\quad B = \dfrac{\mu_0 I}{2\pi r}\left(1 - \dfrac{r^2 - R_2^2}{R_3^2 - R_2^2}\right)$

当 $r > R_3$ 时 $\quad B = 0$

7-14 一无限长载流直导线与另一载流直导线 AB 互相垂直放置,如图 7-11 所示,电流强度分别为 I_1 和 I_2,AB 长为 l,A 端和无限长直导线相距为 a,求证导线 AB 所受的力为

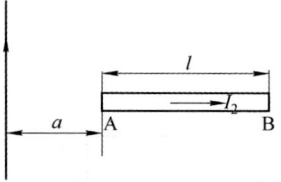

图 7-11

$$F_{AB} = \frac{\mu_0}{2\pi} I_1 I_2 \ln\left(1 + \frac{l}{a}\right)$$

解 在 AB 上取一线元 $I \mathrm{d}r$,距"无限长"直导线距离为 r。则该处 $B = \dfrac{\mu_0 I_1}{2\pi r}$,方向垂直 AB 指向纸面里。根据安培力公式 $\boldsymbol{F} = I \mathrm{d}\boldsymbol{l} \times \boldsymbol{B}$ 得

$$F_{AB} = \int_a^{a+l} \frac{\mu_0 I_1}{2\pi r} I_2 \mathrm{d}r = \frac{\mu_0 I_1 I_2}{2\pi} \ln \frac{a+l}{a}$$

即导线 AB 所受的磁场力为

$$F_{AB} = \frac{\mu_0}{2\pi} I_1 I_2 \ln\left(1 + \frac{l}{a}\right)$$

【课外练习】

一、单选题

1. α 粒子和 β 粒子垂直射入一均匀磁场，发现两种粒子在相同半径的圆轨道上运动，如果 α 粒子的质量是 m_1，而 β 粒子的质量是 m_2，以 m_1 和 m_2 来表示的 α 粒子与 β 粒子的动能比是（　　）。

   A. $\dfrac{1}{4}\left(\dfrac{m_1}{m_2}\right)^3$　　B. $4\left(\dfrac{m_2}{m_1}\right)^3$　　C. $\dfrac{1}{4}\left(\dfrac{m_1}{m_2}\right)$　　D. $\dfrac{1}{4}\left(\dfrac{m_2}{m_1}\right)$

2. 在下列截面中，用安培环路定理能直接求出其长直载流导线周围的磁感应强度的大小的是（　　）。
   A. 半圆形截面　　　　　B. 圆形截面
   C. 正方形截面　　　　　D. 三角形截面

3. 一均匀磁场的磁感应强度为 B，其方向垂直于半径为 R 的圆面，则通过此圆面的磁通量为（　　）。
   A. $2\pi RB$　　B. $\pi R^2 B$　　C. $4\pi R^2 B$　　D. $\sqrt{2}\pi R^2 B$

4. 一带电量为 10^{-3} C 的带电粒子，以速度 10^4 m·s^{-1} 进入一均匀磁场中，已知粒子的速度与磁场方向垂直，磁场的磁感应强度为 2 T，则磁场对粒子的作用力大小为（　　）。
   A. 0.2 N　　B. 2 000 N　　C. 20 000 N　　D. 20 N

5. 两个载流线圈平面平行放置，并分别通以同方向的电流，则两线圈之间的作用力是（　　）。
   A. 引力　　B. 斥力　　C. 0　　D. 转动力矩

6. 在圆柱形空间内有一磁感强度为 $\boldsymbol{B}$ 的均匀磁场，如图 7-12 所示。$\boldsymbol{B}$ 的大小以速率 $\dfrac{\mathrm{d}B}{\mathrm{d}t}$ 变化。在磁场中有 A、B 两点，其

间可放直导线 AB 和弯曲的导线 AB,则
( )。

A. 电动势只在导线 $\overline{AB}$ 中产生

B. 电动势只在导线 $\overparen{AB}$ 中产生

C. 电动势在 $\overline{AB}$ 和 $\overparen{AB}$ 中都产生,且两者大小相等

D. 导线 $\overline{AB}$ 中的电动势小于导线 $\overparen{AB}$ 中的电动势

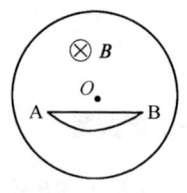

图 7-12

7. 用细导线均匀密绕成长为 l、半径为 $a(l \gg a)$、总匝数为 N 的螺线管,管内充满相对磁导率为 μ_r 的均匀磁介质。若线圈中载有稳恒电流 I,则管中任意一点的( )。

A. 磁感强度大小为 $B = \mu_0 \mu_r NI$

B. 磁感强度大小为 $B = \dfrac{\mu_r NI}{l}$

C. 磁场强度大小为 $H = \dfrac{\mu_0 NI}{l}$

D. 磁场强度大小为 $H = \dfrac{NI}{l}$

8. 磁介质有三种,用相对磁导率 μ_r 表征它们各自的特性时( )。

A. 顺磁质 $\mu_r > 0$,抗磁质 $\mu_r < 0$,铁磁质 $\mu_r \gg 1$

B. 顺磁质 $\mu_r > 1$,抗磁质 $\mu_r = 1$,铁磁质 $\mu_r \gg 1$

C. 顺磁质 $\mu_r > 1$,抗磁质 $\mu_r < 1$,铁磁质 $\mu_r \gg 1$

D. 顺磁质 $\mu_r < 0$,抗磁质 $\mu_r < 1$,铁磁质 $\mu_r > 0$

二、判断题

1. 在一根磁感应线上,各点的磁感应强度一定是常矢量。( )

2. 磁场中磁感应线的疏密可以表示该区域的磁感应强度的大小。( )

3. 若磁感应强度沿某一环路的线积分等于零,环路上各点的磁感应强度一定为零。(　　)

三、填空题

1. 磁场对运动电荷的作用力称为_____,其写成矢量式为_____;磁场对载流导体的作用力称为_____,其写成矢量式为_____。

2. 带电粒子在均匀磁场中做的运动为_____运动,由于洛伦兹力始终与速度方向_____,所以洛伦兹力对电荷不做功。

3. 法拉第电磁感应定律的数学表达式为_____,式中的负号表示感应电动势总是_____磁通量的变化。

4. 真空中两只长直螺线管 1 和 2,长度相等,单层密绕匝数相同,直径之比 $\dfrac{d_1}{d_2}=\dfrac{1}{4}$。当它们通以相同电流时,两螺线管贮存的磁能之比为 $\dfrac{W_1}{W_2}=$ _____。

5. 金属杆 AB 以匀速 $v=2\,\text{m}\cdot\text{s}^{-1}$ 平行于长直载流导线运动,导线与 AB 共面且相互垂直,如图 7-13 所示。已知导线载有电流 $I=40\,\text{A}$,则此金属杆中的感应电动势 $\varepsilon_i=$ _____,电势较高端为_____。

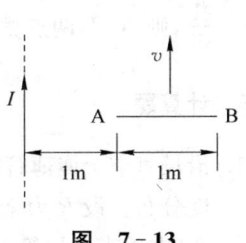

图 7-13

四、简答题

1. 在电子设备中,常把电流大小相等而流向相反的两根导线扭在一起来减少它们在远处产生的磁场,为什么?

2. 如图 7-14 所示,两个电子同时由电子枪射出,它们的初速度与匀强磁场垂直,速率分别为 v 和 $2v$,经磁场偏转后,哪个电子先回到出发点？并写出半径和速度的比例关系。

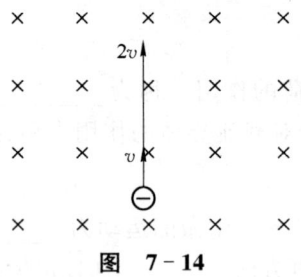

图 7-14

3. 在法拉第电磁感应定律 $\varepsilon_i = -k\dfrac{d\Phi}{dt}$ 中,负号的意义是什么？该如何根据负号来确定感应电动势方向的？

4. 如图 7-15 所示,导体棒 AB 在均匀磁场 B 中绕通过 C 点的垂直于棒且沿磁场方向的轴 OO' 转动（角速度与 B 同方向）,BC 的长度为棒长的 $\dfrac{1}{3}$,则 A、B 两点哪个点电势高？

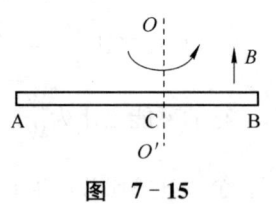

图 7-15

五、计算题

1. 沿长直空金属薄管壁有电流流动,试求管内和管外的磁感应强度分布。设 R 为金属管的半径,以金属管轴线上任一点为圆心,在垂直金属管平面内以任意长 r 为半径作一圆周回路 L。

2. 两平行无限长直导线,各通以电流强度为 I 和 $4I$,相距为 d,求电流同向流动时磁感应强度为零的位置。

3. 求长度为 L 的金属杆在均匀磁场 $\boldsymbol{B}$ 中绕平行于磁场方向的定轴 OO' 转动时的动生电动势。已知杆相对于均匀磁场 $\boldsymbol{B}$ 的方位角为 θ,杆的角速度为 ω,转向如图 7-16 所示。

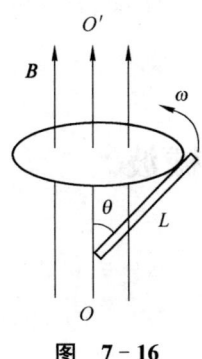
图 7-16

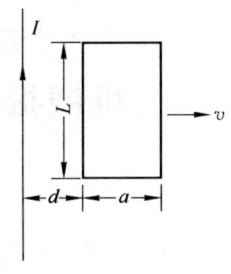
图 7-17

4. 如图 7-17 所示,一长直导线,通有电流 $I = 5.0$ A,在与其相距距离为 d 处放有一矩形线圈,共 N 匝。线圈以速度 v 沿垂直于长导线的方向向右运动,求:(1) 如图 7-17 所示位置时,线圈中的感生电动势是多少(设线圈长 L,宽 a)?(2) 若线圈不动,而长导线通有交变电流 $I = 5\sin 100\pi t$ A,线圈中的感生电动势是多少?

5. 一密绕的探测线圈面积 $S = 4$ cm^2,匝数 $N = 160$,电阻 $R = 50$ Ω。线圈与一个内阻 $r = 30$ Ω 的冲击电流计相连。今把探测线圈放入一均匀磁场中,线圈法线与磁场方向平行。当把线圈法线转到垂直磁场方向时,电流计指示通过的电量为 4×10^{-5} C。试求磁感应强度的大小。

6. 如图 7-18 所示,有一弯成 θ 角的金属架 COD 放在磁场中,磁感应强度 ***B*** 的方向垂直于金属架 COD 所在平面。一导体杆 MN 垂直于 OD 边,并在金属架上以恒定速度 v 向右滑动,v 与 MN 垂直。设 $t = 0$ 时,$x = 0$。求下列两情形,框架内的感应电动势 ε_i。(1) 磁场分布均匀,且 ***B*** 不随时间改变。(2) 磁场为非均匀的时变磁场,$B = Kx\cos \omega t$。

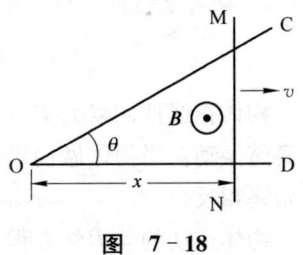
图 7-18

第八章
机械振动和机械波

【内容提要】

1. 简谐振动

简谐振动是最简单、最基本的振动,任何复杂的振动都可看作是由若干简谐振动所组成。

1) 运动学特征方程

$$x = A\cos(\omega t + \varphi)$$

当物体做简谐振动时,物体相对于平衡位置的位移是时间的余弦(或正弦)函数。其中角频率、频率、周期由振动系统本身决定,且 $\omega = \dfrac{2\pi}{T} = 2\pi\nu$。振幅 A 和初相 φ 则由系统本身性质和初始条件决定。

2) 动力学特征方程

$$\boldsymbol{F} = -k\boldsymbol{x}$$

物体在线性回复力 $\boldsymbol{F} = -k\boldsymbol{x}$ 作用下围绕平衡位置的运动就是简谐振动。当物体做简谐振动时,力 $\boldsymbol{F}$ 与位移 $\boldsymbol{x}$ 成正比,但方向始终相反。

物体运动的动力学方程又可写成

$$\frac{d^2x}{dt^2} + \omega^2 x = 0$$

式中,ω 仅决定于振动系统本身的性质。

3) 简谐振动物体的速度和加速度

$$v = \frac{dx}{dt} = -A\omega\sin(\omega t + \varphi) = A\omega\cos\left(\omega t + \varphi + \frac{\pi}{2}\right)$$

$$a = \frac{d^2x}{dt^2} = -A\omega^2\cos(\omega t + \varphi) = A\omega^2\cos(\omega t + \varphi + \pi)$$

简谐振动的速度比加速度相位落后 $\frac{\pi}{2}$,位移比速度相位落后 $\frac{\pi}{2}$。

2. 简谐振动的能量

在简谐振动中,系统的振动动能和振动势能相互转换,总机械能保持不变。对于弹簧振子,有

$$E = E_p + E_k = \frac{1}{2}kA^2 = \frac{1}{2}mA^2\omega^2$$

简谐振动系统的势能和动能都随时间做周期性变化,但振动系统的总机械能守恒。

3. 简谐振动的合成

1) 两个同方向、同频率简谐振动的合成

合振动仍为简谐振动,合振动的角频率与两个分振动的角频率相同,合振动的振幅和初相位均与两个分振动的振幅和初相位有关,即

$$A = \sqrt{A_1^2 + A_2^2 + 2A_1A_2\cos(\varphi_2 - \varphi_1)}$$

$$\varphi = \tan^{-1}\frac{A_1\sin\varphi_1 + A_2\sin\varphi_2}{A_1\cos\varphi_1 + A_2\cos\varphi_2}$$

当相位差 $\Delta\varphi = \varphi_2 - \varphi_1 = 2k\pi$ $(k=0, \pm1, \pm2\cdots)$ 时,有

$$A = \sqrt{A_1^2 + A_2^2 + 2A_1A_2} = A_1 + A_2$$

此时合振动的振幅最大。

当相位差 $\Delta\varphi = \varphi_2 - \varphi_1 = (2k+1)\pi$ $(k=0, \pm1, \pm2\cdots)$ 时,有

$$A = \sqrt{A_1^2 + A_2^2 - 2A_1A_2} = |A_1 - A_2|$$

此时合振动的振幅最小。

一般情况下,$\Delta\varphi$ 并不是 π 的整数倍,合振动的振幅 A 介于 $A_1 + A_2$ 和 $|A_1 - A_2|$ 之间。

2) 两个同频率、互相垂直的简谐振动的合成

一般情况下合振动的轨迹为椭圆,椭圆的性质由两个分振动的振幅和相位差决定。当两个分振动的相位差 $\Delta\varphi = \pm 2k\pi$ 或 $\pm(2k+1)\pi$ 时,合振动的轨迹为一直线,质点做简谐振动。当 $\Delta\varphi = \pm 2k\pi$ 时,合振动的轨迹为过原点且在第Ⅰ、第Ⅲ象限内的直线;当 $\Delta\varphi = \pm(2k+1)\pi$ 时,合振动的轨迹为过原点且在第Ⅱ、第Ⅳ象限内的直线。

4. 平面简谐波

平面波传播时,若介质中体元都按余弦或正弦规律运动,则称之为平面简谐波。沿 x 轴正方向(或负方向)传播的平面简谐波的运动学方程(波动方程)为

$$y = A\cos\left[\omega\left(t \mp \frac{x}{u}\right) + \varphi\right]$$

当波沿 x 轴正方向传播时,式中取负号;当波沿 x 轴负方向传播时,式中取正号。

且 $\omega = \dfrac{2\pi}{T}, \nu = \dfrac{1}{T}, u = \lambda\nu$

5. 波的能量

在波动过程中,介质中运动的体元具有动能和弹性势能,且波动传播的过程中伴随着能量的传播。

波的平均能量密度为

$$\bar{w} = \frac{1}{T}\int_0^T w\mathrm{d}t = \frac{1}{2}\rho A^2 \omega^2$$

6. 波的强度

单位时间内通过与波传播方向垂直的单位面积的平均能量称为平均能流密度或波的强度。

$$I = \frac{1}{2}\rho u A^2 \omega^2$$

7. 波的衰减

当波在介质中沿 x 轴正方向传播时,其强度按指数规律衰减,即

$$I = I_0 \mathrm{e}^{-\mu x}$$

式中,μ 为介质的吸收系数,又称衰减系数,与介质的性质以及波的频率有关。I_0 表示入射初始波强,I 为深入介质 x 距离处的波强。平面波被介质吸收的那部分能量转变为介质的热运动能量即内能。

对于球面波,由于其波射线从波源向外发散,所以随着传播距离的增加其球形波面不断增大,有限的能流在越来越大的面积上分布,使波的强度不断衰减。

8. 惠更斯原理

波在传播过程中,波传播到的每一点都可以看作是向各个方向发射子波的新波源,在其后的任一时刻,这些子波的包络面就是该时刻的波前。此即惠更斯原理。

9. 波的干涉

1) 干涉条件(相干条件)

两个波源的频率相同、振动方向相同、初相位相同或相位差

恒定,亦即两列波具有相同的振动方向和相同的频率,并且在空间每一点引起的分振动都具有固定的相位差,这是形成波的干涉现象的条件,称为相干条件。

2) 合振动的振幅

$$A = \sqrt{A_1^2 + A_2^2 + 2A_1 A_2 \cos\left(\varphi_2 - \varphi_1 - 2\pi \frac{r_2 - r_1}{\lambda}\right)}$$

3) 相遇区域内两分振动的相位差

$$\Delta\varphi = \varphi_2 - \varphi_1 - 2\pi \frac{r_2 - r_1}{\lambda}$$

可见合振动振幅 A 的大小与两个分振动的相位差 $\Delta\varphi$ 有关。

10. 驻波

当两列振幅相同的相干波沿同一直线相向传播时,合成波的波形不随时间变化,这样的两列简谐相干波叠加得到的振动称为驻波,驻波是干涉波的特例。

11. 声波

频率在 20~20 000 Hz 范围内的机械振动在弹性介质中所激起的纵波,能够引起人耳的听觉,称为可闻声波。

声波的频率 ν 决定于声源的频率,在声源和观测者之间没有相对运动的情况下,观测者听到声音的频率就是声源的频率。声波的速度 u 则取决于介质的弹性模量和密度。

12. 声压

在介质中有声波传播时的压强与没有声波传播时的静压强的差值,称为声压,用 p 表示。声压随时间做周期性变化。

介质中某点声压的变化规律为

$$p = \rho u \omega A \cos\left[\omega\left(t - \frac{x}{u}\right) + \varphi + \frac{\pi}{2}\right]$$

式中,u 为声波的传播速度即声速,ρ 为介质的密度。

声压也可表述为

$$p = \rho u v$$

可见,声波既可以用机械波的波方程表示为位移波,也可以用声压方程表示为压强波,两者的位差为 $\frac{\pi}{2}$,其中位移波比压强波相位落后 $\frac{\pi}{2}$。$p_m = \rho u \omega A = \rho u v_m$ 称为声压幅值,即声幅。通常所说的声压大多指的是声压的有效值,即有效声压 p_e,且

$$p_e = \frac{p_m}{\sqrt{2}}$$

13. 声阻抗

声压和声场中介质的振动速度之比称为介质的声阻抗。其定义式为

$$Z = \frac{p}{v} = \frac{p_m}{v_m} = \rho u$$

声阻抗是表征介质声学特性即介质传播声波能力的物理量。在国际单位制中,其单位是 $\mathrm{kg \cdot m^{-2} \cdot s^{-1}}$ 或 $\mathrm{N \cdot s \cdot m^{-3}}$。

14. 声强

单位时间内通过垂直于声波传播方向的单位面积的声波能量,称为声强。声波的强度即为声强,其表达式为

$$I = \frac{1}{2}\rho u \omega^2 A^2 = \frac{1}{2} Z v_m^2 = \frac{p_m^2}{2Z} = \frac{p_e^2}{Z}$$

可见声强与声幅的平方成正比,与声阻抗成反比。

15. 反射与折射

反射波的强度与入射波的强度之比,称为强度反射系数,记为 α_{ir}。透射波的强度与入射波的强度之比,称为强度透射系数,记为 α_{it}。α_{ir} 和 α_{it} 由入射角和介质的声阻抗的大小决定。对于垂

直入射的情况,有

$$\alpha_{ir} = \frac{I_r}{I_i} = \left(\frac{Z_2 - Z_1}{Z_2 + Z_1}\right)^2$$

$$\alpha_{it} = \frac{I_t}{I_i} = \frac{4Z_1 Z_2}{(Z_2 + Z_1)^2}$$

且 $$\alpha_{ir} + \alpha_{it} = 1$$

当两种介质声阻抗相差较大时,反射较强,透射较弱;声阻抗相近时,透射较强,反射较弱。

16. 听觉域和声强级

1) 听阈、痛阈和听觉域

对于正常人耳可闻频率范围内的每一个频率,声强都有两个限值。下限值是能够引起听觉的最小声强,称为听阈。反映正常人的听阈随声波频率变化关系的曲线称为听阈曲线。当声强增大到一定值时,会引起人耳的疼痛感觉,上限值是人耳能忍受的最高声强,称为痛阈。高于上限值的声强,只能产生痛觉,不会引起听觉。反映正常人的痛阈随声波频率变化关系的曲线称为痛阈曲线。只有在听阈曲线、痛阈曲线及 $\nu = 20\ \text{Hz}$ 线和 $\nu = 20\ 000\ \text{Hz}$ 线所围成的区域内的声波才能引起人耳的听觉,这个区域范围称为听觉域。

2) 声强级

通常取 $1\ 000\ \text{Hz}$ 声音的听阈值 $I_0 = 10^{-12}\ \text{W} \cdot \text{m}^{-2}$ 作为标准参考声强,任一声波的声强 I 与标准参考声强 I_0 的比值的常用对数,即为该声波的声强级,用 L 表示,即

$$L = \lg \frac{I}{I_0}\ \text{B} = 10 \lg \frac{I}{I_0}\ \text{dB}$$

声强级的单位是贝尔(B)或分贝(dB),且 $1\ \text{B} = 10\ \text{dB}$。

17. 响度和响度级

人耳对声音强弱的主观感觉称为响度。

取 1 000 Hz 声音的响度为标准,将其他频率声音的响度与此标准相比较,只要它们的响度相同,它们就具有相同的响度级。响度级的单位是方(phon)。对 1 000 Hz 的声音来说,响度级在数值上就等于它的声强级。

将频率不同、响度级相同的各对应点连成一条曲线,称为等响曲线。听阈曲线是响度级为 0 phon 的等响曲线,痛阈曲线是响度级为 120 phon 的等响曲线。

18. 多普勒效应

由于波源或观察者或者波源和观察者都相对于介质运动,导致观测频率与波源频率不同的现象称为多普勒效应。当波源和观察者在同一条直线上分别以速率 v_S 和 v_O 运动时,观测频率为

$$\nu = \frac{u'}{\lambda'} = \frac{u \pm v_O}{(u \mp v_S)T} = \frac{u \pm v_O}{u \mp v_S}\nu_0$$

式中,u 为波速,ν_0 为波源振动的频率。以考察时刻观察者与波源之间静止的介质内某一点为参考点,若观察者接近参考点运动,v_O 取正号,否则取负;若波源接近参考点运动,v_S 取负号,否则取正。

若波源和观察者的连线以及两者的速度 v_O 和 v_S 不在同一条直线上,则当波源速度 v_S 和观察者速度 v_O 的方向与它们之间连线的夹角分别为 φ_1、φ_2 时,观测频率为

$$\nu = \frac{u + v_O \cos \varphi_2}{u - v_S \cos \varphi_1}\nu_0$$

当波源与观察者相向运动时,$\varphi_1 = \varphi_2 = 0$;当波源与观察者相背运动时,$\varphi_1 = \varphi_2 = \pi$。通常规定:观察者向着波源运动时,$v_O$ 取正号,背离时 v_O 取负号;波源向着观察者运动时 v_S 取负号,背离时 v_S 取正号。

由多普勒效应引起的频率的变化,即接收频率和发射频率之差 $\Delta \nu = |\nu - \nu_0|$,称为多普勒频移。

19. 超声波

频率高于 20 000 Hz 的声波称为超声波。

由于超声波的频率高、波长短,因而具有方向性好、穿透本领强、可引起明显的反射特性。

【习题解答】

8-1 一质点沿 x 轴做简谐振动,初始状态的位移 $x_0 = \dfrac{A}{2}$,初始速度 $v_0 > 0$,求该振动的初相位 φ_0。

解 用解析法求解过程如下:

由 $x_0 = A\cos\varphi_0 = \dfrac{A}{2}$,可得 $\varphi_0 = \pm\dfrac{\pi}{3}$。

又因为 $v_0 = -A\omega\sin\varphi_0 > 0$,所以 $\sin\varphi_0 < 0$,故 $\varphi_0 = -\dfrac{\pi}{3}$。

用旋转矢量法求解过程如下:

如图 8-1 所示,将初始位移的值及速度的正负用旋转矢量图表示出来,从而求得该质点振动的初相位 $\varphi_0 = -\dfrac{\pi}{3}$。

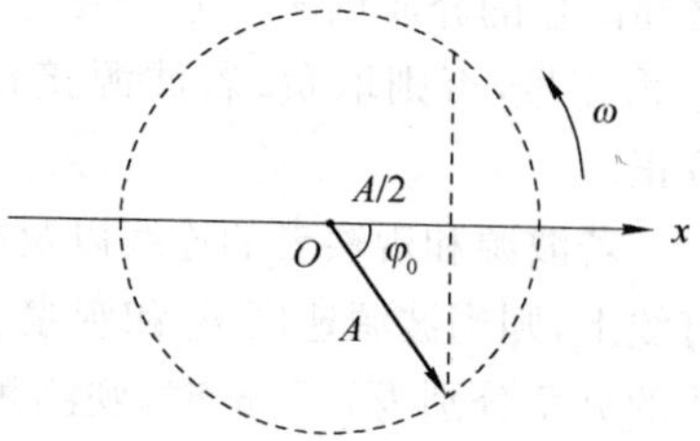

图 8-1

8-2 有一质点沿 x 轴做简谐振动,振动方程用余弦函数表示,试确定下述各种状态的初相位。$t=0$ 时质点的运动状态分别为:(1) 过平衡位置,向 x 轴正方向运动;(2) 过平衡位置,向 x 轴负方向运动;(3) $x = \dfrac{A}{2}$,向 x 轴正方向运动;(4) $x = A$。

解 根据旋转矢量法画图,如图 8-2 所示。初相位分别为

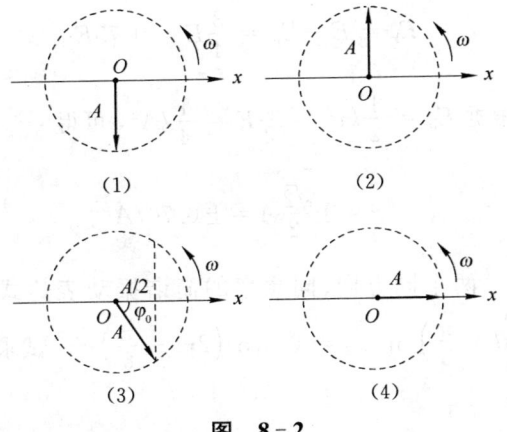

图 8-2

$-\dfrac{\pi}{2}$、$\dfrac{\pi}{2}$、$-\dfrac{\pi}{3}$ 和 0。

8-3 一质点做简谐运动，$t=0$ 时质点的位移为 6 cm，速度为 0，振动的周期是 2 s，求简谐运动的位移、速度及加速度的表达式。

解 根据初始状态的位移及速度可知，简谐运动初相位为 0，振幅为 6 cm。

又由 $\omega = \dfrac{2\pi}{T} = \pi$，可得位移、速度及加速度的表达式分别为：

$$x = 6\cos \pi t \text{ cm}$$

$$v = -6\pi \sin \pi t \text{ cm} \cdot \text{s}^{-1}$$

$$a = -6\pi^2 \cos \pi t \text{ cm} \cdot \text{s}^{-2}$$

8-4 简谐振动系统的总能量为 E，振幅为 A，试求：(1) 当位移为振幅的一半时，系统的动能和势能各为多少；(2) 要使动能和势能各占一半，位移为多大。

解 (1) 根据 $E = E_p + E_k = \dfrac{1}{2}kA^2$，有

$$E_p = \dfrac{1}{2}kx^2 = \dfrac{1}{2}k\left(\dfrac{1}{2}A\right)^2 = \dfrac{1}{8}kA^2 = \dfrac{1}{4}E = 0.25E$$

$$E_k = E - E_p = \frac{3}{4}E = 0.75E$$

(2) 根据 $E_p = \frac{1}{2}kx^2 = \frac{1}{2}E = \frac{1}{4}kA^2$，可得

$$x = \pm\frac{\sqrt{2}}{2}A = \pm 0.707A$$

8-5 两个同方向、同频率的简谐振动表达式为：$x_1 = 0.3\cos\left(2\pi t + \frac{\pi}{3}\right)$ m，$x_2 = 0.4\cos\left(2\pi t - \frac{\pi}{6}\right)$ m，试求它们合振动的振幅。

解 $A = \sqrt{A_1^2 + A_2^2 + 2A_1A_2\cos\Delta\varphi}$

$\quad = \sqrt{0.3^2 + 0.4^2 + 2\times 0.3\times 0.4\times\cos\left(-\frac{\pi}{6} - \frac{\pi}{3}\right)}$

$\quad = 0.5$ m

8-6 一横波沿绳传播时的波动方程为 $y = 0.05\cos(10\pi t - 4\pi x)$，式中 x、y 的单位为 m，t 的单位为 s。求：(1) 此波的振幅、波速、频率和波长；(2) 绳子上各质点振动的最大速度和最大加速度；(3) $x = 0.2$ m 处的质点在 $t = 1$ s 时的相位，它是原点处质点在哪一时刻的相位。

解 (1) 将题中的波动方程改写成

$$y = 0.05\cos(10\pi t - 4\pi x) = 0.05\cos 10\pi\left(t - \frac{x}{2.5}\right)$$

与波的一般表达式 $y = A\cos\omega\left(t - \frac{x}{u}\right)$ 比较，得振幅 $A = 0.05$ m，波速 $u = 2.5$ m·s^{-1}，频率 $\nu = 5$ Hz，波长 $\lambda = \frac{u}{\nu} = 0.5$ m。

(2) 绳上各质点振动的最大速度

$$v_{max} = \omega A = 10\times 3.14\times 0.05 = 1.57\text{ m·s}^{-1}$$

绳上各质点振动的最大加速度

$$a_{max} = \omega^2 A = (10\pi)^2 A$$
$$= 10^2 \times 3.14^2 \times 0.05 = 49.3 \text{ m} \cdot \text{s}^{-2}$$

(3) 设 $x = 0.2$ m 处的质点在 $t = 1$ s 时的相位是原点处质点 t_0 时刻的相位,则有

$$\omega t_0 = \omega\left(t - \frac{x}{u}\right)$$

$$t_0 = t - \frac{x}{u} = 1 - \frac{0.2}{2.5} = 0.92 \text{ s}$$

8-7 平面余弦波沿 x 轴正方向传播,当 $t = \frac{1}{3}$ s 时的波形如图 8-3 所示,周期 $T = 2$ s,试求:(1)该波的波动方程;(2)P点到 O 点的距离。

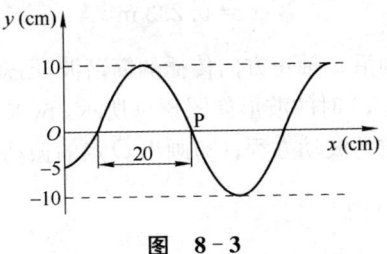

图 8-3

解 (1) 由图可知,$A = 0.10$ m,$\lambda = 0.40$ m,又 $T = 2$ s,可得

$$\omega = \frac{2\pi}{T} = \pi, u = \frac{\lambda}{T} = 0.20 \text{ m} \cdot \text{s}^{-1}$$

$t = \frac{1}{3}$ s 时,O 点处质点的位移 $y = -5$ cm $= -0.05$ m,且 $v < 0$,根据旋转矢量法判断其相位为 $\frac{2}{3}\pi$,所以

$$(\omega t + \varphi_0) = \left(\pi \times \frac{1}{3} + \varphi_0\right) = \frac{2}{3}\pi$$

故 $\quad\quad\quad\quad \varphi_0 = \frac{1}{3}\pi$

该波的波动方程为

$$y = 0.10\cos\left[\pi\left(t - \frac{x}{0.20}\right) + \frac{\pi}{3}\right]\,\text{m}$$

(2) $t = \frac{1}{3}$ s 时，P 点处质点位移 $y = 0$，且 $v > 0$，根据旋转矢量法判断其相位为 $-\frac{\pi}{2}$，故

$$\pi\left(\frac{1}{3} - \frac{x}{0.20}\right) + \frac{\pi}{3} = -\frac{\pi}{2}$$

由此得出 P 点到 O 点的距离

$$x = 0.233\,\text{m}$$

8-8 一列沿 x 轴正方向传播的简谐波，已知 $t_1 = 0$ 和 $t_2 = 0.25$ s（其中 $t < T$）时的波形如图 8-4 所示。试求：(1) P 点的振动表达式；(2) 此波的波动方程；(3) 画出 O 点的振动曲线。

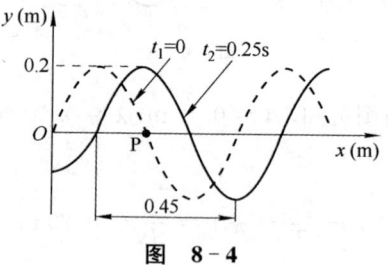

图 8-4

解 (1) 由图可知，振幅 $A = 0.2$ m，$\frac{3}{4}\lambda = 0.45$ m，所以波长 $\lambda = 0.6$ m。

在 $\Delta t = 0.25$ s 的时间里,波形传播了 $\frac{1}{4}\lambda$,因此传播 λ 距离所用的时间

$$T = 0.25 \times 4 = 1.0 \text{ s}$$

从图上还可以看出,$t=0$ 时,$y_P = 0$,$v_P > 0$,因此 P 点的初相位 $\varphi_{0P} = -\frac{\pi}{2}$,于是 P 点的振动表达式为

$$y_P = A\cos\left(\frac{2\pi}{T}t + \varphi_{0P}\right) = 0.2\cos\left(2\pi t - \frac{\pi}{2}\right) \text{ m}$$

(2) 波速

$$u = \frac{\lambda}{T} = \frac{0.6}{1.0} = 0.6 \text{ m} \cdot \text{s}^{-1}$$

根据 $t=0$ 时,$y_O = 0$,$v_O < 0$,可得 O 点的初相位 $\varphi_O = \frac{\pi}{2}$。故波动方程为

$$y = 0.2\cos\left[2\pi\left(t - \frac{x}{0.6}\right) + \frac{\pi}{2}\right] \text{ m}$$

(3) O 点的振动表达式为

$$y_O = 0.2\cos\left(2\pi t + \frac{\pi}{2}\right) \text{ m}$$

振动曲线如图 8-5 所示。

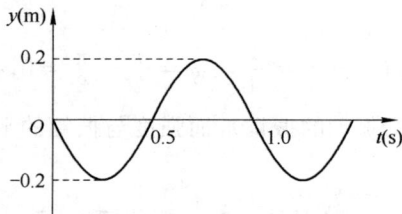

图 8-5 O 点的振动曲线

8-9 一平面简谐声波的频率为 500 Hz,在空气中以速度 $u=340 \text{ m} \cdot \text{s}^{-1}$ 传播。到达人耳时振幅 $A=10^{-4}$ cm,试求人耳接收到声波的平均能量密度和声强(已知空气的密度 $\rho=1.29 \text{ kg} \cdot \text{m}^{-3}$)。

解 人耳接收到的声波的平均能量密度为

$$\bar{w} = \frac{1}{2}\rho A^2 \omega^2 = 2\pi^2 \rho A^2 \nu^2$$
$$= 2 \times \pi^2 \times 1.29 \times (10^{-6})^2 \times 500^2$$
$$= 6.37 \times 10^{-6} \text{ J} \cdot \text{m}^{-3}$$

声强 $I = \bar{w}u = 6.37 \times 10^{-6} \times 340 = 2.16 \times 10^{-3} \text{ W} \cdot \text{m}^{-2}$

8-10 功率为 4 W 的点波源,在各向同性介质中发射球面波,试求离波源 2.0 m 处波的强度(不考虑介质对波的吸收)。

解 离波源 2.0 m 处波的强度

$$I = \frac{P}{4\pi r^2} = \frac{4}{4 \times \pi \times 2^2} = 0.08 \text{ W} \cdot \text{m}^{-2}$$

8-11 O_1、O_2 为两个波长均为 λ 的相干波源,相距 $\frac{\lambda}{4}$,强度均为 I_0,且 O_2 的相位比 O_1 超前 $\frac{\pi}{2}$,试求 O_1 和 O_2 的连线上,在它们外侧各点叠加波的强度分别为多少。

解 空间各点两个分振动的相位差

$$\Delta\varphi = \varphi_2 - \varphi_1 - 2\pi\frac{r_2 - r_1}{\lambda} = \frac{\pi}{2} - 2\pi\frac{r_2 - r_1}{\lambda}$$

O_1 外侧各点 $r_2 - r_1 = \frac{\lambda}{4}$,$\Delta\varphi = \frac{\pi}{2} - \frac{\pi}{2} = 0$,相干加强,$A = 2A_0$($A_0$ 为两个分振动的振幅),而强度与振幅的平方成正比,故 $I = 4I_0$。

O_2 外侧各点 $r_2 - r_1 = -\frac{\lambda}{4}$,$\Delta\varphi = \frac{\pi}{2} + \frac{\pi}{2} = \pi$,相干减弱,

$A=0$,故 $I=0$。

8-12 天线 P、Q 为两个以同相位、同频率、同振幅振动的相干波源,它们在同一介质中。设频率为 ν,波长为 λ,P、Q 间距离为 1.5λ,R 为 PQ 延长线上离 Q 很远的一点,两波在该点的振幅可视为相等。试求:(1)自 P 发出的波在 R 点的振动与自 Q 发出的波在 R 点的振动的相位差;(2)R 点的合振动的振幅。

解 (1) 在 R 点两波引起的振动的相位差为

$$\Delta\varphi = 2\pi\frac{PR-QR}{\lambda} = 2\pi\frac{PQ}{\lambda}$$
$$= 2\pi\frac{1.5\lambda}{\lambda} = 3\pi$$

(2) 因为 $\Delta\varphi = 3\pi$,合振动振幅

$$A = |A_1 - A_2| = 0$$

8-13 两个音叉在空气中产生同振幅的声波。一个频率是 256 Hz,另一个频率是 512 Hz,问哪一个音叉发出的声波强度大些?

解 由 $I_1 = \frac{1}{2}\rho u \omega_1^2 A^2$,$I_2 = \frac{1}{2}\rho u \omega_2^2 A^2$ 得

$$\frac{I_1}{I_2} = \frac{\omega_1^2}{\omega_2^2} = \frac{(2\times\pi\times 256)^2}{(2\times\pi\times 512)^2} = \frac{1}{4}$$

8-14 在 0 ℃ 的空气中,振幅分别是 1.1×10^{-5} m 和 1.1×10^{-11} m 的 1 000 Hz 声波的强度各是多少?已知空气密度 $\rho = 1.29$ kg·m^{-3},在空气中的传播速度 $u = 340$ m·s^{-1}。

解 由 $I = \frac{1}{2}\rho u \omega^2 A^2 = \frac{1}{2}\rho u\frac{4\pi^2}{T^2}A^2 = 2\pi^2 \rho u \nu^2 A^2$ 可得

$$I_1 = 2\pi^2\rho u \nu^2 A_1^2$$
$$= 2\times 3.14^2\times 1.29\times 340\times 10^6\times (1.1\times 10^{-5})^2$$
$$= 1.0 \text{ W}\cdot\text{m}^{-2}$$

同理可得 $I_2 = 1.0 \times 10^{-12}$ W·m^{-2}。

8-15 在病房内有四个人,每一个人说话的声强为 10^{-7} W·m^{-2},试问四个人同时说话时的声强和声强级是多少?四个人同时说话时的声强级是一个人说话时的声强级的多少倍?

解 四个人同时说话时的声强为

$$I_总 = 4 \times I = 4 \times 10^{-7} \text{ W·m}^{-2}$$

四个人同时说话时的声强级为

$$L_总 = 10\lg \frac{I_总}{I_0} = 10\lg 4 + 10\lg \frac{10^{-7}}{10^{-12}} = 56 \text{ dB}$$

一个人说话时的声强级为

$$L = 10\lg \frac{I}{I_0} = 10\lg \frac{10^{-7}}{10^{-12}} = 50 \text{ dB}$$

$$\frac{L_总}{L} = \frac{56}{50} = 1.12$$

8-16 在 20 ℃空气中,声强级为 120 dB 的声波的声压幅值是多少?它施于面积为 0.55×10^{-4} m^2 的耳鼓膜上的力是多少?

解 由 $L = 10\lg \frac{I}{I_0} = 10\lg \frac{I}{10^{-12}} = 120$ dB 得

$$I = 1 \text{ W·m}^{-2}$$

又由 $I = \frac{1}{2}\rho u \omega^2 A^2 = \frac{1}{2} Z v_m^2 = \frac{p_m^2}{2Z}$ 得

$$p_m = \sqrt{2ZI} = \sqrt{2 \times 4.16 \times 10^2 \times 1} = 28.8 \text{ Pa}$$

施于耳鼓膜上力的大小为

$$F = p_m S = 28.8 \times 0.55 \times 10^{-4} = 1.58 \times 10^{-3} \text{ N}$$

8-17 两种声音的声强级相差 1 dB,求它们的强度之比。

解 由 $L_1 - L_2 = 10\lg\dfrac{I_1}{I_2} = 1$ dB 可得

$$\lg\dfrac{I_1}{I_2} = 0.1, \dfrac{I_1}{I_2} = 1.26$$

8-18 温度为 20 ℃时空气和肌肉的声阻抗分别为 4.28×10^2 kg·m^{-2}·s^{-1} 和 1.63×10^6 kg·m^{-2}·s^{-1}。试求声波由空气垂直入射于肌肉时的反射系数和透射系数。

解

$$\alpha_{ir} = \dfrac{I_r}{I_i} = \left(\dfrac{Z_2 - Z_1}{Z_2 + Z_1}\right)^2 = \left(\dfrac{0.000\,428\times 10^6 - 1.63\times 10^6}{0.000\,428\times 10^6 + 1.63\times 10^6}\right)^2$$
$$= 0.999 = 99.9\%$$

$$\alpha_{it} = \dfrac{I_t}{I_i} = \dfrac{4Z_1 Z_2}{(Z_2 + Z_1)^2} = \dfrac{4\times 0.000\,428\times 10^6\times 1.63\times 10^6}{(0.000\,428\times 10^6 + 1.63\times 10^6)^2}$$
$$= 0.001 = 0.1\%$$

或 $\alpha_{it} = 1 - \alpha_{ir} = 1 - 0.999 = 0.001 = 0.1\%$

8-19 用多普勒效应来测量心脏运动时,以 5 MHz 的超声波直射心脏壁($\theta = 0$),测得接收与发出超声波的频差为 500 Hz。已知声波在软组织中的速度为 1 500 m·s^{-1},求此时心壁的运动速度。

解 $v = \dfrac{u}{2\nu\cos\theta}\Delta\nu = \dfrac{1\,500}{2\times 5\times 10^6\times 1}\times 500 = 7.5\times 10^{-2}$ m·s^{-1}

【课外练习】

一、单选题

1. 一振动质点的振动方程为 $x = 0.10\cos\left(\dfrac{5}{6}\pi t - \dfrac{\pi}{3}\right)$。若振子

从 $t=0$ 时刻的位置到达 $x=0.10$ m 处,且向 x 轴负方向运动,则所需的最短时间为( )。

A. $\dfrac{2}{5}$ s   B. $\dfrac{5}{3}$ s   C. $\dfrac{1}{2}$ s   D. 1 s

2. 一质点沿 x 轴方向做简谐振动,已知 $t=0$ 时,$x_0 = -0.01$ m,$v_0 = 0.0$ m·s^{-1},$\omega = \sqrt{3}$ rad·s^{-1},则该质点的振动表达式为( )。

A. $x = 0.02\cos\left(\sqrt{3}\,t - \dfrac{2\pi}{3}\right)$ B. $x = 0.02\cos\left(\sqrt{3}\,t + \dfrac{4\pi}{3}\right)$

C. $x = 0.01\cos\left(\sqrt{3}\,t + \dfrac{2\pi}{3}\right)$ D. $x = 0.01\cos\left(\sqrt{3}\,t - \dfrac{4\pi}{3}\right)$

3. 两个质点 1 与 2 分别在 Ox 轴上做简谐振动,它们的振动周期分别为 T_1 和 T_2,且 $T_1 = 2T_2 = 2$ s。当 $t=0$ 时,两质点均处在平衡位置上,且质点 1 向 x 轴的正向运动,质点 2 向 x 轴的负向运动。则当 $t = \dfrac{1}{3}$ s 时,两球振动的相位差为( )。

A. $\dfrac{\pi}{3}$ B. $-\dfrac{\pi}{3}$ C. $\dfrac{4}{3}\pi$ D. $-\dfrac{4}{3}\pi$

4. 一个做简谐振动的弹簧振子,其振动势能的最大值为 100 J,当振子处于最大位移的一半处时,其振动动能的瞬时值为( )。

A. 25 J   B. 50 J   C. 75 J   D. 100 J

5. 将一弹簧振子分别拉离平衡位置 1 cm 和 2 cm 后,由静止释放(弹簧形变在弹性限度内),则它们做简谐振动时的( )。

A. 周期相同   B. 振幅相同
C. 最大速度相同   D. 最大加速度相同

6. 一平面简谐波的波动方程为 $y = A\cos(Bt - cx)$,式中 A、B、c 为正值恒量,则( )。

A. 波速为 c　B. 周期为 $\frac{1}{B}$　C. 波长为 $\frac{2\pi}{c}$　D. 圆频率为 $\frac{2\pi}{B}$

7. 一平面简谐波沿 x 轴正方向传播,如图 8-6 所示为该简谐波在 $t=0$ 时刻的波形,c 为波速,则波的表达式为(　　)。

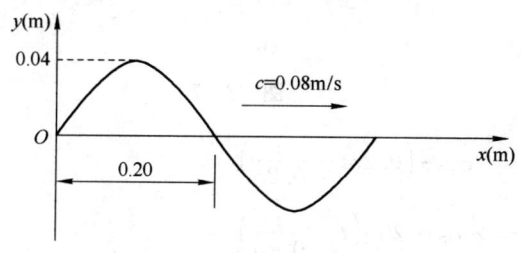

图 8-6

A. $y = 0.04\cos\left[2\pi\left(\dfrac{t}{5} - \dfrac{x}{0.40}\right) + \dfrac{\pi}{2}\right]$

B. $y = 0.04\cos\left[2\pi\left(\dfrac{t}{5} - \dfrac{x}{0.40}\right) - \dfrac{\pi}{2}\right]$

C. $y = 0.04\cos\left[2\pi\left(\dfrac{t}{5} + \dfrac{x}{0.40}\right) + \dfrac{\pi}{2}\right]$

D. $y = 0.04\cos\left[2\pi\left(\dfrac{t}{5} + \dfrac{x}{0.40}\right) - \dfrac{\pi}{2}\right]$

8. 图 8-7a 和图 8-7b 分别表示某一平面简谐波在 $t=0$ 和 $t=2$ s 时的波形图,则此平面简谐波方程为(　　)。

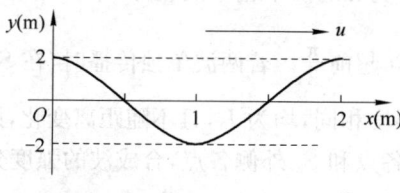

(a)

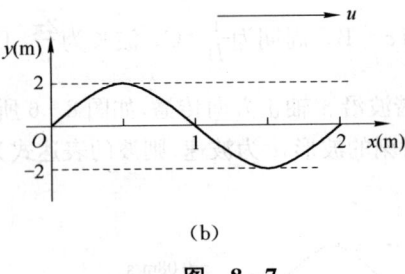

图 8-7

A. $y = 2\cos \pi \left(0.25t - \dfrac{x}{0.25}\right)$

B. $y = 2\cos 0.25\pi \left(t - \dfrac{x}{0.25}\right)$

C. $y = 2\cos \pi \left(0.25t - \dfrac{x}{0.25} + \dfrac{1}{2}\right)$

D. $y = 0.2\cos \pi \left(0.25t - \dfrac{x}{4}\right)$

9. 在均匀媒质中,传播着由一简谐振动的波源发出的纵波和横波,两种波的频率、波速、波长分别为 ν_l、ν_t、c_l、c_t、λ_l、λ_t,下列关系中正确的是( )。

A. $\dfrac{c_l}{\lambda_l} = \dfrac{c_t}{\lambda_t}$ B. $\dfrac{c_l}{\nu_l} = \dfrac{c_t}{\nu_t}$

C. $\lambda_l \nu_l = \lambda_t \nu_t$ D. $c_l \lambda_l = c_t \lambda_t$

10. 已知波长都为 λ 的两个相干波波源 S_1 和 S_2 相距 $\dfrac{\lambda}{4}$,其中 S_1 的相位比 S_2 超前 $\dfrac{\pi}{2}$。若两波单独传播时,在 S_1 和 S_2 的连线上各点的强度相同,均为 I_0,且不随距离变化,则在 S_1S_2 连线上 S_1 外侧各点和 S_2 外侧各点,合成波的强度分别为( )。
A. $4I_0$, $4I_0$ B. 0, 0 C. 0, $4I_0$ D. $4I_0$, 0

11. 一平面简谐横波在弹性介质中传播,在介质某一体元从平衡位置运动到最大位移处的过程中,下列说法中正确的是( )。

A．该体元的动能和势能相互转换
B．该体元的动能和势能在同一时刻具有相同的数值
C．该体元从相邻的一段体元获得能量,其能量逐渐增大
D．该体元总机械能保持不变

二、判断题

1. 小球在地面上沿竖直方向运动,球与地面的碰撞为完全弹性碰撞,则球的运动为简谐振动。( )

2. 若某物理量 x 的变化规律满足 $x = A\cos(pt+q)$,且 A,p 和 q 均为常数,则 x 必做简谐振动。( )

3. 质点做简谐振动时,由于其从平衡位置运动到最大位移处所需时间为 $\frac{1}{4}$ 周期,因此走过该距离的一半时需费时 $\frac{1}{8}$ 周期。( )

4. 因为波是振动状态的传播,在介质中各体元都将重复波源的振动,所以一旦掌握了波源的振动规律,就可以得到波动规律。( )

5. 当波源不动时,波源的振动周期与波动的周期在数值上是不相同的。( )

6. 在波动中,波源振动的速度与波传播的速度相同。( )

7. 若两列波不是相干波,则当相遇时相互穿过且互不影响,若为相干波则相互影响。( )

8. 通过单位面积波的能量就称为能流密度。( )

三、填空题

1. 在简谐振动系统的运动过程中,动能和势能相等的位置在位移等于_____的地方。

2. 已知物体做简谐振动,其运动周期为 $T = 0.5$ s,在某一时刻该物体的位移 $x = 3 \times 10^{-2}$ m,速度 $v = -12\sqrt{3}\pi \times 10^{-2}$ m·s^{-1},加速度 $a = -48\pi^2 \times 10^{-2}$ m·s^{-1}。则经历的时间为 $t = 0.5$ s后,该物体的位移 $x =$ _____,速度 $v =$ _____,加速度 $a =$ _____。

3. 简谐振动的总能量为 $E =$ _____;简谐振动的动力学特征为 _____。

4. 一振动质点的振动曲线如图 8-8 所示,其中振幅 $A =$ _____。周期 $T =$ _____;初相位 $\varphi =$ _____;振动表达式 $x =$ _____。

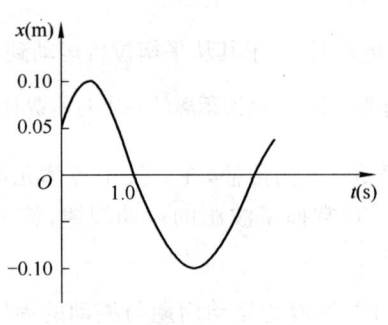

图 8-8

5. 一谐振子在 $t = 0$ 时位于其平衡位置 O 点,此时,若谐振子沿正方向运动,则其初相位 $\varphi =$ _____;若谐振子沿负方向运动,则初相位 $\varphi =$ _____。

6. 一平面简谐波沿 Ox 轴的正方向传播,已知位于坐标原点处体元的振动表达式为 $y = 0.05\cos\left(\pi t + \dfrac{\pi}{2}\right)$,设在同一波线上的 A、B 两点之间的距离为 0.02 m,且 B 点的振动相位比 A 点落后 $\dfrac{\pi}{6}$,则该平面简谐波的波长 $\lambda =$ _____,波速 $c =$

_____,波动方程 $y = $ _____。

7. 在如图 8-9 所示的简谐振动矢量图中,振幅 $A = 2\,\mathrm{cm}$,B 为振幅矢量在 $t = 0$ 时刻的位置,C 为振幅矢量在 t 时刻的位置,则:(1) 图 8-9a 对应的振动表达式为 $x_1 = $ _____;(2) 图 8-9b 对应的振动表达式为 $x_2 = $ _____。

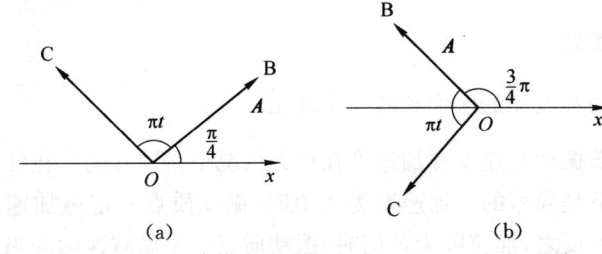

图 8-9

8. 逆 x 轴正方向传播的平面简谐波,若 A 点振动相位为 $\dfrac{9\pi}{2}$,$x_\mathrm{B} - x_\mathrm{A} = \dfrac{3}{2}\lambda$,则 B 点相位为 _____。

9. 如图 8-10 所示为 $t = \dfrac{T}{4}$ 时一平面简谐波的波形曲线,则其波动方程为 _____。

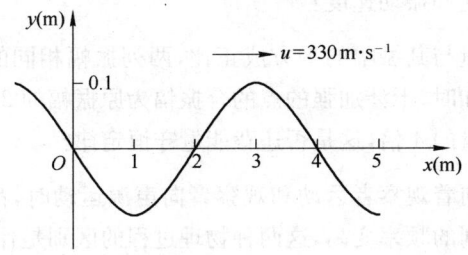

图 8-10

10. 一正弦波沿着一弦线传播。弦线上某点从最大位移到零位移所用的最短时间是 0.1 s,其波长为 1.4 m,则该波的频率 $\nu = $ _____,波速 $c = $ _____。

11. 一平面简谐波沿 x 轴负方向传播,已知 t 时刻坐标原点处的振动相位为 $4\pi t - \dfrac{2\pi}{3}$,设波速为 c,振幅为 A,该波的余弦表达式为 $y = $ _____。

四、简答题

1. 振动和波动的区别和联系是什么?

2. 简谐振动的速度和加速度在什么情况下是同号的? 在什么情况下是异号的? 加速度为正值时,振动质点一定做加速运动吗? 反之,加速度为负值时,振动质点一定做减速运动吗?

3. 有两个弹簧振子的质量相同,$m_1 = m_2$,但弹簧的劲度系数(曾称倔强系数)不同,即 $k_1 \neq k_2$。已知两振子的振动周期满足关系 $T_1 = 2T_2$,且其振幅满足关系 $A_1 = 2A_2$,问它们的振动能量是否相同?

4. 将弹簧振子的弹簧剪掉一半,其振动频率将如何变化?

5. 什么是波速? 什么是体元的振动速度? 两者有何区别? 如何确定波速和振动速度?

6. 波的能量与其振幅的平方成正比,两列振幅相同的相干波在空间叠加时,干涉加强的点的合振幅为原振幅的 2 倍,能量为原有能量的 4 倍,这是否违背能量守恒定律?

7. 当声源向着观察者运动和观察者向声源运动时,都会使观察者接收到的频率变高,这两种物理过程的区别是什么?

8. 将汽车车厢和下面的弹簧视为一沿竖直方向的弹簧振子,当有乘客时,其固有频率将如何变化?

9. 人们在未看见火车也未听到火车鸣笛的声音的情况下,有时把耳朵贴靠在铁轨上可以感觉到有火车驶来,为什么?

10. 两互相垂直的简谐振动的运动学方程为 $x = A_1\cos(\omega_0 t + \alpha_1)$,$y = A_2\cos(\omega_0 t + \alpha_2)$。若质点同时参与上述两振动,且 $\alpha_2 - \alpha_1 = \dfrac{\pi}{2}$,质点将沿什么样的轨道怎样运动?

11. 在有振源和无色散介质的条件下传播机械波。(1)若波源频率增加,问波动的波长、频率和波速哪一个将发生变化,如何变化?(2)波源频率不变但介质改变,波长、频率和波速将如何变化?(3)在声波波源频率一定的条件下,声波先经过温度较高的空气,后又穿入温度较低的空气,问声波的频率、波长和波速如何变化?

五、计算题

1. 一质量为 m 的物体做简谐振动,其振幅为 A,振动的初相位为 φ,且振动的全部能量为 E,求此物体做简谐振动的运动学方程。

2. 一振动物体的位移与时间的关系满足方程 $y = 0.10\cos\left(2.5\pi t + \dfrac{\pi}{3}\right)$ m,试求:(1)该物体振动的周期、角频率、频率、振幅和初相位;(2)$t = 2$ s 时物体的位移、速度和加速度。

3. 一质量为 10 g 的物体做简谐运动,其振幅为 24 cm,周期为 4.0 s,当 $t = 0$ 时,物体的位移为 $+24$ cm。求:(1)$t = 0.5$ s 时物体所在的位置;(2)$t = 0.5$ s 时物体所受力的大小与方向;(3)由起始位置运动到 $x = 12$ cm 处所需的最少时间;(4)在 $x = 12$ cm 处,物体的速度、动能以及系统的势能和总能量。

4. 两个同方向同频率的简谐振动,它们的振动表达式分别为 $x_1 = 0.4\cos\left(0.5\pi t + \dfrac{\pi}{6}\right)$ m 和 $x_2 = 0.2\cos(0.5\pi t + \varphi_2)$ m,试

问:(1) φ_2 为何值时合振动的振幅最大?此最大振幅值为多少?
(2) 若合振动的初相位 $\varphi = \varphi_2 + \dfrac{\pi}{2}$,则 φ_2 为何值?

5. 一轻质弹簧下面悬挂质量为 50 g 的物体,物体沿竖直方向的运动学方程为 $x = 2\sin 10t$,平衡位置为势能零点(时间单位:s;长度单位:cm)。求:(1)弹簧的劲度系数;(2)物体的最大动能;(3)总能量。

6. 一横波在一弦上传播,其波的表达式为 $y = 2\cos\pi(0.05x - 200t)$ m,式中 x、y 的单位为 m。求:(1)此横波的振幅、波长、频率、周期和波的传播速度;(2)画出 $t = 0$ s 时的波形。

7. 一列平面简谐波沿 x 轴正方向传播,位于坐标原点的质元振动规律为 $y = A\cos(\omega t + \varphi)$。已知波的振幅 $A = 0.10$ m,周期 $T = 0.50$ s,波长 $\lambda = 10$ m。试求:(1)此波的波动方程;(2)波线上相距 2.5 m 的两点的相位差;(3)若 $t = 0$ 时位于坐标原点处质元的振动位移为 $y_0 = +0.050$ m,且向平衡位置运动,求简谐波的初相位并写出波的表达式。

8. 已知一平面简谐波在 $t = 0$ 时刻的波形如图 8-11 所示,波朝 x 正方向传播,波速为 c,频率为 ν。(1)写出波的余弦表达式;(2)画出 $t = \dfrac{T}{2}$ 时刻的波形;(3)画出距坐标原点为 $\dfrac{\lambda}{4}$ 处质元的振动曲线。

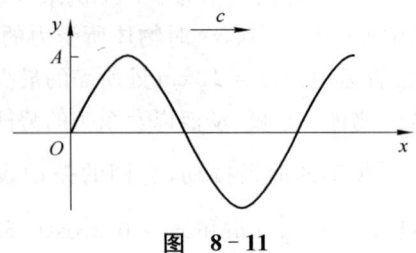

图 8-11

9. 相距为 1.5 倍波长的两个同方向、同频率、同相位、同振幅的波源分别处在 A 和 B 处，它们在介质中产生的两列波的波长均为 λ。C 是 AB 连线上 B 点外侧的任意一点。求：(1)A、B 两波源发出的波到达 C 点时的相位差；(2)C 点体元的振幅。

10. 设 y 为球面波任一波线上各质元振动的位移，r 为质元离开波源的距离，A_0 为离开波源单位距离处波的振幅。试由波的强度的概念确定球面波的波动方程。

11. 利用多普勒效应测量血管中血液流速：用 5 MHz 的超声波直射血管，入射角 $\theta = 0$，测出接收与发射的超声波的频率差为 500 Hz。已知声波在软组织中的传播速度为 $1\,500\ \mathrm{m\cdot s^{-1}}$，求血管中血液的流速。

12. 一平面简谐波沿半径为 7 cm 的圆柱管的轴线方向传播，波的强度为 $18\times10^{-3}\ \mathrm{W\cdot m^{-2}}$，频率为 300 Hz，波速为 $300\ \mathrm{m\cdot s^{-1}}$，求：(1)波的平均能量密度是多少？(2)在相位差为 4π 的两个波阵面之间的波段中有多少能量？

第九章

波动光学

【内容提要】

1. 相干光和相干光源

用人工的方法把从同一光源、同一点发出的光分成两束,使它们沿不同的路径传播,然后再使这两束光相遇,这样这两束光实际上是来自同一发光原子的同一次发光,满足振动方向相同、频率相同、相位差恒定的相干条件,这样的光称为相干光。这样的光源称为相干光源。利用同一光源获得相干光一般有两种方法,分别是分波阵面法和分振幅法。

2. 光程和光程差

光在折射率为 n 的介质中通过 r 的距离时引起的相位落后和同一频率的光在真空中通过 nr 的距离时所引起的相位落后相同。这种情况下 nr 就称为与几何路程 r 相应的光程。

S_1 和 S_2 发出的相位相同的两束相干光波,分别通过折射率为 n_1 和 n_2 的两种介质,在距 S_1 和 S_2 分别为 r_1 和 r_2 的 P 点相遇,则它们的光程差为

$$\delta = n_2 r_2 - n_1 r_1$$

3. 杨氏双缝干涉

干涉加强,呈现明纹的条件是光程差满足

$$\delta = d\sin\theta = \pm k\lambda \quad (k = 0, 1, 2\cdots)$$

明纹位置

$$x = \pm k\frac{L}{d}\lambda \quad (k = 0, 1, 2\cdots)$$

干涉减弱,呈现暗纹的条件是光程差满足

$$\delta = d\sin\theta = \pm \frac{2k+1}{2}\lambda \quad (k = 0, 1, 2\cdots)$$

暗纹位置

$$x = \pm \frac{2k-1}{2} \cdot \frac{L}{d}\lambda \quad (k = 1, 2, 3\cdots)$$

4. 薄膜干涉(等倾干涉)

干涉加强,呈现明纹的条件是

$$\delta = k\lambda \text{ 或 } d = \frac{(2k-1)\lambda}{4n_2} \quad (k = 1, 2, 3\cdots)$$

干涉减弱,呈现暗纹的条件是

$$\delta = (2k+1)\frac{\lambda}{2} \text{ 或 } d = \frac{k\lambda}{2n_2} \quad (k = 0, 1, 2, 3\cdots)$$

5. 惠更斯-菲涅耳原理

光波自发出后在空间传播时,波空间传播的波阵面上每一个点都可以看成是一个新的波源,这些新的波源向外发射球面子波,空间任一点的光振动是所有这些子波的相干叠加。

6. 单缝夫琅禾费衍射

干涉加强,呈现明纹的条件是

$$d\sin\theta = \pm(2k+1)\frac{\lambda}{2} \text{ 或 }$$

$$\theta = \pm \sin^{-1}\frac{(2k+1)}{2}\frac{\lambda}{d} \quad (k = 1, 2, 3\cdots)$$

干涉减弱,呈现暗纹的条件是

$$d\sin\theta = \pm k\lambda \text{ 或 } \theta = \pm \sin^{-1}\frac{k\lambda}{d} \quad (k=1,2,3\cdots)$$

相邻暗纹间隔(即一个明纹的宽度)为

$$\Delta x = \frac{\lambda}{d}f$$

中央呈现明纹的条件

$$\theta = 0$$

中央明纹的宽度

$$\Delta x_0 = \frac{2\lambda}{d}f$$

7. 圆孔夫琅禾费衍射

艾里斑的半径

$$r = f\theta = 1.22\frac{f\lambda}{D}$$

8. 光栅方程

$$d\sin\theta = \pm k\lambda \quad (k=0,1,2\cdots)$$

式中,d 为光栅常量。

9. 自然光和偏振光

自然光:光振动在与光的传播方向垂直的平面内可取所有可能的方向,宏观看起来,其振动次数和振幅大小对于光的传播方向形成轴对称分布。

如果光矢量在一个固定平面内只沿一个固定方向振动,此光称平面偏振光,简称偏振光或完全偏振光。

10. 马吕斯定律

$$I = I_0\cos^2\alpha$$

式中，α 为入射的线偏振光的光矢量的振动方向与检偏器的偏振化方向的夹角。

11. 光的双折射现象

当一束光线射向各向异性介质时，会产生两束不同方向的折射光线，这种现象称为双折射现象。

12. 物质的旋光性

当平面偏振光通过某些物质（糖类、石英等）时，它的振动面将沿光的传播方向发生旋转，这种偏振光通过物质时发生振动面旋转的现象，称为旋光现象。能够使振动面旋转的物质称为旋光物质，物质的这种性质称为旋光性。

对于晶体物质或者某些液态化合物来说，振动面旋转的角度 θ 与光通过的长度 l 成正比，即

$$\theta = \alpha l$$

对于有旋光性的溶液来说，偏振光的振动面的旋转角度 θ（旋光度）不仅与偏振光在溶液中通过的厚度 l 有关，而且还正比于溶液的浓度 c，即

$$\theta = [\alpha]_D^{20} cl$$

13. 朗伯-比尔定律

当单色光在某种均匀媒质中传播时，由于物质的吸收，其强度 I 将不断地减小，减小的程度与物质本身的性质和光通过的物质的厚度 x 有关，若此物质为溶液时，还与溶液的浓度 c 有关，即

$$I = I_0 \mathrm{e}^{-\beta c x}$$

【习题解答】

9-1 在杨氏双缝实验中，两缝相距为 0.3 mm，要使波长为 600 nm 的光通过后在屏上产生间隔为 2 mm 的干涉条纹，问屏到

缝的距离有多远?

解 因为 $\Delta x = \dfrac{\lambda}{d}L$,所以屏到缝的距离为

$$L = \frac{\Delta x}{\lambda}d = \frac{2\times 10^{-3}}{600\times 10^{-9}}\times 0.3\times 10^{-3} = 1\text{ m}$$

9-2 在空气中用波长为 λ 的单色光进行双缝干涉实验时,观察到干涉图样中相邻条纹间距为 2.66 mm,当把实验装置放在水中时(水的折射率 $n=1.33$),试求相邻明条纹的间距变为多少?

解 波长为 λ 的单色光在空气中干涉条纹间距

$$\Delta x = \frac{L}{d}\lambda = 2.66\text{ mm}$$

波长为 λ 的单色光在水中的波长变为

$$\lambda' = \frac{\lambda}{n} = \frac{\lambda}{1.33}$$

水中干涉条纹间距

$$\Delta x' = \frac{L}{d}\lambda' = \frac{L}{d}\frac{\lambda}{n} = \frac{L}{d}\frac{\lambda}{n} = \frac{2.66}{1.33} = 2\text{ mm}$$

9-3 波长 500 nm 的光波垂直入射厚度为 1 μm 的薄膜,膜的折射率为 1.375,膜的两侧为空气。求:(1)光在膜中的波长;(2)在膜上表面反射的光波与经膜底反射后重出膜上表面的光波的相位差;(3)两光干涉情况如何。

解 (1) 光在膜中的波长为

$$\lambda' = \frac{\lambda}{n} = \frac{500}{1.375} = 363.6\text{ nm}$$

(2) 两光的光程差为

$$\Delta L = 2nd + \frac{\lambda}{2} = 2 \times 1.375 \times 1 + \frac{0.5}{2} = 3 \ \mu\text{m}$$

两光的相位差为

$$\Delta\varphi = \frac{2\pi}{\lambda}\Delta L = \frac{2\times 3}{0.5}\pi = 12\pi$$

(3) 两光干涉加强。

9-4 以钠黄光 ($\lambda = 589.3$ nm) 垂直照射一狭缝,在距透镜 0.8 m 的光屏上,中央亮带宽度为 2 nm,求狭缝的宽度。

解 由 $\Delta x_0 = 2\dfrac{\lambda}{d}f$ 得

$$d = 2\frac{\lambda}{\Delta x_0}f = 2 \times \frac{589.3}{2\times 10^{-3}} \times 0.8 = 471\ 440 \text{ nm} \approx 0.47 \text{ mm}$$

9-5 已知单缝宽度为 1.0×10^{-4} m,透镜焦距为 0.5 m,分别用 400 nm、760 nm 的单色平行光垂直照射此单缝。试求:(1)这两种光的第一级亮纹离屏中心的距离;(2)这两条亮纹间的距离。

解 (1) 由明纹条件

$$d\sin\theta = \pm(2k+1)\frac{\lambda}{2} \quad (k=1,2,3\cdots)$$

得第一级明纹 ($k=1$) 满足

$$\sin\theta_1 = \pm 3 \times \frac{\lambda}{2d}$$

而 $x_1 = \sin\theta_1 \times f$,且 $\tan\theta_1 \approx \sin\theta_1$,所以

$$x_1 = 3 \times \frac{\lambda}{2d} \times f$$

设 x_{11}、x_{12} 分别为用 $\lambda_1 = 400$ nm 和 $\lambda_2 = 760$ nm 两种光的第一级亮纹离屏中心的距离,则有

$$x_{11} = 3 \times \frac{\lambda}{2d} \times f = 3 \times \frac{400 \times 10^{-9}}{2 \times 1 \times 10^{-4}} \times 0.5 = 3 \times 10^{-3} \text{ m}$$

$$x_{12} = 3 \times \frac{\lambda}{2d} \times f = 3 \times \frac{760 \times 10^{-9}}{2 \times 1 \times 10^{-4}} \times 0.5 = 5.7 \times 10^{-3} \text{ m}$$

(2) $\Delta x = x_{12} - x_{11} = 5.7 \times 10^{-3} - 3 \times 10^{-3} = 2.7 \times 10^{-3}$ m

9-6 一束单色光垂直照射到每厘米 2 500 条刻痕的光栅上,所形成的第四级明纹与入射光方向夹角为 30°,求该单色光的波长。

解 光栅常数

$$d = \frac{1 \times 10^{-2}}{2\,500} = 4 \times 10^{-6} \text{ m}$$

由光栅方程 $d\sin\theta = k\lambda$,得

$$\lambda = \frac{d\sin\theta}{k}$$

代入,得

$$\lambda = \frac{d\sin\theta}{4} = \frac{4 \times 10^{-6} \times \sin 30°}{4} = 500 \text{ nm}$$

9-7 透过两个偏振化方向成 30°角的偏振片观察某一光源,透过偏振化方向成 60°角的两偏振片观察另一光源,两次观察的透射光强相同,试求两光源的光强之比。

解 设第一个光源的光强为 I_{10},第二个光源的光强为 I_{20},透射光强分别为 I_1 和 I_2。通过第一块偏振片后,光强变为原来的一半,根据马吕斯定律,通过第二块偏振片后的光强分别为

$$I_1 = \frac{1}{2}I_{10}\cos^2 30°$$

$$I_2 = \frac{1}{2}I_{20}\cos^2 60°$$

由题意,两者相等,则

$$\frac{I_{10}}{I_{20}} = \frac{\cos^2 60°}{\cos^2 30°} = \left(\frac{\frac{1}{2}}{\frac{\sqrt{3}}{2}}\right)^2 = \frac{1}{3}$$

9-8 使自然光通过两个偏振化方向成 60°角的偏振片,测得透射光强为 I_1,今在这两个偏振片之间插入另一偏振片,它的偏振化方向与前两个偏振片均成 30°角,问透射光强为多少?

解 设自然光强度为 I_0。

分析第一种情况:通过第一块偏振片后,强度变为 $\frac{1}{2}I_0$;根据马吕斯定律,通过第二块偏振片后的强度 I_1 为

$$I_1 = \frac{1}{2}I_0 \cos^2\alpha = \frac{1}{8}I_0$$

分析第二种情况:在这两个偏振片之间插入另一偏振片,其偏振化方向与前两个偏振片均成 30°角。通过第一块偏振片后,强度变为 $\frac{1}{2}I_0$;根据马吕斯定律,通过第二块偏振片后的强度 I' 为

$$I' = \frac{1}{2}I_0 \cos^2 30° = \frac{3}{8}I_0$$

通过最后一块偏振片后的强度 I_2 为

$$I_2 = \frac{3}{8}I_0 \cos^2 30° = \frac{9}{32}I_0 = \frac{9}{4}I_1$$

9-9 将 5 g 的含杂质的糖溶解于纯水中,制成 100 cm³ 的糖溶液,然后将此溶液装入长 15 cm 的玻璃管中,使完全线偏振光垂直于管的端面并沿管轴通过,测得通过前后偏振面旋转了 30°。这种纯糖的旋光率为 54.4°cm² · g⁻¹,计算此糖的含纯糖百分比(即纯度)。

解 根据公式 $\theta = \alpha cl$ 得

$$c = \frac{\theta}{\alpha l} = \frac{30°}{54.4° \times 15} = 0.037 \text{ g} \cdot \text{cm}^{-3}$$

因 100 cm³ 糖溶液中含纯糖 3.7 g,所以

$$c_0 = \frac{3.7}{5} = 75\%$$

【课外练习】

一、单选题

1. 光程是( )。
   A. 光在介质中经过的几何路程 r 与介质的折射率 n 的乘积 nr
   B. 光在介质中经过的几何路程 r 与真空的折射率 n 的乘积 nr
   C. 光在介质中经过的几何路程 r 与介质的折射率 n 的商 $\frac{r}{n}$
   D. 光在真空中经过的几何路程 r 与介质的折射率 n 的乘积 nr

2. 一束单色平面光垂直照射在透明薄膜上,薄膜的折射率 $n > 1$,欲使反射光线加强,则膜的最小厚度应为( )。
   A. $\frac{\lambda}{4}$ B. $\frac{\lambda}{2}$ C. $\frac{\lambda}{4n}$ D. $\frac{\lambda}{2n}$

3. 光栅衍射图样是( )。
   A. 衍射和干涉的综合效应   B. 衍射和反射的综合效应
   C. 折射和干涉的综合效应   D. 反射和干涉的综合效应

4. 在光栅常数 $d = 1.8 \times 10^{-6}$ m 的光栅衍射实验中,第三级明纹

可观察到的最长波长为( )。

A．700 nm B．600 nm C．500 nm D．400 nm

5. 用波长为 λ 的平面单色光垂直照射一狭缝,若屏幕上 P 点是二级明纹,则由单缝边缘到达 P 点的光程差为( )。

A．$\dfrac{3\lambda}{2}$ B．2λ C．$\dfrac{5\lambda}{2}$ D．3λ

6. 用波长为 600 nm 的平面单色光垂直照射一狭缝,缝后置一焦距为 3 m 的透镜,在焦面上成像,测得中央亮纹的宽度为 3 mm,那么此单缝的宽度为( )。

A．3 mm B．2.4 mm C．1.2 mm D．0.8 mm

7. 完全线偏振光通过检偏器后,光强减为原来的 $\dfrac{1}{4}$,则偏振片的偏振方向和线偏振光的振动方向之间的夹角是( )。

A．0° B．60° C．30° D．90°

8. 在双缝干涉实验中,为使干涉条纹间距变大,可以采取的办法是( )。

A．使屏靠近双缝
B．改用波长较小的单色光源
C．把两个缝的宽度稍微调窄
D．使两缝的间距变小

9. 一束光强为 I_0 的自然光,垂直照射在两块前后放置且相互平行、偏振化方向相交 60°角的偏振片上,则透射光的强度为( )。

A．$\dfrac{I_0}{4}$ B．$\dfrac{I_0}{2}$ C．$\dfrac{I_0}{8}$ D．$\dfrac{3}{8}I_0$

10. 下列现象中能证明光的波动说的是( )。

A．光的衍射现象 B．光电效应
C．光的热效应 D．光的散射

11. 下列现象中能证明光是横波的是（　　）。
   A．光的衍射现象　　　　　B．光的偏振现象
   C．光的干涉现象　　　　　D．散射现象

二、判断题

1. 自然光是由大量振动方向、频率、相位不相同的波列组成的。（　　）

2. 相干波是指两列振动方向、频率、相位不相同的波。（　　）

3. 在杨氏双缝干涉实验中，若用白光做光源，则在干涉图样中，除中央亮条纹是白色外，在两侧按从中间向两边的顺序形成由紫到红的彩色条纹。（　　）

4. 应用惠更斯原理能定性地解释光波的衍射现象，还能定量地说明光的衍射图样中光强的分布。（　　）

5. 用透镜使衍射光成为平行光所产生的衍射称为菲涅耳衍射。（　　）

6. 衍射角是指入射光线与衍射光线所构成的角。（　　）

7. 只有沿某一个确定方向振动的光称为线偏振光，简称为偏振光。（　　）

8. 在晶体中，光线的主平面是指光线的传播方向和光轴所组成的平面。（　　）

9. 迎着光的传播方向观察，使偏振光的振动面沿顺时针方向旋转的物质，称为左旋物质。（　　）

10. 在公路上能够看到油膜表面有彩色花纹的原因是油膜在日光照射下发生薄膜干涉。（　　）

11. 在杨氏实验中，如果光源 S 到两狭缝 S_1 和 S_2 的距离不同，例

如 $SS_1 > SS_2$,则观察不到干涉现象。(　　)

12. 在双缝干涉实验中,用单色自然光做光源,在屏上形成干涉条纹,若在两缝后放一个偏振片,则干涉条纹的间距不变,但明纹的亮度减弱。(　　)

三、填空题

1. 光的_____、_____和_____现象,说明了光的波动性。

2. 在晶体中,由光轴和_____所组成的平面,称为晶体的主截面;由光轴和_____所组成的平面,称为该光线的主平面。

3. 在双折射现象中,遵守折射定律的光束称为_____光,或简称_____光。另一不遵守折射定律的光称为_____光,简称_____光。

4. 由于光振动中只有_____的振动能引起人眼的感光作用,所以一般把_____这种振动称为光振动。

5. 某杨氏双缝干涉实验装置,两缝的距离为 1 mm,缝到屏的距离为 1 m,测得第一级暗纹和第三级暗纹的距离为 1 mm,则所用光波波长为_____。

6. 若一双缝干涉装置的两条缝分别被两块厚度均为 d、折射率分别为 n_1 和 n_2 的透明介质所遮盖,则由两条缝分别到屏上原中央极大所在处的两束光的光程差 δ 为_____。

7. 一放置在空气中的双缝干涉装置,观察到干涉条纹间距为 1.0 mm。若将整个装置放在水中,干涉条纹的间距将为_____ mm(设水的折射率为 $\frac{4}{3}$)。

四、简答题

1. 在杨氏双逢干涉实验中,当发生下列情况时干涉条纹会发生怎样的变化?(1)透镜的焦距改变使屏幕移近;(2)单色光的波长变长;(3)双逢之间的距离变小。

2. 在杨氏双缝实验中,如果光源 S 到两缝 S_1 和 S_2 的距离不等,对实验结果有何影响?

3. 什么叫光的衍射?它分为哪两类?有何区别?

4. 在白光照射下,肥皂泡呈彩色,试解释其原因。当泡上出现黑色斑纹时,就预示着泡即将破裂,为什么?

5. 什么是偏振光?什么是物质的旋光性?振动面在旋光物质中的左旋和右旋是怎样规定的?

五、计算题

1. 在杨氏双缝干涉实验中,两缝相距 2.2×10^{-4} m,屏与狭缝相距 1 m,两个第三级明纹间相距 2×10^{-2} m,求所用单色光波的波长。

2. 一束单色光斜入射到间距为 d 的双缝上,入射角为 φ,求证:(1)干涉图样中出现暗纹的角度 θ 由式 $d\sin\theta - d\sin\varphi = \pm\left(k+\dfrac{1}{2}\right)\lambda (k=0,1,2,3\cdots)$ 给出;(2)在 θ 很小的区域,相邻暗条纹的角距离 $\Delta\theta$ 与入射角 φ 无关。

3. 在杨氏双缝实验中,双缝间距为 0.30 mm,光源的波长为 600 nm。试求:(1)要使屏幕上干涉条纹间距为 3.0 mm,屏幕应该距离双缝多远;(2)若用折射率为 1.5、厚度为 4.0 μm 的玻璃片遮盖狭缝 S_2,屏幕上的干涉条纹会整体发生移动,问向哪个方向移动,移动了多远。

4. 用白光垂直照射在厚度为 3.8×10^{-7} m 的肥皂薄膜上,肥皂膜的折射率为 $n_2=1.33$,且 $n_1>n_2>n_3$。问反射光中哪一波长的可见光得到加强?

5. 用波长可以连续变化的平面单色光源垂直照射厚度均匀的薄油膜,油膜覆盖在玻璃板上,观察到只有 485 nm 与 679 nm 两个波长的光在反射中消失。已知油的折射率为 1.32,玻璃的折射率为 1.50,试求薄膜的厚度。

6. 一束波长为 λ 的平行单色光垂直照射在透明的等厚薄膜上,若薄膜在空气中且其折射率大于 1,要使透射光线加强,求膜的最小厚度。

7. 一束白光垂直照射一光栅,得到各种光波的光栅衍射图样,如果某一光波的第三级明纹与波长 600 nm 的光波的第二级明纹重合,求这光的波长。

8. 使自然光垂直通过两个平行且相交 $60°$ 的偏振片,求透射光与入射光的强度之比。

9. 由自然光和完全线偏振光混合的光束通过一偏振片,随着偏振片以光的传播方向为轴的转动,透射光的强度也跟着变化。如果最强透射光的强度和最弱透射光的强度之比为 5∶1,那么入射光中自然光和完全线偏振光的强度之比为多大?

10. 某蔗糖溶液,在 20 ℃时对钠光的旋光率是 $6.64°\mathrm{cm}^2\cdot\mathrm{g}^{-1}$,现将其装满在长 20 cm 的玻璃管中,用旋光计测得旋光角为 $8.3°$,求此溶液的浓度。

第十章

几何光学

【内容提要】

1. 几何光学的有关定律

光的直线传播定律、光的独立传播定律、光的反射定律和光的折射定律。

单球面折射成像公式为

$$\frac{n_1}{u}+\frac{n_2}{v}=\frac{n_2-n_1}{R}$$

共轴球面系统的成像公式为

$$\frac{1}{u}+\frac{1}{v}=\frac{1}{f}$$

2. 透镜

透镜是两个折射面构成的最简单的共轴球面系统,按其厚度可分为薄透镜和厚透镜。厚度与透镜的曲率半径相比可以忽略的为薄透镜,不能忽略的为厚透镜。

3. 人眼

人眼可近似看成是一个共轴球面系统。

近视眼是远点小于无穷远的眼睛,其矫正方法是眼前戴一适当焦度的凹透镜眼镜,使无穷远的物体成像于观察者的远点。

远视眼是由于眼球前后过短或角膜的曲率偏小造成的,其矫正方法是眼前戴一适当焦度的凸透镜眼镜,使它的明视距离移近至 0.25 m 处。

散光形成的原因是角膜曲率不均匀,其矫正的方法不能一概而论,若伴有近视或远视,则用凹透镜或凸透镜和圆柱透镜结合起来的透镜。

4. 分辨本领与放大率

放大镜是一个会聚透镜,其原理是扩大视角,其放大倍数即角放大率为

$$m = \frac{\varphi}{\theta} = \frac{\tan\varphi}{\tan\theta} = \frac{0.25}{f}$$

显微镜是一种具有高放大倍数的光学仪器,其放大率为物镜的线放大率与目镜的角放大率的乘积。其分辨限度为

$$d = \frac{1.22\lambda}{2n\sin\alpha} = \frac{1.22\lambda}{2N.A.}$$

因此提高显微镜的分辨本领的重要途径之一是使用较短波长的光照明。电子显微镜的分辨率就很高。

检眼镜及内镜均是常用的医学仪器。检眼镜是用来观察眼底病变的。内镜是供医生观察体内器官的,有纤维内镜和电子内镜之分。

【习题解答】

10-1 物与像相距为 1 m,如果物高 4 倍于像高,求凹面镜的曲率半径。

解 由题意横向放大率 $\beta = -\frac{v}{u} = -\frac{1}{4}$,说明物像位于凹面镜的同侧。

又由于物与像相距为 1 m，得 $u = -\dfrac{4}{3}$ m，$v = -\dfrac{1}{3}$ m。

代入单球面折射成像公式 $\dfrac{1}{u} + \dfrac{1}{v} = \dfrac{2}{R}$ 得 $R = -0.533$ m。

10-2 将折射率为 1.50，直径为 8.0×10^{-2} m，端面为凸半球形的玻璃棒置于液体中，在棒轴上离端面 6.0×10^{-1} m 处有一物体，成像在棒内 1.00 m 处，求液体的折射率。

解 根据单球面折射成像公式 $\dfrac{n_1}{u} + \dfrac{n_2}{v} = \dfrac{n_2 - n_1}{R}$，将 $n_2 = 1.50$，$u = 6.0 \times 10^{-1}$ m，$v = 1.00$ m，$R = 4.0 \times 10^{-2}$ m 代入得 $n_1 = 1.35$。

10-3 一远视眼的近点为 1.20 m，今欲看清 0.12 m 处的物体，应配多少度的眼镜？

解 根据透镜成像公式 $\dfrac{1}{u} + \dfrac{1}{v} = \dfrac{1}{f}$，将 $u = 0.12$ m，$v = -1.2$ m 代入得 $f = 7.5$，则

$$\Phi = \dfrac{1}{f} = 7.5 \text{ D} = 750 \text{ 度}$$

10-4 某近视者站在离视力表前 3.0 m 处才看清第一行 E 字，问他的视力是多少？

解 因为站在 5 m 处看第一行 E 字的视角为 $10'$，所以站在 3 m 处看第一行 E 字的视角约为 $17'$，根据视力与视角的关系 $S = 5 - \lg\theta$，将 $\theta = 17'$ 代入可得

$$S = 5 - \lg 17 = 3.8$$

10-5 一放大镜的焦距为 0.10 m，问物体应放在放大镜前多少米处，才能：(1)在明视距离处成像；(2)在无限远处成像。这两种情况下放大镜的角放大率和放大率各是多少？

解 放大镜即焦距较短的凸透镜，根据透镜成像公式 $\dfrac{1}{u} + \dfrac{1}{v} = \dfrac{1}{f}$ 将 $f = 0.10$ m，$v = 0.25$ m 代入可得 $u = 0.17$ m。将 $f =$

0.10 m, $v = \infty$ 代入可得 $u = 0.10 \text{ m}$。

根据放大镜的角放大率公式 $m = \dfrac{\varphi}{\theta} = \dfrac{\tan \varphi}{\tan \theta} = \dfrac{0.25}{f}$, 将 $f = 0.10 \text{ m}$ 代入可得 $m = 2.5$。

10-6 一显微镜的物镜焦距为 4 mm, 中间像成在物镜焦点后 160 mm 处。如果目镜倍率是 $20 \times$, 问显微镜的总放大率是多少?

解 根据显微镜的总放大率公式 $M = \dfrac{L}{f_1} \cdot \dfrac{0.25}{f_2}$, 由题意可知 $L = 160 + 4 = 164 \text{ mm}$, $f_1 = 4 \text{ mm}$, $\dfrac{0.25}{f_2} = 20$, 将数据代入上式可得 $M = \dfrac{164}{4} \cdot 20 = 820$。

10-7 显微镜的油浸镜头的孔径数为 1.5, 选用波长为 250 nm 的光源时, 可分辨的最小距离为多少? 若改用波长为 546 nm 的光源呢?

解 根据显微镜的分辨限度公式 $d = \dfrac{1.22\lambda}{2n\sin\alpha} = \dfrac{1.22\lambda}{2N.A.}$, 将 $\lambda = 250 \text{ nm}$, $N.A. = 1.5$ 代入上式可得

$$d = \dfrac{1.22 \times 250}{2 \times 1.5} = 101.7 \text{ nm}$$

将 $\lambda = 546 \text{ nm}$, $N.A. = 1.5$ 代入上式可得

$$d = \dfrac{1.22 \times 546}{2 \times 1.5} = 222 \text{ nm}$$

【课外练习】

一、单选题

1. 单球面折射成像的条件是( )。
   A. 近轴光线　　　　　　　　B. 平行单色光

C．A、B 都对 　　　　　　D．A、B 都不对

2. 一半径为 R 的球形透明体，其折射率 $n=1.5$，从无穷远处射来的近轴光线聚焦于（　　）。

   A．$v=3R$　　B．$v=-3R$　　C．$v=4R$　　D．$v=-4R$

3. 有一凸透镜焦距为 40 mm，透镜前 120 mm 处物体成像于透镜后的位置为（　　）。

   A．40 mm　　B．60 mm　　C．-40 mm　　D．-60 mm

4. 某人的近点为 0.8，他读书时应戴眼镜的度数为（　　）。

   A．525 度　　B．275 度　　C．-525 度　　D．-275 度

5. 焦度为 12D 的放大镜，它的角放大率为（　　）。

   A．0.02　　B．2.08　　C．3.0　　D．2.5

二、判断题

1. 从不同方向或不同物体发出的光线相遇后，其传播方向因此发生改变。（　　）

2. 在厚透镜中，射向第一主点的光线，从第二主点沿平行于原来的方向射出。（　　）

3. 近视眼即其近点比正视眼近。（　　）

4. 显微镜中采用油浸物镜可提高分辨本领。（　　）

5. 检眼镜是医生用来检查视力的仪器。（　　）

三、填空题

1. 几何光学的基本定律有＿＿＿＿、＿＿＿＿、＿＿＿＿和＿＿＿＿。

2. 透镜的像差分为＿＿＿＿和＿＿＿＿。

3. 戴 200 度近视眼镜的人,其远点在_____处。

4. 为提高显微镜的分辨本领应_____孔径数,_____入射光波长。

5. 光导纤维玻璃芯外表面涂层介质的折射率应_____光导纤维芯的折射率。

四、简答题

1. 作图求共轴折射系统成像可利用哪三条光线?

2. 从几何光学的角度研究人眼有几种简化模型?

3. 光学显微镜与电子显微镜有什么主要的异同?

五、计算题

1. 将一物体置于长柱形玻璃的凸球面前 25 cm 处,设这个凸球面曲率半径为 5 cm,玻璃的折射率 $n = 1.5$,玻璃前的介质是空气,求:(1)像的位置,是实像还是虚像?(2)该折射面的焦距。

2. 有一厚度为 3 cm,折射率为 1.5 的共轴球面系统,其第一折射面是半径为 2 cm 的球面,第二折射面是平面,若在该共轴球面系统前离第一折射面 8 cm 处放一物,像在何处?

3. 一个双凸透镜放在空气中,两面的曲率半径分别为 15 cm 和 30 cm,如玻璃折射率为 1.5,物距为 100 cm,求像的位置和大小。

4. 把焦距为 20 cm 的凸透镜和焦距为 40 cm 的凹透镜密切结合后的焦度是多少屈光度?

5. 一个半径为 R 的薄壁玻璃球盛满水。若把一物体放置于离其表面 $3R$ 的距离处,求最后的像的位置,玻璃壁的影响可忽略不计。

6. 一折射率为 1.50,半径为 R 的实心玻璃半球,其半球平面侧镀以银,一小物体位于球轴上离半球的顶点 $2R$ 处。求经过所有的折射和反射后,所成的像的位置。

7. 简单放大镜的焦距为 10 cm,求:(1)欲在明视距离处观察到像,物体应放在放大镜前面多远处?(2)若此物体高 1 mm,则放大后的像高为多少?

8. 眼睛的构造可简化为一折射球面,其曲率半径为 5.55 mm,内部平均折射率为 $\frac{4}{3}$,试计算其两个焦距;若月球在眼睛节点所张的角度为 $1°$,试问视网膜上的月球的像有多大?

9. 显微镜物镜是焦距为 2 cm 的薄凸透镜 L_1,在它后面 10 cm 处有一焦距为 5 cm 的薄凹透镜(目镜)L_2,试确定一距物镜为 3 cm 处物体的像的位置并计算显微镜线放大率和角放大率。

10. 一台显微镜,已知其数值孔径为 $N.A. = 1.32$,物镜焦距为 1.91 mm,目镜焦距为 50 mm。求:(1)最小分辨距离(取光波长为 550 nm);(2)有效放大率(把仪器可以分辨的最小距离放大为人眼可分辨的最小距离所需的放大率)。

第十一章
量子力学基础

【内容提要】

1. 量子力学的实验基础

黑体辐射、光电效应、氢原子线状光谱等。

2. 爱因斯坦的光量子论

光是一束高速运动的光量子流。

每个光量子的能量为

$$E = h\nu$$

光量子的动量为

$$p = \frac{h}{\lambda}$$

3. 微观粒子的波粒二象性

德布罗意关系

$$E = h\nu$$
$$p = \frac{h}{\lambda}$$

4. 不确定关系

$\Delta x \cdot \Delta p_x \geqslant h$, $\Delta y \cdot \Delta p_y \geqslant h$, $\Delta z \cdot \Delta p_z \geqslant h$, $\Delta E \cdot \Delta t \geqslant h$

不确定关系表明微观粒子不像经典粒子那样遵从确定的规律,对于微观粒子的坐标和动量不可能同时无限精确地测量,所以宏观的轨道理论不适用于微观粒子的运动规律。

5. 波函数

它描述微观粒子的运动状态。微观粒子在 t 时刻、在空间坐标 (x, y, z) 处出现的概率密度为

$$w = \frac{\mathrm{d}P}{\mathrm{d}V} = |\psi|^2 = \psi\psi^*$$

即波函数的模的平方与粒子的概率密度成正比,因此微观粒子的运动表现出波的特性,是一种统计行为,物质波是一种概率波,它并不准确地给出什么时刻粒子到达哪一位置,而只给出粒子可能到达地点的一个统计分布。

波函数必须满足归一化条件和标准化条件。

6. 薛定谔方程

薛定谔方程的一般形式为

$$i\hbar \frac{\partial \psi}{\partial t} = -\frac{\hbar^2}{2m} \nabla^2 \psi + E_\mathrm{p}(r, t)\psi$$

定态薛定谔方程为

$$-\frac{\hbar^2}{2m} \nabla^2 \varphi + E_\mathrm{p} \varphi = E\varphi$$

定态波函数表示为

$$\psi(x, y, z, t) = \varphi(x, y, z) e^{-\frac{i}{\hbar}Et}$$

7. 原子光谱和分子光谱

原子光谱呈现线状光谱,分子光谱呈现带状光谱。

分子的能量可表示为

$$E = E_\mathrm{e} + E_\mathrm{v} + E_\mathrm{r}$$

8. 激光产生的条件

(1)粒子数反转；(2)光学谐振腔。

【习题解答】

11-1 已知铂的电子逸出功是 6.30 eV，求使它产生光电效应的光的最大波长。

解 红限频率为 $\nu_0 = \dfrac{A}{h} = \dfrac{6.30 \text{ eV}}{h} = \dfrac{6.30 \times 1.60 \times 10^{-19}}{6.63 \times 10^{-34}} \approx 1.52 \times 10^{15}$ Hz

相应波长为 $\lambda_0 = \dfrac{c}{\nu_0} = \dfrac{3.0 \times 10^8}{1.52 \times 10^{15}} \approx 1.973 \times 10^{-7}$ m $= 197.3$ nm

11-2 当波长为 100 nm 的紫外线，照射到逸出功为 2.50 eV 的金属钡的表面时，求发射的光电子的初速度。

解 根据光电方程 $\dfrac{1}{2}mv^2 = h\nu - A$ 得

$$v = \sqrt{\dfrac{2}{m}\left(h\dfrac{c}{\lambda} - A\right)} = \sqrt{\dfrac{2}{m}h\left(\dfrac{c}{\lambda} - \dfrac{A}{h}\right)}$$

$$\approx \sqrt{\dfrac{2}{9.1 \times 10^{-31}} \times 6.63 \times 10^{-34} \times \left(\dfrac{3 \times 10^8}{100 \times 10^{-9}} - \dfrac{2.50 \times 1.60 \times 10^{-19}}{6.63 \times 10^{-34}}\right)}$$

$$= 3.64 \times 10^6 \text{ m} \cdot \text{s}^{-1}$$

11-3 试求波长为 400 nm 可见光、0.10 nm 的伦琴射线和 0.0020 nm 的 γ 射线三种光子的质量、动量和能量。

解 三种射线的能量分别为

$$E_1 = h\nu_1 = \dfrac{hc}{\lambda_1} = \dfrac{6.63 \times 10^{-34} \times 3.0 \times 10^8}{400 \times 10^{-9}}$$

$$\approx 5.0 \times 10^{-19} \text{ J} \approx 3.1 \text{ eV}$$

$$E_2 = h\nu_2 = \frac{hc}{\lambda_2} = \frac{6.63 \times 10^{-34} \times 3.0 \times 10^8}{0.10 \times 10^{-9}}$$
$$\approx 198.9 \times 10^{-17} \text{ J} \approx 1.24 \times 10^4 \text{ eV}$$
$$E_3 = h\nu_3 = \frac{hc}{\lambda_3} = \frac{6.63 \times 10^{-34} \times 3.0 \times 10^8}{0.002\,0 \times 10^{-9}}$$
$$\approx 9\,945 \times 10^{-17} \text{ J} \approx 6.22 \times 10^5 \text{ eV}$$

三种射线的动量分别为

$$p_1 = \frac{h}{\lambda_1} = \frac{6.63 \times 10^{-34}}{400 \times 10^{-9}} \approx 1.66 \times 10^{-27} \text{ kg} \cdot \text{m} \cdot \text{s}^{-1}$$

$$p_2 = \frac{h}{\lambda_2} = \frac{6.63 \times 10^{-34}}{0.10 \times 10^{-9}} \approx 6.63 \times 10^{-24} \text{ kg} \cdot \text{m} \cdot \text{s}^{-1}$$

$$p_1 = \frac{h}{\lambda_1} = \frac{6.63 \times 10^{-34}}{0.002\,0 \times 10^{-9}} \approx 3.32 \times 10^{-22} \text{ kg} \cdot \text{m} \cdot \text{s}^{-1}$$

三种射线的质量分别为

$$m_1 = \frac{E_1}{c^2} = \frac{5.0 \times 10^{-19}}{(3.0 \times 10^8)^2} \approx 5.56 \times 10^{-36} \text{ kg}$$

$$m_2 = \frac{E_2}{c^2} = \frac{198.9 \times 10^{-17}}{(3.0 \times 10^8)^2} \approx 2.21 \times 10^{-32} \text{ kg}$$

$$m_3 = \frac{E_3}{c^2} = \frac{9\,945 \times 10^{-17}}{(3.0 \times 10^8)^2} \approx 1.1 \times 10^{-30} \text{ kg}$$

11-4 求动能为 50 eV 的电子的德布罗意波长。

解 由 $E = \frac{p^2}{2m}$，得 $p = \sqrt{2mE}$。根据德布罗意关系 $p = \frac{h}{\lambda}$ 可得德布罗意波长为

$$\lambda = \frac{h}{p} = \frac{h}{\sqrt{2mE}} = \frac{6.63 \times 10^{-34}}{\sqrt{2.0 \times 9.1 \times 10^{-31} \times 50 \times 1.6 \times 10^{-19}}}$$

$$\approx 0.174 \times 10^{-9} \text{ m} = 0.174 \text{ nm}$$

11-5 经 206 V 的电压加速后，一个带有与电子相同电量的

粒子的德布罗意波长为 2.00×10^{-12} m,求这个粒子的质量。

解 根据关系式 $\lambda = \dfrac{h}{\sqrt{2meU}}$ 得

$$m = \frac{h^2}{2\lambda^2 eU} = \frac{(6.63 \times 10^{-34})^2}{2 \times (2 \times 10^{-12})^2 \times 1.6 \times 10^{-19} \times 206}$$
$$\approx 1.667 \times 10^{-27} \text{ kg}$$

11-6 一质量为 10 g 的子弹以 1 000 m·s^{-1} 的速率飞行,求:(1)它的德布罗意波长;(2)若测量子弹位置的不确定量为 0.1 cm,则其速率的不确定量是多少?

解 根据德布罗意关系 $p = \dfrac{h}{\lambda}$ 可得德布罗意波长为

$$\lambda = \frac{h}{p} = \frac{h}{mv} = \frac{6.63 \times 10^{-34}}{10 \times 10^{-3} \times 1\,000} = 6.63 \times 10^{-35} \text{ m}$$

波长非常短,无法观测得到。

根据测不准关系 $\Delta x \cdot \Delta p_x \geqslant h$ 和 $\Delta p_x = m\Delta v_x$ 得

$$\Delta v_x = \frac{h}{m\Delta x} = \frac{6.63 \times 10^{-34}}{10 \times 10^{-3} \times 0.1 \times 10^{-2}} = 6.63 \times 10^{-29} \text{ m·s}^{-1}$$

速度的变化也非常小,几乎无法测出。

11-7 测得一个电子的速率为 2 000 m·s^{-1},精度为 0.10‰,试求此电子位置的不确定量。

解 根据测不准关系 $\Delta x \cdot \Delta p_x \geqslant h$ 和 $\Delta p_x = m\Delta v_x$ 得

$$\Delta x = \frac{h}{m\Delta v_x} = \frac{6.63 \times 10^{-34}}{9.1 \times 10^{-31} \times 0.2} = 3.64 \times 10^{-3} \text{ m}$$

11-8 试依据玻尔原子论,求:(1)氢原子处于基态和第一激发态的能量以及电子处于基态和第一激发态的轨道半径;(2)氢原子从第一激发态跃迁到基态发射光子的频率。

解 根据氢原子的玻尔理论,能级和轨道半径为

$$E_n = -13.6 \frac{1}{n^2} \text{ eV} \quad (n = 1, 2, 3, \cdots)$$

$$r_n = a_0 \frac{n^2}{Z} \quad (n = 1, 2, 3, \cdots)$$

则基态对应于 $n = 1$

$$E_1 = -13.6 \frac{1}{1^2} \text{ eV} = -13.6 \text{ eV}, \quad r_1 = a_0 \frac{1^2}{1} = a_0$$

第一激发态对应于 $n = 2$

$$E_2 = -13.6 \frac{1}{2^2} \text{ eV} = -3.4 \text{ eV}, \quad r_2 = a_0 \frac{2^2}{1} = 4a_0$$

当氢原子从第一激发态跃迁到基态时,放出光子的频率为

$$\nu_{21} = \frac{E_n - E_m}{h} = \frac{E_2 - E_1}{h} = \frac{(-3.4 + 13.6) \times 1.6 \times 10^{-19}}{6.63 \times 10^{-34}}$$

$$= 2.46 \times 10^{-15} \text{ Hz}$$

11-9 已知氢原子的主量子数 $n = 2$,试求:(1)氢原子可能的轨道角动量量子数和相应的轨道磁量子数;(2)氢原子的能量和可能的轨道角动量的值。

解 根据主量子数、轨道角动量量子数和磁量子数之间的关系,可得 $l = 0, 1$;相应角动量大小分别为 $L = 0, \sqrt{3}\hbar$。

则磁量子数,当 $l = 0$ 时,$m = 0$,$L_z = 0$;当 $l = 1$ 时,$m = 0, \pm 1$;$L_z = 0, \pm \hbar$。

11-10 假设质量为 m 的粒子在宽度为 $2a$ 的无限深势阱中运动。求:(1)该粒子的运动波函数和能级;(2)该粒子从第一激发态跃迁到基态发射光子的频率。

解 势阱以原点 O 为对称中心,将空间分成三个区域,如图 11-1 所示。

Ⅰ区:$x < -a$,$V \to \infty$,$\varphi_1 = 0$;

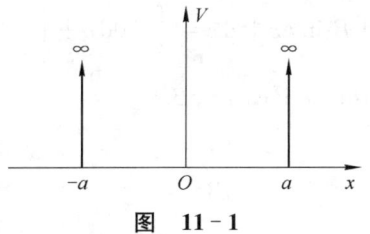

图 11-1

Ⅲ区:$x > a$,$V \to \infty$,$\varphi_3 = 0$;
Ⅱ区:$-a \leqslant x \leqslant a$,$V = 0$,$\varphi_2 = ?$。

由定态薛定谔方程 $-\dfrac{\hbar^2}{2m}\nabla^2\varphi + V\varphi = E\varphi$,考虑到 $V = 0$,得

$$-\dfrac{\hbar^2}{2m}\nabla^2\varphi = E\varphi$$

对一元函数可写成

$$-\dfrac{\hbar^2}{2m}\dfrac{\mathrm{d}^2\varphi}{\mathrm{d}x^2} = E\varphi$$

解方程得 $\quad \varphi = A\cos kx + B\sin kx$

其中 $\quad k = \sqrt{\dfrac{2mE}{\hbar^2}}$

根据波函数的标准化条件

$x = -a$,$\varphi = 0$;$A\cos(-ka) + B\sin(-ka) = 0$
$x = a$,$\varphi = 0$;$A\cos(ka) + B\sin(ka) = 0$

两式相加得 $\quad A = 0$

所以,波动方程可写成 $\quad \varphi = B\sin kx$

根据波函数的归一化条件 $\int_V \varphi\varphi^* \mathrm{d}V = 1$ 得

$$\int_\infty |B\sin kx|^2 \mathrm{d}x = 1$$

$$\text{左边} = \int_{\infty} |B\sin kx|^2 dx = \int_{-\infty}^{-a} 0 dx + \int_{-a}^{a} |B\sin kx|^2 dx + \int_{a}^{\infty} 0 dx = \int_{-a}^{a} |B\sin kx|^2 dx = aB^2$$

右边 $= 1$

所以 $\qquad aB^2 = 1$

$$B = \frac{1}{\sqrt{a}}$$

波函数 $\varphi = \frac{1}{\sqrt{a}} \sin kx$,$\varphi$ 必须满足边界条件,即 $ka = n\pi$,$k = \frac{n\pi}{a}$,$\sqrt{\frac{2mE}{\hbar^2}} = \frac{n\pi}{a}$,$E_n = \frac{n^2\hbar^2\pi^2}{2ma^2}$。由此得波函数

$$\varphi = \frac{1}{\sqrt{a}} \sin \frac{n\pi x}{a}$$

能量为 $\qquad E_n = \frac{n^2\hbar^2\pi^2}{2ma^2}$

基态能量为 $\qquad E_1 = \frac{\hbar^2\pi^2}{2ma^2}$

第一激发态能量为 $\qquad E_2 = \frac{4\hbar^2\pi^2}{2ma^2}$

跃迁发射光子频率

$$\nu_{21} = \frac{E_2 - E_1}{h} = \frac{\frac{4\hbar^2\pi^2}{2ma^2} - \frac{\hbar^2\pi^2}{2ma^2}}{h} = \frac{3\hbar^2\pi^2}{2ma^2 h}$$

【课外练习】

一、单选题

1. 一束紫外光照射到金属铯的表面产生光电效应,其光电流的

强度决定于(　　)。
A. 临界频率　　　　B. 弛豫时间
C. 入射光强度　　　D. 遏止电位

2. 一束紫外光照射到某种金属的表面产生光电效应,其光电子的动能决定于(　　)。
A. 入射光强度　　　B. 入射光频率
C. 脱出功　　　　　D. 弛豫时间

3. 设微观自由粒子的速度远小于光速,则根据德布罗意关系,该粒子的波函数可表示成(　　)。
A. 球面波　　　　　B. 单色球面波
C. 平面波　　　　　D. 单色平面波

4. 在电子衍射实验中,设加速电压为 100 V,则电子的德布罗意波长约为(　　)。
A. 10 nm　　　　　B. 1.0 nm
C. 0.10 nm　　　　D. 0.01 nm

5. 设光的频率为 ν,则该光子的质量可表示为(　　)。
A. $h\nu$　　　　　　B. $\dfrac{h}{\nu}$
C. mc^2　　　　　D. $\dfrac{h\nu}{c^2}$

6. 量子力学的测不准关系反映了(　　)。
A. 微观粒子的固有特性
B. 测量仪器的精度
C. 微观粒子的质量
D. 测量方法

7. 设电子和质子具有相同的动能,德布罗意波长分别为 λ_e 和 λ_p,则有(　　)。

A. $\lambda_e > \lambda_p$ B. $\lambda_e = \lambda_p$
C. $\lambda_e < \lambda_p$ D. 无法判断

8. 微观粒子在空间某处出现的概率与该处(　　)成正比。
   A. 波函数
   B. 波函数的平方
   C. 波函数的绝对值
   D. 波函数的绝对值的平方

二、判断题

1. 熔炉中的铁水发出的光是热辐射。(　　)

2. 人体也向外发出热辐射,其波长范围在紫外区,所以人的肉眼看不到。(　　)

3. 自然界中的一切物体都具有波粒二象性。(　　)

4. 一束光照射到金属表面能否产生光电效应,关键在于入射光的强度是否足够大。(　　)

5. 电子衍射实验中,电子的德布罗意波长决定于加速电压。(　　)

6. 不确定关系是反映微观粒子运动的普遍规律。(　　)

7. 波函数必须满足归一化条件。(　　)

8. 薛定谔方程是描述微观粒子运动的基本方程。(　　)

三、填空题

1. 黑体是一个理想模型,它是指＿＿＿＿＿＿＿＿＿＿。

2. 光电效应是光的＿＿＿＿＿＿的反映。

3. 在光电效应中,电子吸收光子遵守＿＿＿＿＿＿＿＿＿

规则。

4. 红限频率是指_____。

5. 非相对论性的一维自由粒子的波函数可以表达为_____。

6. 质量为 10.0 g 的子弹,速度为 1 000 m·s^{-1},它的德布罗意波长为_____。

7. 不确定关系可以用来区分_____粒子和_____粒子,划分_____力学和_____力学的界限。

8. 德布罗意波既不是机械波又不是电磁波,而是一种_____。

四、简答题

1. 绝对黑体是不是不发射任何辐射?

2. 如果一束光照射某一金属不产生光电效应,现用一只聚光镜将光聚焦在一点后再照射该金属,这时是否会产生光电效应,为什么?

3. 对同一金属,如有光电效应产生,则入射光的强度与光电流有何关系?

4. 如何理解波函数的归一化条件?

五、计算题

1. 波长为 250 nm 的紫外线,照射到逸出功为 2.50 eV 的金属钡的表面上,试求光电子运动的初速率。

2. 求动能为 5 000 eV 的电子的德布罗意波长。

3. 经 400 V 的电压加速后,一个带有与电子相同电荷的粒子的德布罗意波长为 2.00×10^{-12} m,求这个粒子的质量。

4. 测得一个电子的速率为 200 m·s^{-1},精度为 0.10%,问此电子位置的不确定量是多少?

5. 室温(300 K)下的中子称为热中子。求热中子的德布罗意波长。

6. 如图 11-2 所示,粒子处在无限深势阱中,求粒子的能量和波函数。
$$U(x) = \begin{cases} \infty & x < 0 \text{ 或 } x > a \\ 0 & 0 \leqslant x \leqslant a \end{cases}$$

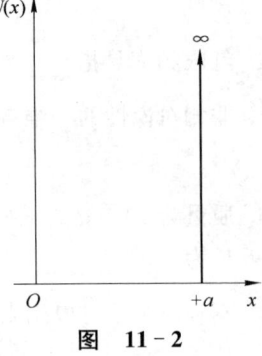

图 11-2

第十二章
X 射 线

【内容提要】

1. X 射线的基本性质

X 射线具有电离作用、荧光作用、贯穿作用、光化学作用、生物效应。

2. X 射线的硬度和强度

X 射线的硬度指它的贯穿本领,决定于波长。

X 射线的强度指单位时间内通过与射线方向垂直的单位面积的辐射能量。

3. X 射线的衍射

布拉格方程 $2d\sin\theta = k\lambda$ $(k=1, 2, 3\cdots)$

4. X 射线谱

1) 连续 X 射线谱

最短波长 λ_0 与管电压的关系为

$$\lambda_0 = \frac{hc}{e} \cdot \frac{1}{U}$$

2) 标识 X 射线谱

5. X 射线与物质的相互作用

单色平行的窄束 X 射线通过物质时,其强度为 I_0,穿过厚度

为 d 的物质层后,强度减为 I,I 与 d 服从指数衰减规律,即

$$I = I_0 e^{-\mu d}$$

6. X射线在医药学上的应用

X射线在医学上可在治疗方面、药物分析方面、诊断方面应用。

【习题解答】

12-1 管电压为 100 kV 的 X 射线光子的最大能量和最短波长是多少?

解 最大能量是电子在一次碰撞中将它的全部动能转变为 X 光子的能量,即

$$E_{\max} = 100 \text{ keV}$$

最短波长
$$\lambda_0 = \frac{hc}{e}\frac{1}{U}$$
$$= \frac{6.626 \times 10^{-34} \times 3 \times 10^8}{1.6 \times 10^{-19}} \times \frac{1}{1.0 \times 10^5}$$
$$= 0.124 \text{ Å}$$

12-2 两种物质对某种 X 射线吸收的半值层之比为 $1:\sqrt{2}$,则它们的线衰减系数之比为多少?

解 $d_{1/2} = \dfrac{\ln 2}{\mu} = \dfrac{0.693}{\mu}$,则 $\dfrac{d_{1/2}}{d'_{1/2}} = \dfrac{\dfrac{\ln 2}{\mu_1}}{\dfrac{\ln 2}{\mu_2}} = \dfrac{\mu_2}{\mu_1} = \dfrac{1}{\sqrt{2}}$。

12-3 某波长的 X 射线透过 1 mm 厚的脂肪后,其强度减弱了 10%,问透过 3 mm 厚时,其强度将是原来值的百分之几?

解 因为 $I = I_0 e^{-\mu d}$

当 $d_1 = 1$ mm 时,$I_1 = (1-10\%)I_0$,代入上式,得

$$(1-10\%)I_0 = I_0 e^{-\mu}$$

所以 $\quad e^{-\mu} = 0.9$

当 $d_2 = 3$ mm 时，由上面推导得

$$\frac{I_2}{I_0} = e^{-\mu \times 3} = (e^{-\mu})^3 = (0.9)^3 = 0.73 = 73\%$$

12-4 如果某波长的 X 射线的半值层是 3.00 mm 厚的铝板，求铝的线衰减系数是多少？

解

$$d_{1/2} = \frac{\ln 2}{\mu} = \frac{0.693}{\mu}$$

$$3.00 \times 10^{-3} = \frac{0.693}{\mu}$$

$$\mu = 231 \text{ m}^{-1}$$

12-5 对某一波长的 X 射线，铝的线衰减系数为 1.32×10^4 m^{-1}，铅的线衰减系数为 2.6×10^5 m^{-1}。问要和 1 mm 厚的铅层得到相同的防护效果，铝板的厚度应为多少？

解 按衰减公式 $\quad I = I_0 e^{-\mu d}$

对于 $d = 1$ mm 的铅 $\quad \dfrac{I}{I_0} = e^{-2.6 \times 10^5 \times 1}$

对于 $d = x$ mm 的铝 $\quad \dfrac{I}{I_0} = e^{-1.32 \times 10^4 x}$

要得到相同的防护效果，必有

$$e^{-2.6 \times 10^5 \times 1} = e^{-1.32 \times 10^4 x}$$

$$x = 20 \text{ mm}$$

12-6 一厚度为 4.0 mm 的铜片能使某种波长的单色 X 射线减弱至原来的 $\dfrac{1}{10}$，试求铜的线衰减系数及半值层？

解 按衰减公式 $I = I_0 e^{-\mu d}$

当 $d = 4.0$ mm 时,$I = \dfrac{1}{10} I_0$,代入上式得

$$\frac{1}{10} = e^{-4\mu}$$

$$4\mu = \ln 10 = 2.3$$

所以 $\mu = 0.58$ mm^{-1}

$$d_{1/2} = \frac{\ln 2}{\mu} = \frac{0.693}{\mu} = \frac{0.693}{0.58} = 1.2 \text{ mm}$$

12-7 X射线被衰减时,要经过几个半值层强度才减少到原来的1%?

解 由衰减公式 $I = I_0 e^{-\mu d}$ 得

$$\frac{I}{I_0} = e^{-\mu d} = 1\% = 0.01$$

即 $-\mu d = \ln 0.01$

则 $d = \dfrac{\ln 0.01}{-\mu}$

又因为 $d_{1/2} = \dfrac{\ln 2}{\mu}$

则 $\dfrac{d}{d_{1/2}} = \dfrac{\ln 0.01}{-\mu} \cdot \dfrac{\mu}{\ln 2} = \dfrac{4.605}{0.693} = 7$

即经过7个半值层,强度才减少到原来的1%。

12-8 铅对波长为 1.54 nm 的 X 射线的线衰减系数为 2 610 cm^{-1},欲使通过射线强度为入射 X 射线强度的 10%,需要铅板的厚度为多少?

解 由衰减公式 $I = I_0 e^{-\mu d}$ 得

$$\frac{I}{I_0} = e^{-2610 d} = 10\% = 0.1$$

则 $-2610d = \ln 0.1 = -2.302$

所以 $d = 8.8\ \mu m$

12-9 一组平行 X 射线在岩盐晶体上衍射,当掠射角是 $6°50'$ 时可得到第一级强反射。晶体内反射平面间距离(即晶格常数)为 $0.28\ nm$,求 X 射线的波长。

解 由布拉格方程 $2d\sin\theta = k\lambda$,$k = 1$ 可得

$$2d\sin\theta = \lambda$$

则 $\lambda = 2 \times 2.8 \times \sin 6°50' = 2 \times 2.8 \times 0.119 = 0.67\ Å$

12-10 以铜作为阳极靶材料的 X 射线管发出的 X 射线主要是波长 $\lambda \approx 0.15\ nm$ 的特征谱线。当它以掠射角 $11°15'$ 照射某一组晶面时,在反射方向上测得一级衍射极大,求该组晶面的间距。又若用以钨为阳极靶材料做成的 X 射线管所发出的波长连续的 X 射线照射该组晶面,在 $\theta = 36°$ 的方向上可测得什么波长的 X 射线的衍射极大值?

解 由 $2d\sin\theta_1 = \lambda_1$,$\lambda_1 = 0.15\ nm$,$\theta_1 = 11°15'$,可得

$$d = \frac{\lambda_1}{2\sin\theta_1} = \frac{0.15}{2 \times \sin 11°15'} = 0.38\ nm$$

由 $2d\sin\theta_2 = \lambda_2$,$d = 0.38\ nm$,$\theta_2 = 36°$,可得

$$\lambda_2 = 2 \times 0.38 \times \sin 36° = 0.45\ nm$$

【课外练习】

一、单选题

1. X 射线的波长与可见光和 γ 射线的波长相比较( )。
  A. 比可见光波长长

B．比γ光波长更短

C．比可见光波长更短

D．与可见光中的紫光波长相等

2．产生 X 射线的必要条件是（　　）。

 A．加热灯丝

 B．要有散热装置

 C．要有高压电源

 D．要有高速电子流和适当的障碍物

3．X 射线的贯穿本领决定于（　　）。

 A．X 射线的强度　　　　B．X 射线的硬度

 C．照射物质时间的长短　　D．靶面积的大小

4．连续 X 射线的产生是由于（　　）。

 A．轫致辐射　　　　　　B．靶原子外层电子跃迁辐射

 C．靶原子芯电子跃迁辐射　D．以上说法均不对

5．连续 X 光谱中的最短波长决定于（　　）。

 A．管电流　　　　　　　B．靶的材料

 C．靶面积的大小　　　　D．管电压

6．若某 X 射线管的管电压为 200 kV，则短波极限为（　　）。

 A．0.62 nm　　　　　　　B．0.0062 nm

 C．1.24 nm　　　　　　　D．6.2×10^{-6} nm

7．波长为 0.005 nm 的 X 射线中光子的能量为（　　）。

 A．4×10^{-15} J　　　　　B．250 eV

 C．2.5×10^{5} eV　　　　　D．无法确定

8．管电压为 100 kV 的 X 射线光子的最大能量为（　　）。

 A．100 keV　　　　　　　B．100 J

 C．1.6×10^{-11} J　　　　　D．6×10^{4} J

9. 标识 X 射线的波长决定于(　　)。
   A．管电流的强弱　　　　B．管电压的高低
   C．阳极靶的材料　　　　D．阳极靶的面积

10. 物质对 X 射线的质量吸收系数与波长的关系是(　　)。
    A．波长越长,吸收越小　　B．波长越短,吸收越小
    C．与波长无关　　　　　　D．与波长成正比

二、判断题

1. X 射线的强度通常通过调节管电压来控制。(　　)

2. 物质的原子序数愈大,对一定波长的 X 射线的线性吸收系数愈大。(　　)

3. X－CT 机能诊断人体所有部位的疾病。(　　)

三、填空题

1. X 射线具有以下五个特性,即_____、_____、_____、_____和_____。

2. 标识 X 射线的特点是_____；_____。

3. 当强度为 I_0 的单色平行 X 射线通过厚度为 l、线性吸收系数为 μ 的物质层时,该物质层对 X 射线的吸收强度为_____。

4. 铅对某波长的 X 射线的线性吸收系数为 2 610 cm^{-1},欲使透过射线强度为入射 X 射线强度的 10%,需要铅板的厚度为_____。

四、简答题

1. X 射线的硬度。

2. X射线的强度。

五、计算题

1. 设X射线管的工作电压为80 kV,试计算X光子的最大能量和最短波长。

2. 在X射线管中,电子到达阳极靶面时的速度为1.5×10^8 m·s^{-1},求连续X射线谱的最短波长和相应的最大光子能量。

3. 已知人体肌肉的密度为1.04×10^3 kg·m^{-3},人体肌肉对X射线(管电压为60 kV)的线性衰减系数为0.2455×10^2 m^{-1}。求管电压为60 kV时,人体肌肉对X射线的质量衰减系数。

4. 已知对管电压为40 kV的X射线,人体肌肉和骨骼的线性衰减系数分别为0.4012×10^2 m^{-1}和2.4434×10^2 m^{-1}。对管电压为150 kV的X射线,人体肌肉和骨骼的线性衰减系数分别为0.1842×10^2 m^{-1}和0.3918×10^2 m^{-1}。若对手部拍片,应采用哪种X射线?

5. 已知氯化钠的晶体结构是简单的立方点阵,用波长为0.154 nm的X射线入射在氯化钠晶体表面上,在掠射角与晶体表面为$15°58'$时,可以观察到第一级反射主极大,求相邻两离子之间的平均距离。

6. 已知晶体的晶格常数为2.75×10^{-10} m,当一束波长范围为$0.90\times10^{-10}\sim1.40\times10^{-10}$ m的连续X射线,以$60°$的掠射角入射到晶面时,可以产生强烈反射。求X射线的波长。

第十三章
原子核物理学基础

【内容提要】

1. 原子核的组成

原子核是由质子和中子组成的,两者统称为核子。质子数和中子数的总和称为原子核的质量数。各种不同原子核组成的各种元素统称为核素。电荷数为 Z 和质量数为 A 的某一核素 X,常用符号 $^A_Z X$ 来表示。质子数相同、中子数不同的核素称为该元素的同位素。在原子核中有一种很强的作用力将所有核子吸引在一起,该引力称为核力。

2. 原子核的放射性

原子核能自发地放出射线,同时由一种核素转变成另一种核素,这种现象称为核衰变或放射性衰变。核衰变类型主要有三种:α 衰变、β 衰变和 γ 衰变,在衰变过程中遵守质量、能量、动量、电荷和核子数守恒定律。

3. 衰变常数

衰变常数表示原子核在单位时间内发生衰变的概率,常用 λ 表示。λ 与核素的种类及发生衰变的类型有关,而与原子核的数量无关。对于同一种核素,λ 为常数。

4. 核衰变定律

$$N = N_0 e^{-\lambda t}$$

它表示放射性原子核数目随时间按负指数规律衰减。

5. 半衰期

放射性核素衰变一半所需要的时间称为半衰期,用 $T_{1/2}$ 表示。

$$T_{1/2} = \frac{\ln 2}{\lambda} = \frac{0.693}{\lambda}$$

用半衰期表示的衰变规律为

$$N = N_0 \left(\frac{1}{2}\right)^{\frac{t}{T_{1/2}}}$$

把单位时间内因为生物体的代谢而产生的原子核数减少的概率称为生物衰变常数 λ_b,相应的半衰期称为生物半衰期 T_b。因此可引入生物体内原子核实际表现的衰变常数和半衰期,分别称为有效衰变常数 λ_e 和有效半衰期 T_e。

$$\lambda_e = \lambda + \lambda_b, \quad \frac{1}{T_e} = \frac{1}{T_{1/2}} + \frac{1}{T_b}$$

6. 平均寿命

放射性核素在衰变前平均生存的时间称为平均寿命,用 τ 表示。

$$\tau = \frac{1}{\lambda}$$

即平均寿命是衰变常数的倒数,衰变常数愈大,核素衰变得愈快,平均寿命就愈短。衰变常数、半衰期和平均寿命三者的关系可表示为

$$\lambda = \frac{\ln 2}{T_{1/2}} = \frac{1}{\tau}$$

7. 放射性活度

放射性核素在单位时间内衰变的核数称为放射性活度,简称

活度,通常用 A 表示。

$$A = \lambda N_0 e^{-\lambda t} = A_0 e^{-\lambda t} = A_0 \left(\frac{1}{2}\right)^{\frac{t}{T_{1/2}}}$$

式中,$A_0 = \lambda N_0$,是 $t = 0$ 时的放射性活度。放射性活度的单位为贝可(Bq),1 Bq=1 个核衰变·秒$^{-1}$。它的旧单位是居里(Ci),1 Ci=3.7×10^{10} Bq。

8. 照射量

照射量只适用于 X 射线或 γ 射线,它表示射线对空气的电离能力。照射量的定义为

$$X = \frac{\mathrm{d}Q}{\mathrm{d}m}$$

式中,$\mathrm{d}Q$ 是在 X 射线或 γ 射线的照射下,质量为 $\mathrm{d}m$ 的干燥空气电离形成的任何一种(正或负)离子总电量的绝对值。照射量的单位为库仑每千克(C·kg^{-1}),旧单位为伦琴(R),1 R = 2.58 × 10^{-4} C·kg^{-1}。

9. 吸收剂量

单位质量的被照射物质所吸收的辐射能量称为吸收剂量,用 D 表示。

$$D = \frac{\mathrm{d}E}{\mathrm{d}m}$$

吸收剂量的单位为戈瑞(Gy),1 Gy = 1 J·kg^{-1},旧单位为拉德(rad),1 Gy = 100 rad。

10. 剂量当量

用生物组织受伤害的程度来修正单纯的吸收剂量,即剂量当量,用 H 表示。

$$H = Q \times D$$

式中,Q 是一个没有量纲的修正因子,称为品质因数。Q 越大,生

物效应越强。剂量当量的单位为希沃特(Sv)。

11. 最大容许剂量

国际上规定经过长期的积累或一次照射后对机体既无损害又不发生遗传危害的最大剂量称为最大容许剂量。

12. 原子核的自旋角动量

$$L_I = \sqrt{I(I+1)}\,\frac{h}{2\pi}$$

式中,I 称为核自旋量子数,核自旋角动量在磁场方向上的分量为

$$L_{IZ} = m_I \frac{h}{2\pi}$$

式中,m_I 称为核自旋磁量子数,它的取值为 $0, \pm 1 \cdots \pm I$,共有 $2I+1$ 个可能的值。

13. 原子核的自旋磁矩

原子核既带电,又有自旋运动,必有自旋磁矩,用 μ_I 表示。它与核自旋角动量的比值称为旋磁比,用 γ 表示。

$$\gamma = \frac{\mu_I}{L_I} = g\,\frac{e}{2m_P}$$

式中,g 为原子核的朗德因子,其值由实验测定。由上式可得出

$$\mu_I = L_I \gamma = \sqrt{I(I+1)}\, g\,\frac{eh}{4\pi m_P} = \sqrt{I(I+1)}\, g\mu_N$$

式中,$\mu_N = \dfrac{eh}{4\pi m_P} = 5.050\,824 \times 10^{-27}\ \text{A}\cdot\text{m}^2$,称为核磁子,是核磁矩的基本单位。

核磁矩的空间分量为

$$\mu_{IZ} = \gamma L_{IZ} = g\,\frac{e}{2m_P}\cdot m_I\,\frac{h}{2\pi} = m_I g\mu_N$$

14. 核磁共振

核磁矩在外磁场 ***B*** 中的能量为

$$E = -\boldsymbol{\mu}_I \cdot \boldsymbol{B} = -\mu_I B\cos\theta = -m_I g\mu_N B$$

该式表明,对于自旋为 I 的原子核,能量 E 可有 $2I+1$ 个不同的数值。跃迁的选择定则为 $\Delta m_I = \pm 1$,即跃迁只能发生在这样两个能级之间,其能量差为

$$\Delta E = -g\mu_N B[m_I - (m_I + 1)] = g\mu_N B$$

这说明,在外磁场中,两个相邻的核磁能级之差 ΔE 不仅取决于原子核本身的特性(核的 g 因子),而且与外磁场 $\boldsymbol{B}$ 的大小有关,这是核磁能级的特征。如果在垂直于稳恒磁场 $\boldsymbol{B}$ 的方向上,再另加一个较弱的高频交变磁场,且频率又满足下列关系式

$$h\nu = \Delta E = g\mu_N B$$

即

$$\nu = \frac{1}{h}g\mu_N B$$

则处于此磁场中的原子核就会吸收高频交变磁场的能量,从低能级跃迁到高能级,结果显示出宏观的能量吸收现象,这就是核磁共振。

【习题解答】

13-1 某种放射性核素在 1 h 内衰变掉原来的 29.3%,求它的半衰期、衰变常数和平均寿命。

解 已知 $N = N_0 - 29.3\% N_0 = 0.707 N_0$

代入核衰变定律 $N = N_0 \left(\dfrac{1}{2}\right)^{\frac{t}{T_{1/2}}}$ 得

$$0.707 = \left(\frac{1}{2}\right)^{\frac{1}{2}} = \left(\frac{1}{2}\right)^{\frac{1}{T_{1/2}}}$$

故 $T_{1/2} = 2 \text{ h}$

$$\lambda = \frac{\ln 2}{T_{1/2}} = \frac{0.693}{2} = 0.346 \text{ h}^{-1}$$

$$\tau = \frac{1}{\lambda} = \frac{1}{0.346} = 2.89 \text{ h}$$

13-2 胶体金 ^{198}Au 可用来做肝扫描检查,它的半衰期为 2.7 d,样品存放 10 d 后,金核素的数量 N 为 10 d 前的多少倍?

解 设 10 d 前的数量为 N_0,样品存放 10 d 后,其数量为 N,则

$$N = N_0 \left(\frac{1}{2}\right)^{\frac{t}{T_{1/2}}}$$

$$\frac{N}{N_0} = \left(\frac{1}{2}\right)^{\frac{t}{T_{1/2}}} = \left(\frac{1}{2}\right)^{\frac{10}{2.7}} = 0.077 \text{ 倍}$$

13-3 已知 ^{238}U 的半衰期为 4.5×10^9 y,求:(1)衰变常数;(2) 3.7×10^{10} Bq 的放射性活度需要多少质量的 ^{238}U?

解 (1) $\lambda = \dfrac{\ln 2}{T_{1/2}} = \dfrac{0.693}{4.5 \times 10^9} = 1.5 \times 10^{-10} y^{-1} = 4.87 \times 10^{-18} \text{ s}^{-1}$

(2) $A = \lambda N = \dfrac{\ln 2}{T_{1/2}} \dfrac{M}{238u}$

$M = \dfrac{A \cdot T_{1/2} \cdot 238u}{\ln 2}$

$= \dfrac{3.7 \times 10^{10} \times 4.5 \times 10^9 \times 365 \times 24 \times 3600 \times 238 \times 1.66 \times 10^{-27}}{\ln 2}$

$= 3.0 \times 10^3$ kg

13-4 放射性活度为 3.70×10^9 Bq 的 $^{32}_{15}$P 制剂,在制剂后 10 d、20 d 和 30 d,活度分别是多少?(已知 $^{32}_{15}$P 的半衰期为 14.3 d)

解 由 $A = A_0 \left(\dfrac{1}{2}\right)^{\frac{t}{T_{1/2}}}$ 得

$$A_1 = 3.70 \times 10^9 \times \left(\frac{1}{2}\right)^{\frac{10}{14.3}} = 2.28 \times 10^9 \text{ Bq}$$

$$A_2 = 3.70 \times 10^9 \times \left(\frac{1}{2}\right)^{\frac{20}{14.3}} = 1.4 \times 10^9 \text{ Bq}$$

$$A_3 = 3.70 \times 10^9 \times \left(\frac{1}{2}\right)^{\frac{30}{14.3}} = 8.6 \times 10^8 \text{ Bq}$$

13-5 $^{232}_{90}$Th 放出 α 粒子衰变成 $^{228}_{88}$Ra,从含有 1 g $^{232}_{90}$Th 的一片薄膜测得每秒放射 4 100 个粒子,求其半衰期。

解 由 $A_0 = \lambda N_0 = \dfrac{0.693}{T_{1/2}} \dfrac{M N_A}{\mu}$ 得

$$T_{1/2} = \frac{0.693}{A_0} \frac{M N_A}{\mu} = \frac{0.693}{4\ 100} \times \frac{6.02 \times 10^{23}}{232}$$
$$= 4.39 \times 10^{17} \text{ s} = 1.39 \times 10^{10} \text{ y}$$

13-6 一放射性物质含有两种放射性核素,其中一种的半衰期为 1 d,另一种半衰期为 8 d,在开始时短寿命核素的放射性活度为长寿命的 128 倍,问经过多长时间后两者的活度将相等?

解 放射性活度公式 $A = A_0 \left(\dfrac{1}{2}\right)^{\frac{t}{T_{1/2}}}$(短寿命核素)

$$A' = A'_0 \left(\frac{1}{2}\right)^{\frac{t}{T'_{1/2}}} \text{(长寿命核素)}$$

则由题意得 $A = A'$

$$128 A'_0 \left(\frac{1}{2}\right)^{\frac{t}{T_{1/2}}} = A'_0 \left(\frac{1}{2}\right)^{\frac{t}{T'_{1/2}}}$$

$$128 \left(\frac{1}{2}\right)^{t} = \left(\frac{1}{2}\right)^{\frac{t}{8}}$$

$$t = 8 \text{ d}$$

13-7 一个患者服用 30 μCi 的放射性 ^{123}I 后 24 h,测得其甲

状腺部位的活度为 4 μCi。已知 ^{123}I 的半衰期为 13.1 h。求在这 24 h 内多大比例的被服用的 ^{123}I 集聚在甲状腺部位了(一般正常人 15%～40%)。

解 原来总活度 $A_0 = 30$ μCi,集中到甲状腺的活度为 A'_0。24 h 后,甲状腺部位的活度为

$$4 = A' = A'_0 \left(\frac{1}{2}\right)^{\frac{t}{T_{1/2}}} = A'_0 \left(\frac{1}{2}\right)^{\frac{24}{13.1}}$$

$$A'_0 = 14.24 \ \mu\text{Ci}$$

$$\frac{A'_0}{A_0} = \frac{14.24}{30} = 47.5\%$$

13-8 向一人静脉注射含有放射性 ^{24}Na 而活度为 300 kBq 的食盐水。10 h 后他每立方厘米血液的活度是 30 Bq。求此人全身血液的总体积。(已知 ^{24}Na 的半衰期为 14.97 h)

解 10 h 后此人全身血液的活度为

$$A = A'V = A_0 \left(\frac{1}{2}\right)^{\frac{t}{T_{1/2}}}$$

$$V = \frac{A_0}{A'}\left(\frac{1}{2}\right)^{\frac{t}{T_{1/2}}} = \frac{300 \times 10^3}{30}\left(\frac{1}{2}\right)^{\frac{10}{14.97}}$$

$$= 6.29 \times 10^3 \ \text{cm}^3 = 6.29 \ \text{L}$$

13-9 一年龄待测的古木片在纯氧氛围中燃烧后收集了 0.3 mol 的 CO_2。此样品由于 ^{14}C 衰变而产生的总活度测得为每分钟 9 次计数。试由此确定古木片的年龄。(自然界中 ^{14}C 含量为 1.3×10^{-10}%,半衰期为 5 730 y)

解

$$N_0 = nN_A = 0.3 \times 1.3 \times 10^{-12} \times 6.02 \times 10^{23} = 2.35 \times 10^{11}$$

$$A = A_0 \left(\frac{1}{2}\right)^{\frac{t}{T_{1/2}}} = \lambda N_0 \left(\frac{1}{2}\right)^{\frac{t}{T_{1/2}}} = \frac{0.693}{T_{1/2}} N_0 \left(\frac{1}{2}\right)^{\frac{t}{T_{1/2}}}$$

$$t = \frac{T_{1/2}}{\ln 2}\ln\frac{\lambda N_0}{A} = \frac{T_{1/2}}{\ln 2}\ln\frac{\ln 2 \cdot N_0}{T_{1/2}A}$$

$$= \frac{5\,730}{0.693}\ln\frac{0.693\times 2.35\times 10^{11}}{5\,730\times 3.15\times 10^7\times \frac{9}{60}} = 1.5\times 10^4 \text{ y}$$

13-10 一患者内服 600 mg 的 Na_2HPO_4,其中含有放射性活度为 5.55×10^7 Bq 的 $^{32}_{15}P$。在第一昼夜排出的放射性物质活度为 2.00×10^7 Bq,而在第二昼夜排出 2.66×10^6 Bq(测量是在收集放射性物质后立即进行的)。试计算患者服用两昼夜后,尚存留在体内的 $^{32}_{15}P$ 的百分数和 Na_2HPO_4 的克数。(已知 $^{32}_{15}P$ 的半衰期为 14.3 d)

解 第一昼夜后尚存体内的 $^{32}_{15}P$ 的活度为

$$A_1 = A_0\left(\frac{1}{2}\right)^{\frac{t_1}{T_{1/2}}} - \Delta A_1$$

第二昼夜后尚存体内的 $^{32}_{15}P$ 的活度为

$$A_2 = A_1\left(\frac{1}{2}\right)^{\frac{t_2}{T_{1/2}}} - \Delta A_2$$

由以上两式得两昼夜后尚存留在体内的 $^{32}_{15}P$ 的活度为

$$A_2 = A_0\left(\frac{1}{2}\right)^{\frac{t_1+t_2}{T_{1/2}}} - \Delta A_1\left(\frac{1}{2}\right)^{\frac{t_2}{T_{1/2}}} - \Delta A_2$$

$$= 5.55\times 10^7\times\left(\frac{1}{2}\right)^{\frac{2}{14.3}} - 2.00\times 10^7\times\left(\frac{1}{2}\right)^{\frac{1}{14.3}} - 2.66\times 10^6$$

$$= 2.87\times 10^7 \text{ Bq}$$

则尚存留在体内的 $^{32}_{15}P$ 的百分数为

$$\frac{A_2}{A_0} = \frac{2.87\times 10^7}{5.55\times 10^7} = 51.7\%$$

尚存留在体内的 Na_2HPO_4 的克数为

$$\Delta M = 600 \times \left(1 - \frac{2.00 \times 10^7 + 2.66 \times 10^6}{5.55 \times 10^7}\right) = 355 \text{ mg}$$

13-11 甲乙两人肝区做放射性内照射,甲为 α 射线照射,吸收剂量为 1.5 mGy,乙为 γ 射线照射,吸收剂量为 15 mGy。已知 α 射线品质因数为 20,γ 射线品质因数为 1,问哪一位所受的辐射伤害大,大几倍?

解 由剂量当量公式 $H = QD$ 得

$$\frac{H_甲}{H_乙} = \frac{Q_\alpha D_甲}{Q_\gamma D_乙} = \frac{20 \times 1.5}{1 \times 15} = 2 \text{ 倍}$$

13-12 原子核 ^{6}Li 的核自旋量子数 $I = 1$,它的自旋角动量是多少? 它在外磁场 Z 方向的分量有哪些可能的取值? 设实验测得核磁矩在磁场方向的最大分量等于 $0.822\ 0\mu_N$,试求它的 g 因子、核磁矩以及核磁矩在磁场方向的分量。

解
$$L_I = \sqrt{I(I+1)}\,\frac{h}{2\pi}$$
$$= \frac{\sqrt{2}h}{2\pi} = 1.5 \times 10^{-34} \text{ J} \cdot \text{s}$$

自旋角动量在外磁场 Z 方向的可能取值有 $\frac{h}{2\pi}$,0 和 $-\frac{h}{2\pi}$。

$$\mu'_{IZ} = g\mu_N I = 0.822\ 0\mu_N$$
$$g = 0.822$$

核磁矩为

$$\mu_I = g\sqrt{I(I+1)}\,\mu_N = 0.822\sqrt{2}\,\mu_N = 5.87 \times 10^{-27} \text{ A} \cdot \text{m}^2$$

核磁矩在磁场方向的分量为 $\mu_{IZ} = 0.822\mu_N = 4.15 \times 10^{-27}$ A·m^2 和 -4.15×10^{-27} A·m^2 以及 0。

13-13 设外磁场的磁感应强度 $B = 1.5$ T。(1)问 ^{6}Li 原子核在此磁场中的附加势能是多少? (2)试计算相邻两个子能级间的能量差。(3)为了获得核磁共振现象,问交变磁场的频率应为多少?

解 (1)附加势能为 $E = -m_I g\mu_N B$ 有三个值,分别为

$$E_1 = -g\mu_N B = -0.822\mu_N \times 1.5 = -6.2 \times 10^{-27} \text{ J}$$
$$E_2 = g\mu_N B = 0.822\mu_N \times 1.5 = 6.2 \times 10^{-27} \text{ J}$$
$$E_3 = 0$$

(2)两相邻子能级的能量差为

$$\Delta E = g\mu_N B = 6.2 \times 10^{-27} \text{ J}$$

(3)发生核磁共振时,$h\nu = \Delta E = g\mu_N B$,则

$$\nu = \frac{\Delta E}{h} = \frac{6.2 \times 10^{-27}}{6.626 \times 10^{-34}} = 9.4 \times 10^6 \text{ Hz}$$

【课外练习】

一、单选题

1. 原子核内核子之间的结合力是(　　)。
   A. 万有引力　　　　B. 电磁力
   C. 弱力　　　　　　D. 强力

2. 放射性同位素衰变的快慢与下列哪个因素有关(　　)。
   A. 温度
   B. 放射性物质本身
   C. 化学反应
   D. 核素存在的时间

3. 如图13-1所示为三种放射性同位素的衰变曲线,由图可知它们的半衰期 T 的关系为(　　)。
   A. $T_1 > T_2 > T_3$

B. $T_1 > T_2 < T_3$
C. $T_1 < T_2 < T_3$
D. $T_1 = T_2 = T_3$

4. ^{131}I 常用来做甲状腺检查,已知其半衰期为 8.04 d,则它的衰变常数为( )。

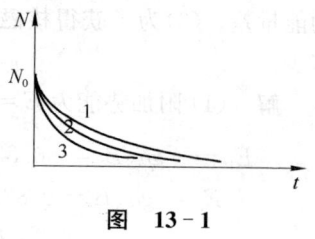

图 13-1

A. 0.086 d^{-1}
B. 0.179 d^{-1}
C. 1.44×10^{-6} d^{-1}
D. 9.97×10^{-7} d^{-1}

5. $^{23}_{11}Na$ 被中子照射后转变为 $^{24}_{11}Na$。已知 $^{24}_{11}Na$ 的半衰期为 14.8 h,问在停止照射 24 h 后所剩的 $^{24}_{11}Na$ 为原来的( )。
A. 32.5%   B. 50%   C. 65%   D. 78%

6. 某放射性核素,每分钟衰变 1.8×10^6 次,其放射性活度为( )。
A. 137 Bq
B. 3.0×10^4 Bq
C. 2.703 Ci
D. 137 Ci

7. 两种放射性核素,其半衰期分别为 T_1 和 T_2,当 $T_1 > T_2$ 时,若要产生相同的放射性活度,所需的核数 N_1 和 N_2 的关系是( )。
A. $N_1 = N_2$ B. $N_1 < N_2$ C. $N_1 > N_2$ D. $N_1 = 2N_2$

8. 某放射性核素的半衰期为 30 y,放射性活度减为原来的 12.5% 所需的时间是( )。
A. 30 y   B. 60 y   C. 90 y   D. 120 y

9. 某医院有一台 ^{60}Co 治疗机,装有活度为 1 200 Ci 的 ^{60}Co 源,^{60}Co 的半衰期为 5.27 y。预定在活度衰减到 300 Ci 时更换 ^{60}Co 源,问这个 ^{60}Co 源可使用( )。
A. 5.27 y   B. 10.54 y   C. 15.81 y   D. 21.08 y

10. 在医学治疗中常用^{226}Ra,其半衰期为1 590 y,那么10 mg ^{226}Ra 的放射性活度为(　　)。
   A．3.68 Ci B．3.68 mCi C．9.95 mCi D．9.95 Ci

11. 一个含^{3}H的样品的放射性活度为3.7×10^8 Bq,已知^{3}H的半衰期为12.33 y,则样品中^{3}H的含量有(　　)。
   A．3.28×10^{-14} g　　　　　B．1.033×10^{-6} g
   C．2.013×10^{-5} g　　　　　D．4.265×10^{-16} g

12. 同样是1 Ci的两种不同射线,下列哪个量是相同的(　　)。
   A．射线强度　　　　　　B．射线的贯穿本领
   C．电离比度　　　　　　D．放射性活度

13. 在进行辐射防护时,对各种射线应选用的物质为(　　)。
   A．各种射线均用铅屏蔽　　B．X和γ射线用铅屏蔽
   C．β射线用石蜡屏蔽　　　D．中子用戴手套进行屏蔽

14. 放射性核素显像主要利用哪种射线(　　)。
   A．α射线　B．β射线　C．γ射线　D．X射线

15. PET探测的原理是基于(　　)。
   A．光电效应　　　　　　B．康普顿散射
   C．湮没辐射　　　　　　D．韧致辐射

二、判断题

1. 衰变常数决定于原子核自身的性质和原子的化学结合状态。(　　)

2. 不稳定核素单位时间内衰变的核子数目与现存的核子数成正比。(　　)

3. α衰变产生的子核在元素周期表中的位置比母核前移两位。(　　)

4. 贫铀是从金属中提炼铀 235 以后的副产品,其中含有铀 238,密度为钢的2.5倍,贫铀炸弹的最大穿甲厚度可达 900 mm,杀伤力大,残留物对环境可长期起作用,这是由于未炸的哑弹易发生核聚变。(　　)

5. 物体受到放射性射线照射会在体内引起生物效应,效应的大小主要取决于射线的照射量。(　　)

三、填空题

1. 原子核是由_____组成的,电荷数为 Z、质量数为 A 的原子核,可记作_____。$^{235}_{92}$U 核的核子数为_____,质子数为_____,中子数为_____。

2. 由 $^{238}_{92}$U 衰变成 $^{206}_{82}$Pb,需经过_____次 α 衰变和_____次 β 衰变。

3. ^{14}C 的半衰期为 5 730 y,则它的衰变常数为_____,平均寿命为_____。

4. 半衰期为 20.4 min 的某放射性样品包含 3.50 μg 纯 $^{11}_{6}$C,则其最初的原子核数为_____,最初的放射性活度为_____。

5. 两种放射性核素的半衰期分别为 8 d 和 6 h,含这两种放射性核素的药物的放射性活度相同,则其中放射性物质的摩尔数之比为_____。

6. 对各种射线的防护方法是:α 射线用_____防护;β 射线用_____防护;γ 射线用_____防护;中子用_____防护。

7. 在外磁场 B 中,两个相邻的核磁能级之差 ΔE,除了由核本身的特征,即核的_____决定外,还取决于_____的大小。

8. $^{35}_{17}$Cl 核的自旋量子数 $I = \dfrac{3}{2}$,在外磁场中分裂成_____个

能级,两相邻能级之差的表达式为_____。

四、简答题

1. 放射性核素的衰变常数、半衰期和平均寿命的定义各是什么？三者的关系如何？

2. 照射量、吸收剂量、剂量当量和最大容许剂量各是什么意义？

3. 简述核磁共振的基本原理。

五、计算题

1. 利用^{131}I的溶液做甲状腺扫描,在溶液出厂时只需注射0.5 ml就够了。(已知^{131}I的半衰期为8 d)。(1)如果溶液出厂后贮存了11 d,做同样的扫描需注射多少溶液？(2)如果每次扫描的注射量不应超过8 ml,问溶液的有效寿命是多少？

2. 已知U_3O_8中^{238}U为放射性核素,今有5gU_3O_8,求其放射性活度(已知^{238}U的半衰期为4.5×10^9 y)。

3. 已知$^{32}_{15}P$的半衰期为14.3 d,试求:(1)它的衰变常数和平均寿命;(2)2 mg纯$^{32}_{15}P$的放射性活度;(3)放置28.6 d后的放射性活度。

4. 天然钾中放射性同位素^{40}K的丰度为1.2×10^{-4},此种同位素的半衰期为1.3×10^9 y。钾是活细胞的必要成分,约占人体重量的0.37%。求每个人体内这种放射源的活度(人体重按70 kg计)。

5. 给患者内服100 μCi ^{131}I后,收集患者在24 h内的小便,测得小便活度为52.1 μCi。假设^{131}I只从小便排出,问此患者体内还留下多少μCi的^{131}I？(已知^{131}I的半衰期为8 d)。

6. 将少量含有放射性^{24}Na的溶液注入患者静脉,当时测得计数率为 12 000 min^{-1},30 h 后抽出血液 1 cm^3,测得的计数率为 0.5 min^{-1}。已知 ^{24}Na 的半衰期为 15 h,试估算该患者全身的血液量。

7. 一块岩石样品中含有 0.3 g 的 ^{238}U 和 0.12 g 的 ^{206}Pb。假设这些铅全来自 ^{238}U 的衰变,试求这块岩石的地质年龄(已知 ^{238}U 的半衰期为 4.5×10^9 y)。

8. 用核磁共振法测量质子的磁矩时,设外加交变磁场的频率为 60 MHz。当调节稳恒磁场的磁感应强度到 1.41 T 时,发生核磁共振现象。试求:(1)质子的 g 因子;(2)已知质子的核自旋量子数 $I=\dfrac{1}{2}$,求其磁矩及在磁场方向的最大分量。

第十四章
狭义相对论简介

【内容提要】

1. 伽利略变换及逆变换公式

在两个相对运动的坐标系中的同一事件的时空坐标为

$$\begin{cases} x' = x - ut \\ y' = y \\ z' = z \\ t' = t \end{cases} \quad 或 \quad \begin{cases} x = x' + ut \\ y = y' \\ z = z' \\ t = t' \end{cases}$$

2. 狭义相对论的基本原理

1) 相对性原理

任何物理学规律在所有惯性系中都是相同的,或一切物理学定律与惯性系的选择无关,所有的惯性系都是等价的。

2) 光速不变原理

在所有惯性系中,真空中光沿各个方向传播的速率都等于同一个恒量 c,与光源和观察者的运动状态无关。

3. 洛伦兹变换及逆变换

洛伦兹变换集中反映了相对论关于时间、空间和物质运动三者紧密联系的新概念。而在经典力学中,时间、空间和物质运动三者是相互独立、彼此无关的。

1) 洛伦兹变换

$$\begin{cases} x' = \dfrac{x-ut}{\sqrt{1-\left(\dfrac{u}{c}\right)^2}} \\ y' = y \\ z' = z \\ t' = \dfrac{t-\dfrac{u}{c^2}x}{\sqrt{1-\left(\dfrac{u}{c}\right)^2}} \end{cases}$$

2) 洛伦兹变换的逆变换

$$\begin{cases} x = \dfrac{x'+ut'}{\sqrt{1-\left(\dfrac{u}{c}\right)^2}} \\ y = y' \\ z = z' \\ t = \dfrac{t'+\dfrac{u}{c^2}x'}{\sqrt{1-\left(\dfrac{u}{c}\right)^2}} \end{cases}$$

4. 狭义相对论的时空观

1) 长度的收缩

在伽利略变换中,两点之间的距离或物体的长度是不随惯性系而变的,即物体的长度是绝对的。而在洛伦兹变换下,物体长度的量度与所在的惯性系运动情况有关,满足 $l = l_0\sqrt{1-\beta^2}$。

2) 时间的延缓

$$\Delta t = t_2 - t_1 = \frac{\Delta t'}{\sqrt{1-\beta^2}}$$

3) "同时"的相对性

在不同地点发生的两事件,在一个惯性系看来是同时的,而在另一个惯性系看来是不同时的。所以,同时性是相对的,不是绝对的,它与空间坐标和相对速度有关。

4) 相对论速度变换式及逆变换

在狭义相对论中,洛伦兹变换取代了伽利略变换,可根据洛伦兹变换式导出相对论的速度变换式及逆变换。

相对论速度变换式

$$\begin{cases} v'_x = \dfrac{v_x - u}{1 - \dfrac{u}{c^2}v_x} \\ v'_y = \dfrac{v_y\sqrt{1-\beta^2}}{1 - \dfrac{u}{c^2}v_x} \\ v'_z = \dfrac{v_z\sqrt{1-\beta^2}}{1 - \dfrac{u}{c^2}v_x} \end{cases}$$

相对论速度变换式的逆变换

$$\begin{cases} v_x = \dfrac{v'_x + u}{1 + \dfrac{u}{c^2}v'_x} \\ v_y = \dfrac{v'_y\sqrt{1-\beta^2}}{1 + \dfrac{u}{c^2}v'_x} \\ v_z = \dfrac{v'_z\sqrt{1-\beta^2}}{1 + \dfrac{u}{c^2}v'_x} \end{cases}$$

5. 狭义相对论的动力学基础

1) 相对论质量

运动物体的质量 m 与速率 v 的关系为

$$m = \frac{m_0}{\sqrt{1 - \dfrac{v^2}{c^2}}}$$

2) 相对论动力学的基本方程

在相对论中,动量定义为物体的相对论质量与其速度的乘积,即

$$\boldsymbol{p} = m\boldsymbol{v} = \frac{m_0}{\sqrt{1 - \dfrac{v^2}{c^2}}}\boldsymbol{v}$$

在经典力学中,力定义为动量对时间的变化率。在相对论中,这一关系仍然成立,即

$$F = \frac{\mathrm{d}p}{\mathrm{d}t} = \frac{\mathrm{d}}{\mathrm{d}t}\left[\frac{m_0 v}{\sqrt{1-\frac{v^2}{c^2}}}\right]$$

3) 质量与能量关系

从相对论动力学的基本方程出发,可以得到狭义相对论中质量与能量的关系

$$E_k = mc^2 - m_0 c^2$$

上式说明一运动物体的动能为其运动时的能量与静止时能量之差。

【习题解答】

14-1 一观察者测得运动着的米尺长 0.5 m,问此尺以多大的速度接近观察者?

解 米尺的长度在相对静止的坐标系中测量为 1 m,当米尺沿长度方向相对观察者运动时,由于长度收缩效应,观察者测得尺的长度与相对运动的速度有关。设尺的固有长度为 L,且 $L = 1$ m,由长度收缩效应 $L' = L\sqrt{1-\left(\frac{u}{c}\right)^2}$,$u = c\sqrt{1-\left(\frac{L'}{L}\right)^2}$ 得

$$u = 2.6 \times 10^8 \text{ m} \cdot \text{s}^{-1}。$$

14-2 一张宣传画 4 m 见方,平行地贴于铁路旁边的墙上,一高速列车以 2×10^8 m·s^{-1} 的速度接近此宣传画,这张画由司机测量将成什么样子?

解 在垂直于相对运动的方向上,画的高度不变。由长度收缩效应,得

$$L' = L\sqrt{1-\left(\frac{u}{c}\right)^2} = 2.98 \text{ m}$$

14-3 地球上一观察者,看见一飞船 A 以速度 2×10^8 m·s^{-1}从他身边飞过,另一飞船 B 以速度 1.5×10^8 m·s^{-1}跟随 A 飞行。求:(1)A 上的乘客看到 B 的相对速度;(2)B 上的乘客看到 A 的相对速度。

解 由公式 $v'_x = \dfrac{v_x - u}{1 - \dfrac{u}{c^2}v_x}$ 可解出:

(1) A 上的乘客看到 B 的相对速度。

把 $v_x = 1.5\times 10^8$ m·s^{-1},$u = 2\times 10^8$ m·s^{-1}代入上式得

$$v'_x = \frac{v_x - u}{1 - \dfrac{u}{c^2}v_x} = -0.75\times 10^8 \text{ m·s}^{-1}$$

(2) B 上的乘客看到 A 的相对速度。

把 $v_x = 2.0\times 10^8$ m·s^{-1},$u = 1.5\times 10^8$ m·s^{-1}代入上式得

$$v'_x = \frac{v_x - u}{1 - \dfrac{u}{c^2}v_x} = 0.75\times 10^8 \text{ m·s}^{-1}$$

14-4 一原子核以 $0.2c$ 的速度离开一观察者而运动。原子核在它运动方向上向前发射一电子,该电子相对于核有 $0.5c$ 的速度;此原子核又向后发射了一光子指向观察者。对静止观察者来讲,(1)电子具有多大的速度?(2)光子具有多大的速度?

解 (1) 将 $v'_x = 0.5c$,$u = 0.2c$ 代入公式,得

$$v_x = \frac{v'_x + u}{1 + \dfrac{u}{c^2}v'_x} = 0.64c$$

(2) 根据光速不变原理,光子的速度始终为 c。

14-5 π^+ 介子是一不稳定粒子,平均寿命 2.6×10^{-8} s(在它自己的参考系中测量)。(1)如果此粒子相对于实验室以 $0.8c$ 的速度运动,那么实验室坐标系中测量的 π^+ 介子寿命为多长?(2)π^+ 介子在衰变前运动了多长距离?

解 在 π^+ 介子自己参考系中平均寿命是固有时,即在同一地点粒子产生和衰变两事件的时间间隔;在实验室参考系中测量的 π^+ 介子寿命为运动时,是在不同地点发生两事件的时间间隔。已知固有时间为 $t_0 = 2.6\times 10^{-8}$ s,$u = 0.8c$。

(1) 在实验室中观测到 π^+ 介子的寿命为

$$t = \frac{t_0}{\sqrt{1-\frac{u^2}{c^2}}} = \frac{2.6\times 10^{-8}}{\sqrt{1-0.8^2}} = 4.33\times 10^{-8} \text{ s}$$

(2) 在实验室参考系中测量到 π^+ 介子的飞行距离为

$$\Delta x = ut = 10.4 \text{ m}$$

14-6 根据现代天体物理学的推算和观测,我们的宇宙正在膨胀,太空中的星系相互远离。假定在地球上观测到一颗脉冲星(看起来发出周期性脉冲无线电波的星)的脉冲周期为 0.50 s,且这颗星正以速度 $0.80c$ 离我们而去,这颗星的固有脉冲周期是多少?

解 脉冲星上发射脉冲无线电波的周期 T_0,可看成为一个脉冲的发射与结束两事件的时间间隔。取地球为 S 系,离我们而去的脉冲星为 S′ 系。在 S′ 系(脉冲星)上发射脉冲周期为 T_0,在地球上测得一个脉冲发射与结束两事件的时间间隔为 $T = 0.50$ s,$u = 0.80c$。根据洛伦兹变换,有

$$T = \frac{T_0}{\sqrt{1-\frac{u^2}{c^2}}}$$

则 $T_0 = T\sqrt{1 - \dfrac{u^2}{c^2}} = 0.50 \times \sqrt{1 - 0.80^2}\ \text{s} = 0.3\ \text{s}$

14-7 在 S 系中,有一个静止的正方形,其面积为 81 cm²,S′系相对于 S 系以 $0.8c$ 的速度沿正方形的对角线运动,求 S′中观测者测得的该图形的面积。

解 由于运动的物体运动方向上的尺寸缩短。已知 $u = 0.8c$,$S_0 = a_0 a_0 = 81$ cm²,如图 14-1 所示,在 S′系中的观察者看,正方形平行于 $y(y')$ 轴的对角线不变,等于

$$l_0 = 2a_0 \cos 45° = 2 \times 9.0 \times 0.707 = 12.7\ \text{cm}$$

而沿 $x(x')$ 轴的对角线长度变为

$$l = l_0 \sqrt{1 - \dfrac{u^2}{c^2}} = 12.7 \times \sqrt{1 - 0.8^2} = 7.62\ \text{cm}$$

这样,在 S′系中观察该正方形为一菱形,其面积为

$$S = \dfrac{1}{2} l l_0 = \dfrac{1}{2} \times 12.7 \times 7.62 = 48.4\ \text{cm}^2$$

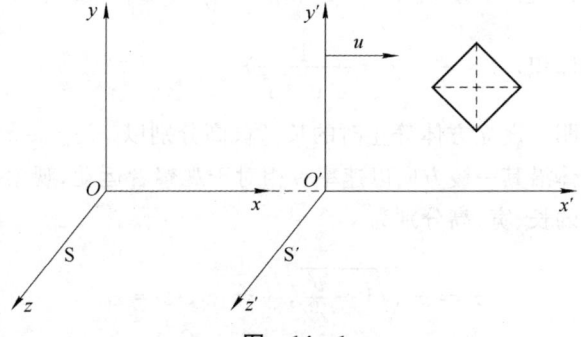

图 14-1

14-8 S 系中平面上一个静止的圆的面积为 12 cm²,在 S′系测得该圆面积为多少?已知 S′系在 $t = t' = 0$ 时与 S 系坐标轴重

合,并以 $-0.8c$ 的速度沿公共轴 $x-x'$ 运动。

解 在 S' 系中观测此圆时,与 x 轴平行方向上的线度将收缩为 $2R\sqrt{1-\dfrac{u^2}{c^2}}$,而与 x 轴垂直方向上的线度不变,仍为 $2R$,由 $S_0 = \pi R^2 = 12 \text{ cm}^2$,$u = -0.8c$,所以测得的面积为(椭圆面积)

$$S = \pi ab = \pi R\sqrt{1-\dfrac{u^2}{c^2}} \cdot R = \pi R^2 \sqrt{1-\dfrac{u^2}{c^2}} = 7.2 \text{ cm}^2$$

式中,a、b 分别表示椭圆的长半轴和短半轴。

14-9 宇宙飞船相对于地面以速度 v 做匀速直线飞行,某一时刻飞船头部的航天员向飞船尾部发出一个光讯号,经过 Δt(飞船上的钟)时间后,被尾部的接收器收到,则飞船的固有长度是多少?

解 飞船的固有长度就是相对于飞船静止的观察者测得的飞船长度。由题意知,飞船的固有长度为 $L = c\Delta t$。

14-10 一立方体,沿其一棱的方向以速率 v 运动。试证其体积和密度为 $V = V_0\sqrt{1-\beta^2}$ 和 $\rho = \dfrac{\gamma^2 m_0}{V_0}$。(式中,$m_0$、$V_0$ 为静止质量和体积,$\beta = \dfrac{v}{c}$,$\gamma = \dfrac{1}{\sqrt{1-\beta^2}}$)

证明 设立方体静止时的长、宽、高分别以 x_0、y_0、z_0 表示;当立方体沿其一棱方向以速率 v 相对于观察者运动,观察者测得立方体的长、宽、高分别为

$$x = x_0\sqrt{1-\dfrac{v^2}{c^2}},\ y = y_0,\ z = z_0$$

相应的体积为

$$V = xyz = x_0 y_0 z_0 \sqrt{1-\dfrac{v^2}{c^2}} = V_0\sqrt{1-\dfrac{v^2}{c^2}} = V_0\sqrt{1-\beta^2}$$

以 v 运动的立方体,其质量为

$$m = \frac{m_0}{\sqrt{1-\beta^2}}$$

于是该立方体的密度

$$\rho = \frac{m}{V} = \frac{m_0}{\sqrt{1-\beta^2}} \cdot \frac{1}{V_0 \sqrt{1-\beta^2}} = \gamma^2 \frac{m_0}{V_0}$$

【课外练习】

一、单选题

1. 在相对论的时空观中,以下的判断哪一个是对的(　　)。
   A. 在一个惯性系中,两个同时的事件,在另一个惯性系中一定不同时
   B. 在一个惯性系中,两个同时的事件,在另一个惯性系中一定同时
   C. 在一个惯性系中,两个同时又同地的事件,在另一惯性系中一定同时又同地
   D. 在一个惯性系中,两个同时不同地的事件,在另一惯性系中只可能同时不同地

2. 下列说法哪种正确(S、S′为两个惯性系,S′相对 S 匀速运动)(　　)。
   A. S 系中的两个同时事件,在 S′系中一定不同时
   B. S 系中两个同地事件,在 S′系中一定不同地
   C. 如果光速是无限大,同时的相对性就不会存在了
   D. 运动棒的长度收缩效应是指棒沿运动方向受到了实际压缩

3. 下列几种说法:(1)所有惯性系统对物理基本规律都是等价

的;(2)在真空中,光的速度与光的频率、光源的运动状态无关;(3)在任何惯性系中,光在真空中沿任何方向的传播速度都相同。其中哪些说法是正确的(　　)。

A. 只有(1)、(2)是正确的　　B. 只有(1)、(3)是正确的
C. 只有(2)、(3)是正确的　　D. 三种说法都是正确的

4. 观察者甲测得同一地点发生的两个事件的时间间隔为 4 s。乙相对甲以 $0.6c$ 的速度运动,则乙观察这两个事件的时间间隔为(　　)。

A. 4 s　　B. 6.25 s　　C. 5 s　　D. 2.56 s

5. 一米尺静止于 S' 系中,米尺与 $O'X'$ 轴夹角 60°。S' 系相对于 S 系沿 OX 轴正向的运动速度为 $0.8c$,则在 S 系中观测到米尺的长度为(　　)。

A. 60 cm　　B. 58 cm　　C. 30 cm　　D. 92 cm

6. μ 子的静止质量为 $106\ \text{MeV}\cdot c^{-2}$,动能为 4 MeV 的 μ 子的速度是(　　)。

A. $0.27c$　　B. $0.56c$　　C. $0.75c$　　D. $0.18c$

7. 在惯性系中,假设有两个光子火箭(以光速 c 运动的火箭)相向运动时,它们相互接近的速率为(　　)。

A. $2c$　　B. 0　　C. c　　D. c^2

8. 电子的静止能量为 0.51 MeV,若一个电子运动速度 $v=0.99c$,则它的动能是(　　)。

A. 3.5 MeV　　B. 4.0 MeV　　C. 3.1 MeV　　D. 2.5 MeV

二、判断题

1. 一切运动物体相对观察者的速度都不能大于真空中的光速。(　　)

2. 质量、长度、时间的测量结果都是随体与观察者的相对运动

状态而改变的。（　　）

3. 在一惯性系中发生于同一时刻、不同地点的两个事件在其他一切惯性系中也是同时发生的。（　　）

4. 惯性系中的观察者观察一个相对他做匀速运动的时钟时,会看到这个时钟比相对他静止的相同的时钟走得快些。（　　）

5. 观察者甲以 $0.8c$ 的速度相对于静止的观察者乙运动,若甲乙各携带一根长度、截面积、质量相同的棒,两根棒都安放在运动方向上,则甲测得乙所持棒的密度与乙测得甲所持棒的密度相同且都大于自己所持棒的密度。（　　）

6. 一粒子的速度值从 1.0×10^8 m·s^{-1} 增加到 2.0×10^8 m·s^{-1},则该粒子的动量值增加了 2 倍。（　　）

三、填空题

1. 一个在实验室中以 $0.8c$ 速度运动的粒子,飞行了 3 m 后衰变。则观察到同样的静止粒子衰变时间为_____。

2. π^+ 介子是不稳定的粒子,在它自己的参照系中测得平均寿命是 2.6×10^{-8} s。如果它相对实验室以 $0.8c$（c 为真空中光速）的速度运动,那么实验室坐标系中测得的介子的寿命是_____。

3. 观测者甲和乙分别静止于两个惯性参照系 K 和 K′ 中,甲测得在同一地点发生的两个事件的时间间隔为 4 s,而乙测得这两个事件的时间间隔为 5 s,则可求得:(1) K′ 相对于 K 的运动速度为_____;(2) 乙测得这两个事件发生的地点之间的距离为_____。

4. 观察者甲以 $0.8c$ 的速度（c 为真空中光速）相对于静止的参考者乙运动,若甲携带一长度为 L、截面积为 S、质量为 m 的棒,且这根棒被安放在运动方向上。则：(1)甲测得此棒的密度为 _____ ；(2)乙测得此棒的密度为 _____ 。

5. 两个静止质量为 M 的小球，其一静止，另一个以 $v = 0.8c$（c 为真空中光速）的速度运动，在它们做对心完全非弹性碰撞后粘在一起，则碰撞后速度 $v =$ _____ 。

6. 设有宇宙飞船 A 和 B，固有长度均为 $L = 100$ m，沿同一方向匀速飞行。在飞船 B 上观测到飞船 A 的船头、船尾经过飞船 B 船头的时间间隔为 1.66×10^{-6} s，则飞船 B 相对飞船 A 的速度大小为 _____ 。

四、简答题

1. 在 S 系中观察者看来两件事是同时发生的，对 S′ 系的观察者来说这两件事也一定是同时发生的吗？

2. 两块表经过校准，一块带入宇宙飞船，一块留在地面。宇宙飞船上的人观察舱内一个物理过程共 1 h，而地球上的人观察此过程大于 1 h，那么宇宙飞船上的表是否坏了呢？

3. 宇宙飞船上的人看地球上的米尺长度收缩，则地球上的人看宇宙飞船上的米尺是否伸长呢？

五、计算题

1. 一火箭的固有长度 L，相对于地面做匀速直线运动的速度为 v_1，火箭上有一个人从火箭的后端向火箭前端的一个靶子发射一颗相对于火箭的速度为 v_2 的子弹，问在火箭上测得子弹从射出到击中靶子的时间间隔是多少？

2. 一个以 $0.8c$ 速度运动的粒子，飞行了 3 m 后衰变，该粒子存在了多长时间？与该粒子一起运动的组系中来测量，这粒子衰变前存在了多长时间？

3. 在 6 000 m 的高层大气中产生了一个具有 2×10^{-6} s 平均寿命的 μ 子,该 μ 子以 $0.998c$ 的速度向地球运动,它衰变前能否到达地面?

4. 一艘宇宙飞船的船身固有长度 $L_0=90$ m,相对于地面以 $v_0=0.8c$ 的速度在一观测站的上空飞过(c 为真空中光速)。求:
(1) 观测站测得飞船的船身通过观测站的时间间隔是多少;
(2) 航天员测得船身通过观测站的时间间隔是多少。

5. 在惯性系 S 中,有两事件发生于同一地点且第二事件比第一事件晚发生 $\Delta t=2$ s;而在另一惯性系 S′ 中,观测第二事件比第一事件晚发生 $\Delta t'=3$ s。那么在 S′ 系中发生两事件的地点之间的距离是多少?

6. 一个粒子总能量为 6×10^3 MeV,动量为 3×10^3 MeV·c^{-1},它的静止能量是多少?

7. 一个电子从静止加速到 $0.1c$ 的速度需要做多少功? 速度从 $0.9c$ 加速到 $0.99c$ 又要做多少功?(电子的静止质量 $m_0=9.11\times 10^{-31}$ kg)

8. 在参照系 S 中有两个静止质量都是 m_0 的粒子 A 和 B,分别以速度 v 沿同一直线相向运动,相碰后合在一起成为一个粒子,求其静止质量 M_0。

9. 一匀质矩形薄板,在它静止时测得其长为 a,宽为 b,质量为 m_0,由此可算出其面密度为 $\dfrac{m_0}{ab}$。假定该薄板沿其长度方向以接近光速的速度 v 做匀速直线运动,此时再测算该矩形薄板的面密度则为多少?

10. 在实验室中观察到宇宙射线一介子的寿命是它的固有寿命的 8 倍,求该介子的动量。(已知该介子的静止质量为 m_0)

课外练习参考答案

第一章 力学基础知识

一、单选题

1. D 2. C 3. C 4. A 5. A 6. D 7. A 8. C

二、判断题

1. ×

   分析:根据力矩等于力乘以力臂,可知车脚蹬子在水平位置时力臂最大,在竖直位置时力臂为0,因此可推断在不同位置时力矩不相等。

2. √

   分析:受热膨胀的物体转动惯量增大,根据角动量守恒定律 $I\omega$=恒量可知,角速度应该减少。

3. ×

   分析:刚体做定轴转动遵循转动定律 $M=I\beta$,角加速度与所受的合外力矩成正比,合外力矩越大,角加速度就越大。

4. ×

   分析:力矩大小与角加速度大小成正比,力矩越大说明角速度的变化越快,不能说明角速度越大。

5. ×

   分析:从地面滚来的足球同时具有平动动能和转动动能,从空中飞来的足球(无转动)只有平动动能,因此地面滚来的球动能更高,接球做的功更大。

6. ×

分析：长骨的切变模量为 1.0×10^{10} Pa，玻璃切变模量为 3.0×10^{10} Pa，铜的切变模量为 4.0×10^{10} Pa。相比可知，长骨的切变模量比玻璃的小。

7. √
8. √

   分析：当肌肉疲劳时收缩能力减弱达到难以储存能量和对抗加于骨骼上的应力，其结果改变了骨骼上的应力分布，使骨骼受到异常的高载荷，最终导致疲劳骨折。

三、填空题

1. 刚体的质量；质量分布以及转轴位置
2. $\dfrac{4I}{4I+mR^2}\omega$
3. 合外力矩恒等于零
4. 进动
5. 正比；反比
6. 切应变；切应力；切应变
7. 形状、内部结构和它的组成部分
8. 拉伸；压缩；弯曲；剪切；扭转；复合载荷
9. $(T+a)(v+b) = b(T_0+a)$

四、简答题

1. **答** 因为大、小轮用一根皮带相连，做无滑动转动，所以大、小轮边缘上各点的线速度大小必定相等；大、小轮的半径不同，根据 $v = \omega r$ 可知，两轮相比，小轮的角速度大，大轮的角速度小。

2. **答** 飞轮上两个质点的半径不同，角速度相同，角加速度也相同。根据切向加速度公式 $a_t = r\beta$，法向加速度公式 $a_n = r\omega^2$ 可知，法向加速度和切向加速度都不同。

3. **答** 当此人收回手臂时，根据转动惯量的定义式 $I = \sum \Delta m_i r_i^2$ 可知，其绕轴转动的转动惯量与伸展手臂时相比减小，根据角动量守恒定律，$I\omega =$ 恒量，整个系统的转动角速度必将增加。

4. **答** 垂直作用在物体某截面上的内力 F 与该截面面积 S 的比值，称为物体在此截面处所受的正应力。物体在正应力作用下，长度改变量 Δl 和物体的原长度 l_0 之比称为正应变。当物体发生正应变时，在正比极限范围内，正应力 σ 与正应变 ε 的比值，称为杨氏模量 E，$E =$

$$\frac{\sigma}{\varepsilon} = \frac{Fl_0}{S\Delta l}.$$

5. **答** 肌肉包括骨骼肌、心肌和平滑肌三种。骨骼肌可随意收缩，称为随意肌。心肌不是随意肌，被称为非随意肌，心肌在神经系统支配下只能有规律地收缩、舒张，不能随意收缩。心室顺应性是指当心脏内部血压改变 ΔP 时，心室的容积改变 ΔV，$\frac{\Delta V}{\Delta P}$ 的比值。心室顺应性是判定心脏舒张过程中力学性能的一个指标。

五、计算题

1. **解** 圆形平面的质量密度 $\sigma = \frac{m}{\pi R^2}$，显然水平桌面作用于圆形平面各部分的摩擦力对转轴的力臂不同，摩擦力矩要采用积分求和的方法计算。首先将圆形平面分割为若干个同心细圆环，先计算半径为 r、宽度为 dr 的细圆环对转轴的摩擦力矩 dM，根据力矩的定义，得

$$dM = df \cdot r = d(\mu mg) \cdot r = \mu g \, dm \cdot r \quad (1)$$

$$dm = \sigma ds = \frac{m}{\pi R^2} 2\pi r \, dr \quad (2)$$

将式(2)代入式(1)中，有

$$dM = \mu \frac{mg}{\pi R^2} 2\pi r \, dr \cdot r = \frac{\mu mg}{R^2} 2r^2 \, dr$$

因为各细圆环的力矩方向相同，积分求合力矩为 $M = \int_0^R \frac{\mu mg}{R^2} 2r^2 \, dr = \frac{2}{3} \mu mgR$。

2. **解** 细棒对轴的转动惯量为 $I = \frac{1}{3}m(2l)^2$，当其转到竖直位置时，根据机械能守恒定律可得

$$\frac{1}{2}I\omega^2 = mgl$$

$$\omega = \sqrt{\frac{2mgl}{I}} = \sqrt{\frac{2mgl}{\frac{1}{3}m(2l)^2}}$$

$$\omega = \sqrt{\frac{3g}{2l}}$$

质心下落 h 时所经历的时间为

$$t = \sqrt{\frac{2h}{g}}$$

细棒质心轴转动的角度 $\theta = \omega t$,其转过的圈数为

$$N = \frac{\theta}{2\pi} = \frac{\omega t}{2\pi}$$

将前面两式结果代入上式,则有

$$N = \frac{1}{2\pi}\sqrt{\frac{3g}{2l}} \times \sqrt{\frac{2h}{g}}$$

$$N = \frac{1}{2\pi}\sqrt{\frac{3h}{l}}$$

3. **解** 两鼓轮所受的外力矩

$$M = m_2 g r_2 - m_1 g r_1$$

由转动定律 $M = I\beta$ 得

$$\beta = \frac{M}{I} = \frac{m_2 g r_2 - m_1 g r_1}{I}$$

4. **解** 对此系统而言,合外力矩为零。人与圆盘组成的系统角动量守恒。人在圆盘边缘时对轴的转动惯量 $I_人 = mR^2$,设人走到盘心时的角速度为 ω,则有

$$(I + I_人)\omega_0 = I\omega$$

$$\omega = \frac{(I + I_人)\omega_0}{I} = \frac{(I + mR^2)\omega_0}{I}$$

$$\Delta E_k = \frac{1}{2}I\omega^2 - \frac{1}{2}(I + I_人)\omega_0^2$$

$$\Delta E_k = \frac{1}{2}I\left[\frac{(I + mR^2)\omega_0}{I}\right]^2 - \frac{1}{2}(I + mR^2)\omega_0^2$$

$$\Delta E_k = \frac{mR^2}{2I}(I + mR^2)\omega_0^2$$

5. **解** 头骨的抗压强度 $F = \sigma S = 1.7 \times 10^8 \times 0.4 \times 10^{-4} = 6.8 \times 10^3$ N

根据机械能守恒可得 $\quad mgh = \frac{1}{2}mv^2$

因此有
$$h = \frac{v^2}{2g}$$

根据动量定理有 $Ft = mv$,将 v 代入上式得

$$h = \frac{v^2}{2g} = \frac{(Ft)^2}{2gm^2} = \frac{(6.8\times10^3 \times 1\times10^{-3})^2}{2\times9.8\times1^2} = 2.36 \text{ m}$$

第二章 流体的运动

一、单选题

1. D

   分析:稳定流动是指任一个流体质点经过流体空间某一点时流速矢量恒定不变,并不是说流体质点流速在流动过程中始终不变。

2. D

   分析:根据泊肃叶定律 $Q = \dfrac{\pi R^4 \Delta p}{8\eta L}$ 可知,血管中血液的流量与血管半径的四次方成正比,在其他条件不变的情况下,血管内径减少一半,血液流量应为原来的 $\dfrac{1}{16}$ 倍。

3. A

   分析:黏滞性流体在管道中流动处于何种流动形态由雷诺数来确定,根据已知条件,可计算其雷诺数 $Re = \dfrac{\rho d v}{\eta} = 340 < 2\,000$,是层流流动。

4. C

   分析: 由连续性方程 $S_1 v_1 = S_2 v_2$ 得(把血管视为圆形管道)

   $$v_2 = \frac{R_1^2}{R_2^2} v_1 = 45 \text{ cm}\cdot\text{s}^{-1}$$

5. A

   分析:由连续性方程 $S_A v_A = S_B v_B$ 得 $v_B = 2v_A$;又由伯努利方程 $p_A + \dfrac{1}{2}\rho v_A^2 = p_B + \dfrac{1}{2}\rho v_B^2$,即求出 v_A 的值。

6. C

   分析:按上题的步骤求出管中某处的流速,如 A 处的流速 v_A,根据体

积流量的定义 $Q_V = S_A v_A$，即可求出结果。

7. B

分析：由连续性方程，同时注意 $S_1 = \frac{\pi}{4}d_1^2$，$S_2 = \frac{\pi}{4}d_2^2$（视血管为圆形管道），即可求出小动脉窄处的内径 $d_2 = 3 \text{ mm}$。

8. D

分析：由连续性方程 $S_1 v_1 = S_2 v_2$，得 $v_2 = 45 \text{ cm} \cdot \text{s}^{-1}$，再由伯努利方程 $p_1 + \frac{1}{2}\rho v_1^2 = p_2 + \frac{1}{2}\rho v_2^2$ 得 $p_1 - p_2 = 85.0 \text{ Pa}$。

二、判断题

1. ×

分析：按稳定流动的定义，空间各点的流速一般各不相同，但一定都不随时间变化。

2. ×

分析：由连续性方程可知，本题前半部分阐述正确，但由伯努利方程可知，压强不仅由速度决定，而且还与未知量高度有关。

3. √

分析：若流管内外的流体单元可以穿过流管的侧壁流进流出，则它们对应的轨迹（流线）就会与构成管壁的流线相交，从而导致交点处流速不唯一、不固定，不能画出流线的错误结论。

4. √

分析：这时伯努利方程成立，即在理想流体稳定流动的情况下，单位体积中的机械能守恒定律成立。

5. ×

分析：对于非牛顿流体，黏滞系数与速度梯度有关，而对于一般的牛顿流体，黏滞系数仅由流体的性质和温度决定。

6. ×

分析：只要对伯努利方程进行修正，加上损失压头 Z_w 的影响因素，仍然可以利用它来求解相关问题。

7. ×

分析：在 $2\,000 < Re < 3\,000$ 时，流态不稳定，不能断定是湍流还是层流。

8. √

分析：串联时总流阻 $R_总^* = R_1^* + R_2^* + \cdots + R_n^*$，比起各段流阻，总流阻 $R_总^*$ 增大；而并联时流阻间满足关系式：$\dfrac{1}{R_总^*} = \dfrac{1}{R_1^*} + \dfrac{1}{R_2^*} + \cdots + \dfrac{1}{R_n^*}$，比起各段流阻，总流阻 $R_总^*$ 减小，这与电路中串、并联电阻的情况类似。

三、填空题

1. 流动性；连续性；黏滞性；可压缩性
2. 完全没有黏滞性；绝对不可压缩
3. 大小、方向均不随时间变化
4. $m^3 \cdot s^{-1}$；$kg \cdot s^{-1}$；$N \cdot s^{-1}$
5. 不能相交

   分析：若两条流线相交，交点处的流速不确定，不能按定义画出流线。
6. 理想；稳定；一段流管；压强能
7. 对称面上几何中心处；为零；减速

   分析：读者可参阅教材中比托管的原理分析。
8. 流速；小
9. 黏滞系数；牛顿黏性
10. 面积；速度梯度；黏滞系数
11. 泊肃叶；黏滞系数即动力黏度
12. 半径；密度；密度；黏滞系数

    分析：此时的收尾速度 $v = \dfrac{2}{9\eta}R^2(\rho - \sigma)g$

四、简答题

1. **答** 在两条相距较近、平行共进的轮船之间，海水相对于船体向后流动，两船之间的区域可以看作一段流管，在两船之间的海水的流速比船的外边的海水流速大。由伯努利方程可知，两船之间的海水压强小，而外边海水的压强大。所以，周围的海水会把两船推向一起，导致船体相撞。同样的道理，急驰而过的火车带动周围空气流动，也会造成局部的负压，所以，在站台上候车时应特别小心。

2. **答** 流体质点可以有加速度。稳定流动指的是在流体流过的空间各点上，流速不随时间变化，即各流体单元流到空间某点时流速都为某一定值；当流体单元经一段时间流到另外一点时，流速一般变为另外的量值，即产生了加速度。

3. **答** 下落过程中的水可被理解成在做稳定流动，流动路径上各点压强均为大气压。由伯努利方程可知,水流随高度下降流速逐渐增大,又由连续性方程可知,随流速逐渐增大,水流的横截面积逐渐减小。

4. **答** 飞机机翼做成截面形状上部为曲线(较长)、下部为直线(较短)的流线型。当飞机前进时,机翼划破空气。相对于机翼而言,比起下部空气向后的流速,上部空气向后的流速要大些(流线相对要密),故上部压强小于下部压强,空气对机翼产生一个向上的压强差:升力。与之相反,高速跑车的底板被制成向下弯曲的流线型,以增加高速行驶时跑车的"抓地"能力。

5. **答** 一般来讲,白酒的品质好,度数高时,黏滞系数较大。由斯托克斯定律可知,其中上浮气泡的收尾速度较小。若将酒瓶倒置,观察到酒中气泡的总体上浮速度较小时,可以初步断定,酒的品质较好。很有趣,这种做法还真有一些科学道理呢。但白酒的品质也不单单由度数决定,购买时还要综合考虑一些其他因素。

五、计算题

1. **解** 由连续性方程 $S_1 v_1 = S_2 v_2$ 得

$$v_2 = \frac{S_1 v_1}{S_2} = \frac{\pi \left(\frac{d_1}{2}\right)^2 v_1}{\pi \left(\frac{d_2}{2}\right)^2} = \frac{d_1^2 v_1}{d_2^2} = \frac{0.3^2 \times 0.5}{0.06^2} = 12.5 \text{ m} \cdot \text{s}^{-1}$$

2. **解** 做流线从水面处的 1 点到小孔出口处的 2 点,如图 1 所示,对 1、2 两点列伯努利方程 $p_1 + \frac{1}{2}\rho v_1^2 + \rho g h_1 = p_2 + \frac{1}{2}\rho v_2^2 + \rho g h_2$,因是大

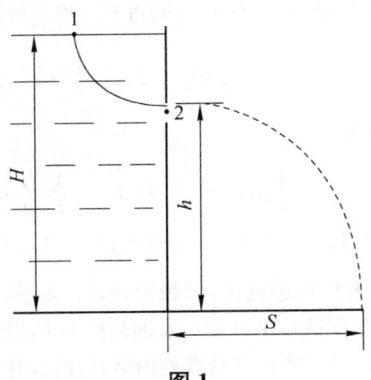

图 1

水槽，$v_1 \approx 0$，又因 1、2 两点均与空气接触，$p_1 = p_2 = p_0$，可以解得小孔处流速为

$$v_2 = \sqrt{2g(H-h)}$$

（1）射程 S 可由平抛运动公式求得

$$S = v_2 t = \sqrt{2g(H-h)} \cdot \sqrt{\frac{2h}{g}} = 2\sqrt{h(H-h)}$$

（2）当 $S = S_{\max}$ 时，由数学中求极值的原理，可知 $\dfrac{\mathrm{d}S}{\mathrm{d}h} = 0$，即

$$\left.\frac{\mathrm{d}S}{\mathrm{d}h}\right|_{S=S_{\max}} = \frac{-h+(H-h)}{\sqrt{h(H-h)}} = \frac{H-2h}{\sqrt{h(H-h)}} = 0$$

此时

$$h = \frac{H}{2}$$

（3）$S_{\max} = 2\sqrt{\dfrac{H}{2} \cdot \dfrac{H}{2}} = H$

3. **解** 由连续性方程 $S_1 v_1 = S_2 v_2$，得

$$v_2 = \frac{S_1 v_1}{S_2} = \frac{\pi\left(\dfrac{d_1}{2}\right)^2 v_1}{\pi\left(\dfrac{d_2}{2}\right)^2} = \frac{d_1^2 v_1}{d_2^2} = \frac{0.106^2 \times 1.0}{0.068^2} = 2.43 \text{ m} \cdot \text{s}^{-1}$$

做流线过 1、2 两点，对 1、2 两点列伯努利方程

$$p_1 + \frac{1}{2}\rho v_1^2 = p_2 + \frac{1}{2}\rho v_2^2$$

解得 2 点压强为

$$p_2 = p_1 + \frac{1}{2}\rho(v_1^2 - v_2^2) = p_1 - \frac{1}{2}\frac{\gamma}{g}(v_2^2 - v_1^2)$$
$$= 121.59 \times 10^3 - 2.2 \times 10^3 = 1.1939 \times 10^5 \text{ Pa}$$

4. **解** 此过程可看作理想流体，做稳定流动。取流动过程中水面处 1 点的高度为 h_1（变量），出口处 2 点的高度为 0，做流线从水面处的 1 点到出口处的 2 点，对 1、2 两点列伯努利方程，有

$$p_0 + \frac{1}{2}\rho v_1^2 + \rho g h_1 = p_0 + \frac{1}{2}\rho v_2^2 + 0$$

由连续性方程 $\qquad Sv_1 = Av_2$

有 $\qquad v_2^2 = \dfrac{S^2 v_1^2}{A^2}$

代入上式解得

$$h_1 = \frac{v_2^2 - v_1^2}{2g} = \frac{\left(\dfrac{S^2}{A^2} - 1\right)v_1^2}{2g}$$

$$v_1 = \sqrt{\frac{2gh_1 A^2}{S^2 - A^2}}$$

1 点的流速 v_1 即为水面高度下降的速度

$$v_1 = -\frac{\mathrm{d}h_1}{\mathrm{d}t}$$

因此

$$\mathrm{d}t = -\sqrt{\frac{S^2 - A^2}{2gh_1 A^2}} \cdot \mathrm{d}h_1$$

（1）设水面降至高度为 h 处所用时间为 T'，则

$$\int_0^{T'} \mathrm{d}t = -\int_H^h \sqrt{\frac{S^2 - A^2}{2gA^2}} \cdot \frac{1}{\sqrt{h_1}} \mathrm{d}h_1$$

即 $\quad T' = 2\sqrt{\dfrac{S^2 - A^2}{2gA^2}} \cdot \sqrt{h_1}\,\Big|_h^H = 2\sqrt{\dfrac{S^2 - A^2}{2gA^2}}(\sqrt{H} - \sqrt{h})$

（2）设水全部流完所用时间为 T，则

$$\int_0^T \mathrm{d}t = -\int_H^0 \sqrt{\frac{S^2 - A^2}{2gA^2}} \cdot \frac{1}{\sqrt{h_1}} \mathrm{d}h_1$$

即 $\quad T = 2\sqrt{\dfrac{S^2 - A^2}{2gA^2}} \cdot \sqrt{h_1}\,\Big|_0^H = \sqrt{\dfrac{2H(S^2 - A^2)}{gA^2}}$

或将 $h = 0$ 代入（1）的解中，可得

$$T = \sqrt{\frac{2H(S^2 - A^2)}{gA^2}}$$

5. **解** 因为 2 处的横截面积是 1 处的 2 倍,所以 $v_2 = \dfrac{v_1}{2} = 1.0\,\text{m}\cdot\text{s}^{-1}$, 做流线过 1、2 两点,对 1、2 两点列伯努利方程

$$p_1 + \frac{1}{2}\rho v_1^2 + \rho g h_1 = p_2 + \frac{1}{2}\rho v_2^2 + \rho g h_2$$

即有 $\Delta p = p_2 - p_0 = p_1 - p_0 + \dfrac{1}{2}\rho(v_1^2 - v_2^2) - \rho g(h_2 - h_1)$

$= 10^4 + \dfrac{1}{2} \times 1\,000 \times (2.0^2 - 1.0^2) - 1\,000 \times 9.8 \times 1.0$

$= 1.7 \times 10^3\,\text{Pa}$

6. **解** 达到平衡时进、出流量一样,桶内水面高度为定值 H,流速为 0;出口处的高度为 0,流速为 $v_2 = \dfrac{Q_V}{S_2}$。

由伯努利方程解得

$$v_2 = \sqrt{2gH}$$

所以

$$H = \frac{v_2^2}{2g} = \frac{Q_V^2}{2gS_2^2} = \frac{(140 \times 10^{-6})^2}{2 \times 9.8 \times (1.0 \times 10^{-4})^2} = 0.10\,\text{m} = 10\,\text{cm}$$

7. **解** 因是大水槽,1 点处的流速视为 0。做流线过 1、2、5、3、4 点,对 1、4 两点列伯努利方程

$$p_0 + \rho g h = p_0 + \frac{1}{2}\rho v_4^2$$

解得虹吸管中的各点流速均相等,即为

$$v = v_4 = \sqrt{2gh} = 2.8\,\text{m}\cdot\text{s}^{-1}$$

对 1、2 两点列伯努利方程解得 2 点压强为

$$p_2 = p_0 - \frac{1}{2}\rho v^2 = 1.0 \times 10^5 - \frac{1}{2} \times 10^3 \times 2.8^2 = 9.6 \times 10^4\,\text{Pa}$$

3 点与 2 点高度相同,故压强也相等。

8. 解 因是大水槽，a 点处的流速视为 0。做流线从 a 到 b，过 c、d、e 各点，对 a、b 两点列伯努利方程

$$p_0 + \rho g h = p_0 + \frac{1}{2}\rho v_b^2$$

解得
$$v_b = \sqrt{2gh}$$

（1）体积流量

$$Q_V = S_b v_b = 0.25 \times 10^{-4} \times \sqrt{2 \times 9.8 \times 0.4}$$
$$= 0.7 \times 10^{-4} \text{ m}^3 \cdot \text{s}^{-1} = 70 \text{ cm}^3 \cdot \text{s}^{-1}$$

（2）由连续性方程

$$Q_V = S_c v_c = S_d v_d = S_e v_e = S_b v_b$$

解得
$$v_c = \frac{Q_V}{S_c} = \frac{70}{1.0} = 70 \text{ cm} \cdot \text{s}^{-1}$$

$$v_d = \frac{Q_V}{S_d} = \frac{70}{0.5} = 140 \text{ cm} \cdot \text{s}^{-1}$$

$$v_e = \frac{Q_V}{S_e} = \frac{70}{0.25} = 280 \text{ cm} \cdot \text{s}^{-1}$$

（3）e 点与 b 点流速相同，高度相同，所以压强同为 p_0，这样

$$h_e = 0$$

对流线上的 b、d 两点

$$p_d + \frac{1}{2}\rho v_d^2 = p_0 + \frac{1}{2}\rho v_b^2$$

由上式和 $p_d - p_0 = \rho g h_d$ 得

$$h_d = \frac{v_b^2 - v_d^2}{2g} = \frac{2.8^2 - 1.4^2}{2 \times 9.8} = 0.3 \text{ m} = 30 \text{ cm}$$

同理

$$h_c = \frac{v_b^2 - v_c^2}{2g} = \frac{2.8^2 - 0.7^2}{2 \times 9.8} = 0.375 \text{ m} = 37.5 \text{ cm}$$

9. 解 求解此题的关键在于注意题中给出的"活塞匀速地移动"这个条件。这说明注射器中与针头接近处的 1 点流速 v_1 恒定，针头出口处

的 2 点流速 v_2 恒定。做流线过 1、2 两点,对 1、2 两点列伯努利方程

$$p_1 + \frac{1}{2}\rho v_1^2 = p_2 + \frac{1}{2}\rho v_2^2$$

又由连续性方程,可得

$$v_2^2 = v_1^2 \frac{S_1^2}{S_2^2}$$

那么

$$p_1 - p_2 = p_0 + \frac{F}{S_1} - p_0 = \frac{F}{S_1} = \frac{1}{2}\rho(v_2^2 - v_1^2)$$
$$= \frac{1}{2}\rho v_1^2 \left(\frac{S_1^2 - S_2^2}{S_2^2}\right) \approx \frac{1}{2}\rho v_1^2 \frac{S_1^2}{S_2^2}$$

解得

$$v_1 = \frac{S_2}{S_1}\sqrt{\frac{2F}{\rho S_1}}$$

此过程所需时间为

$$t = \frac{l}{v_1} = \frac{l S_1}{S_2}\sqrt{\frac{\rho S_1}{2F}} = \frac{0.04 \times 1.5 \times 10^{-4}}{1.0 \times 10^{-6}} \times \sqrt{\frac{1.0 \times 10^3 \times 1.5 \times 10^{-4}}{2 \times 4.9}}$$
$$= 0.74 \text{ s}$$

10. **解** 做流线从水龙头出口处的 1 点到下方 h 处的 2 点,对 1、2 两点列伯努利方程

$$p_0 + \frac{1}{2}\rho v_0^2 + \rho g h = p_0 + \frac{1}{2}\rho v_2^2 + 0$$

解得

$$v_0^2 + 2gh = v_2^2$$

即

$$v_2 = \sqrt{v_0^2 + 2gh}$$

又由连续性方程 $v_0 \pi R^2 = v_2 \pi r^2$ 得

$$r^2 = R^2 \frac{v_0}{v_2}$$

将 $v_2 = \sqrt{v_0^2 + 2gh}$ 代入,解得

$$r = R\sqrt{\frac{v_0}{(v_0^2 + 2gh)^{\frac{1}{2}}}}$$

11. **解** 将盐水看成理想流体,设 1、2 两点的流速为 v_1、v_2;压强为 p_1、p_2。做水平流线过 1、2 两点,对 1、2 两点列伯努利方程

$$p_1 + \frac{1}{2}\rho v_1^2 = p_2 + \frac{1}{2}\rho v_2^2$$

得 $\quad p_1 - p_2 = \frac{1}{2}\rho(v_2^2 - v_1^2) = \frac{1}{2}\rho v_2^2\left(1 - \frac{v_1^2}{v_2^2}\right)$

将 $p_1 - p_2 = \rho g \Delta h$ 和 $\dfrac{v_1}{v_2} = \dfrac{S_1}{S_2} = \dfrac{D_2^2}{D_1^2}$ 代入上式有

$$v_2 = \sqrt{\frac{2\rho g \Delta h}{\rho\left(1 - \dfrac{D_2^4}{D_1^4}\right)}} = \sqrt{\frac{2g\Delta h D_1^4}{D_1^4 - D_2^4}}$$

$$Q_m = \rho v_2 S_2 = \rho v_2 \pi\left(\frac{D_2}{2}\right)^2 = \rho\pi\frac{D_1^2 D_2^2}{4}\sqrt{\frac{2g\Delta h}{D_1^4 - D_2^4}}$$

$$= \frac{1}{4} \times 1.5 \times 10^3 \times 3.14 \times 0.1^2 \times 0.05^2 \times \sqrt{\frac{2 \times 9.8 \times 0.59}{0.1^4 - 0.05^4}}$$

$$= 10.34 \text{ kg} \cdot \text{s}^{-1}$$

12. **解** 由题意,体积流量 $Q_V = \dfrac{V}{t} = \dfrac{V}{60}$,而 $\Delta p = \rho g H$。

又由泊肃叶公式 $\quad Q_V = \dfrac{\pi r^4 \Delta p}{8\eta L}$

解得黏滞系数 $\quad \eta = \dfrac{60\pi r^4 \rho g H}{8LV}$

13. **解** 查表得 20° 时,水的黏滞系数为 $\eta = 1.00 \times 10^{-3}$ Pa·s 由 $v = \dfrac{\Delta p}{4\eta l}(R^2 - r^2)$ 知,管心处流速 $v_{\max} = \dfrac{\Delta p}{4\eta l}R^2$,所以压强差

$$\Delta p = \frac{4\eta l v_{\max}}{R^2} = \frac{4 \times 1.00 \times 10^{-3} \times 1.0 \times 10^{-2}}{(1.0 \times 10^{-2})^2} = 4.0 \text{ Pa}$$

14. **解** 查表得 20°时,水的黏滞系数为 $\eta = 1.00 \times 10^{-3}$ Pa·s,由雷诺数

的定义

$$Re = \frac{d v \rho}{\eta} = \frac{15 \times 10^{-2} \times 30 \times 10^{-2} \times 1.0 \times 10^{3}}{1.00 \times 10^{-3}}$$
$$= 4\,500 > 3\,000$$

得知管中的水做湍流。

这时的体积流量

$$Q_V = S \cdot v = \pi \left(\frac{d}{2}\right)^2 \cdot v = 3.14 \times \left(\frac{15 \times 10^{-2}}{2}\right)^2 \times 30 \times 10^{-2}$$
$$= 5.3 \times 10^{-3} \text{ m}^3 \cdot \text{s}^{-1}$$

15. **解** 在忽略空气密度的情况下,气泡所受的重力为 0。在其达到收尾速度时,浮力与黏滞阻力平衡,即

$$6\pi\eta R v = \frac{4}{3}\pi R^3 \rho g$$

此时

$$v = \frac{\frac{4}{3}\pi R^3 \rho g}{6\pi \eta R} = \frac{2R^2 \rho g}{9\eta} = \frac{2 \times (0.000\,5)^2 \times 9.0 \times 10^2 \times 9.8}{9 \times 0.3}$$
$$= 1.63 \times 10^{-3} \text{ m} \cdot \text{s}^{-1}$$

第三章 分子物理学基础

一、单选题

1. B
2. A

分析:因为 $pV = \frac{M}{\mu}RT$,而 $p_1 = p_2$,$V_1 = V_2$,故 $\frac{M_1}{\mu_1}RT_1 = \frac{M_2}{\mu_2}RT_2$。
又,理想气体的内能 $E = \frac{M}{\mu} \frac{i}{2} RT$,所以 $E_1 = E_2$。

3. C
4. A
5. D

分析:温度一定时,α 不变,由 $\Delta E = \alpha \Delta S$ 可知,ΔS 增大,ΔE 增大。

6. C

    分析：按表面张力的定义便可得出该结论。

7. D

    分析：注意，这时肥皂泡有内、外两个半径近似相等的表面。

8. D

    分析：这时应注意 $\dfrac{2\alpha}{R}$ 中 R 的正负。

9. D

    分析：由 $h = \dfrac{2\alpha\cos\theta}{\rho g r}$ 可知，h 与 r 成反比。

10. A

    分析：C 点曲率半径为 ∞，故 $p_C = p_0$；A、B 两点等高，故 $p_A = p_B$。此时弯管下端口处将形成一个凹面向下的弯曲液面，对应的接触角为 $\theta = \cos^{-1}\dfrac{\rho g h r}{2\alpha}$，它将产生一个指向下方的附加压强 $p_S = \dfrac{2\alpha\cos\theta}{r}$，使得 B 点的压强 $p_B = p_0 - p_S$，而达到平衡，故 $p_B < p_0$。又由于四点中 D 点最高，所以对应压强 p_D 最小。

11. B

    分析：由 $h = \dfrac{2\alpha\cos\theta}{\rho g r}$ 可知，$\alpha = \dfrac{\rho g h r}{2\cos\theta}$。

12. A

    分析：由题意，这时发生表面吸附现象，液体 2 为液体 1 的吸附剂。

二、判断题

1. √

    分析：由于 1 g 氢和 16 g 氧都是 0.5 mol 气体，分子数相同；又它们有相同的体积，故单位体积的分子数相同。又因为温度相同，由 $p = nkT$ 可知，压强 p 必然相同。

2. √

    分析：一定质量的某种理想气体的内能变化量 $\Delta E = \dfrac{M}{\mu}\dfrac{i}{2}R\Delta T$，仅与温度的变化量 ΔT 有关。

3. √

    分析：因为 $p = nkT$。

4. ×

分析：理想气体的内能变化量 $\Delta E = \dfrac{M}{\mu}\dfrac{i}{2}R\Delta T$，不仅与质量 M 和温度变化量 ΔT 有关，还与摩尔质量 μ 和分子自由度 i 有关。

5. ×

分析：按定义，表面张力系数表示为沿液体表面垂直作用于单位长度分界线上的表面张力，其单位是 $\text{N} \cdot \text{m}^{-1}$。然而，式 $\alpha = \dfrac{\Delta E}{\Delta S}$ 则表示表面张力系数在数值上等于液体表面增加单位面积时，表面能对应的增加量。（读者可参考弹簧的弹性系数 k 与弹性势能 E_p 做类比来理解）。

6. √

分析：在失重情况下，由于所受重力被惯性力平衡，一定体积的水将悬浮在空中，又由于液体的表面张力，使其有一个收缩到表面积为最小(球形)的趋势。

7. ×

分析：从式 $p_A = p_0 + p_S = p_0 + \dfrac{2\alpha}{R}$ 可以看出，若液面的凹面向上(如毛细管中的水面)，则 $R < 0$，$p_A < p_0$；若凹面向下(如毛细管中的汞面)，则 $R > 0$，$p_A > p_0$。所以，该问题的结果取决于液体是否可以润湿固体毛细管内壁。

8. ×

分析：人体是靠血液循环向周身提供养分的，其动力是心脏做功。树木是靠树干外层的一些木质细管的毛细现象向树梢提供树液的。

9. √

分析：这里应该注意的是，气泡内压强的大小随气泡上浮过程而减小由两重因素决定：一是由于所在处液体深度的减小，导致周围液体压强减小；二是随着周围液体压强不断减小，气泡体积不断增大，使得附加压强 $p_S = \dfrac{2\alpha}{R}$ 减小。上浮过程中，由于气泡表面积不断增大，由 $\Delta E = \alpha \Delta S$ 可知，其表面能不断增大。

10. √

分析：从常理分析水不会自动地从低处不断地流向高处，所以结论是肯定的。

三、填空题

1. 有降低吸附剂表面能和表面张力系数的作用
2. $\frac{i}{2}kT$；$\frac{i}{2}RT$
3. 位置；独立坐标数
4. 均等
5. 分子作用半径；垂直液面、指向液体内部
6. 沿着液体表面切向；垂直；正比
7. A；半径；反
8. 凸面；下降；值越大
9. 大于；重力加速度；反比
10. 表面张力；表面张力系数；表面活性物质
11. 表面活性物质；表面张力系数

四、简答题

1. **答** 由 $h = \dfrac{2\alpha\cos\theta}{\rho g r}$，可知，水沿毛细管上升的最大高度 h 和毛细管的半径 r 和水的密度 ρ 成反比，与水的表面张力系数 α 成正比。所以：(1)在毛细管的长度大于 h 的条件下，再将毛细管加长，水在毛细管中上升的高度不会变；(2)减小毛细管的直径，水在毛细管中上升的高度增大；(3)使水温增高，会使 α 和 ρ 都减少，但 α 减小的幅度较大，故水在毛细管中上升的高度减小。

2. **答** 液体表面所具有的，方向沿着液体表面切向，使液面具有收缩趋势的力，称为表面张力。液面上某线段两侧的表面张力不仅由液体的性质(表面张力系数)决定，而且还由线段长度决定，所以，不能说某种液体的表面张力比另一种液体的大。

3. **答** 接触角指的是液体与固体相接触时，液体表面的切面经液体内部与固体表面之间所成的角 θ，当 θ 为锐角时，液体能润湿固体。润湿时，液体分子间的相互作用力(内聚力)小于液体与固体分子之间的相互作用力(附着力)，不润湿时，情况正好相反。

4. **答** 通常的棉花纤维表面带有一层油脂，由于这层油脂，使得棉絮很难被润湿，将这层油层脱去制成脱脂棉后，棉花就很容易被润湿了，用其制成的棉签、绷带等的吸附能力大大增加。

五、计算题

1. **解** 由 $p = nkT$ 得

$$\Delta n = \frac{\Delta p}{kT} = \frac{1.01 \times 10^4}{1.38 \times 10^{-23} \times 300} = 2.44 \times 10^{24} \text{ m}^{-3}$$

2. **解** (1) $\frac{1}{2}m\overline{v^2} = \frac{3}{2}kT = \frac{3}{2} \times 1.38 \times 10^{-23} \times 300 = 6.21 \times 10^{-21}$ J

   (2) $n = \frac{p}{kT}$

   $$\sum \left(\frac{1}{2}m\overline{v^2}\right) = nV \cdot \left(\frac{1}{2}m\overline{v^2}\right) = \frac{pV}{kT} \cdot \frac{1}{2}m\overline{v^2}$$
   $$= \frac{1.33 \times 1.0 \times 10^{-6}}{1.38 \times 10^{-23} \times 300} \times 6.21 \times 10^{-21} \approx 2.0 \times 10^{-6} \text{ J}$$

3. **解** 设宇宙射线粒子的能量全部被氖气分子吸收而变为热运动能量后,氖气内能增加了 ΔE,则

   $$\Delta E = \frac{M}{\mu} \frac{i}{2} R\Delta T = \frac{3}{2} \frac{M}{\mu} R\Delta T = E_1$$

   所以氖气温度升高

   $$\Delta T = \frac{2E_1}{3\frac{M}{\mu}R} = \frac{2 \times 1.01 \times 10^{12} \times 1.6 \times 10^{-19}}{3 \times 0.10 \times 8.31} \approx 1.3 \times 10^{-7} \text{ K}$$

4. **解** 解法1:外力所做的功应等于肥皂膜表面能的增量

   $A = \Delta E_p = \alpha \Delta S = 2.0 \times 10^{-2} \times 0.05 \times 0.05 \times 2 = 1.0 \times 10^{-4}$ J

   解法2:此时外力使肥皂膜匀速地被拉长,意味着它与上、下两个表面的表面张力平衡,即

   $F = 2f = 2\alpha \overline{AB} = 2 \times 2.0 \times 10^{-2} \times 0.05 = 2.0 \times 10^{-3}$ N

   该外力所做的功为

   $A = Fl = 2.0 \times 10^{-3} \times 0.05 = 1.0 \times 10^{-4}$ J

5. **解** 每滴液体所受重力为 $G = \frac{5.0 \times 10^{-3}}{318}g$ N,液滴脱离的瞬间,重力应与液滴颈上部作用在其上的表面张力大小相等。设这时液滴颈的半径为 R,则有

   $$2\pi R\alpha = G$$

$$R = \frac{G}{2\pi\alpha} = \frac{5.0 \times 10^{-3} \times 9.8}{318 \times 2\pi \times 0.07} = 0.35 \times 10^{-3} \text{ m} = 0.35 \text{ mm}$$

6. **解** 肥皂泡有内、外两个表面,产生的附加压强均指向泡内球心,故泡内外的压强差为

$$p = \frac{4\alpha}{r} = \frac{4 \times 2.0 \times 10^{-2}}{1.0 \times 10^{-2}} = 8.0 \text{ Pa}$$

7. **解** 设 A 点的压强为 p_A,则有

$$p_A = p_0 - p_{SA} = p_0 - \frac{2\alpha}{r}$$

B 点的压强为 p_B,则有

$$p_B = p_0 + p_{SB} = p_0 + \frac{2\alpha}{R}$$

平衡时应有 $p_B = p_A + \rho g h$,即

$$p_0 + \frac{2\alpha}{R} = p_0 - \frac{2\alpha}{r} + \rho g h$$

$$h = \frac{2\alpha}{\rho g}\left(\frac{1}{R} + \frac{1}{r}\right) = \frac{2 \times 7.3 \times 10^{-2}}{1.0 \times 10^3 \times 9.8}\left(\frac{1}{3.0 \times 10^{-3}} + \frac{1}{0.30 \times 10^{-3}}\right)$$

$$= 5.5 \times 10^{-2} \text{ m}$$

8. **解** 考虑到汞面的附加压强后,实际压强值 p_0 应比计示值 p 多出一个量 p_S,即有

$$p_0 = p + p_S = p + \frac{2\alpha}{\frac{d}{2}} = 1.000 \times 10^5 + \frac{2 \times 0.49}{\frac{1}{2} \times 2.0 \times 10^{-3}}$$

$$= 1.01 \times 10^5 \text{ Pa}$$

第四章 热力学基础

一、单选题

1. B

分析:绝热线在某点的斜率为

$$\left(\frac{\mathrm{d}p}{\mathrm{d}V}\right)_Q = -\gamma \frac{p_A}{V_A}$$

而等温线在某点的斜率为

$$\left(\frac{\mathrm{d}p}{\mathrm{d}V}\right)_T = -\frac{p_A}{V_A}$$

由于 $\gamma > 1$，表明处于某一状态的气体，经过等温过程或绝热过程膨胀相同的体积时，在绝热过程中降低的压强 Δp_Q 比等温过程中降低的压强 Δp_T 多，这是因为在等温过程中压强的降低仅由气体密度的减小而引起；而在绝热过程中压强的降低，是由于气体密度减小和温度降低这两个因素导致的。

2. C
3. A

分析：不与外界交换热量，即绝热过程系统吸收的热量为 $Q = 0$
系统内能的变化为

$$\Delta E = \frac{M}{\mu}C_V\Delta T = 6.23 \times 10^2 \text{ J}$$

由 $Q = \Delta E + A = 0$，得系统对外界做功为

$$A = -\Delta E = -6.23 \times 10^2 \text{ J}$$

所以外界对系统做功为 6.23×10^2 J。
在绝热条件下，系统与外界无热量交换，外界对系统所做的功全部用于内能的增加。

4. A

分析：由绝热过程方程及 $\gamma = \dfrac{C_p}{C_V} = 1.4$ 得

$$p_2 = p_1\left(\frac{V_1}{V_2}\right)^\gamma = 10^5 \times (5)^{1.4} = 9.5 \times 10^5 \text{ Pa}$$

$$T_2 = T_1\left(\frac{V_1}{V_2}\right)^{\gamma-1} = 300 \times (5)^{0.4} = 571 \text{ K}$$

等温压缩

$$p_2 = p_1\frac{V_1}{V_2} = 10^5 \times 5 = 5 \times 10^5 \text{ Pa}$$

$$T_2 = 300 \text{ K}$$

由上可知，绝热压缩后，温度显著升高，压强超过等温压缩时压强接

近一倍。
5. A
6. C

   分析：因为内能是状态的单值函数，初态和终态是同一状态，所以内能不变。

7. C

   分析：因为内能是状态的单值函数，即 $\Delta E = \dfrac{M}{\mu} C_V (T_2 - T_1)$。

8. A

   分析：因为在等压过程中，理想气体在内能改变的同时，还要对环境做功。

9. A
10. B

    分析：因为 $Q = \Delta E + A$，所以 $\Delta E = Q - A = 300 - 200 = 100 \ \text{J}$。

11. C
12. D

    分析：因为 $Q = \Delta E + A$，题目所给条件不充分，无法确定。

13. A

二、判断题

1. √
2. ×

   分析：不可能将热量从低温物体传到高温物体而不产生其他影响。

3. √
4. √
5. √

三、填空题

1. 增加系统的内能
2. 1.67；1.40；1.33
3. 单值函数
4. 分子的自由度
5. 不可能大于并实际上小于
6. 完全转变为功
7. 始、末状态

8. 卡诺热机

9. $dS = \dfrac{dQ}{T}$

10. 保持不变；增加的

四、简答题

1. **答** 因为在等温膨胀过程中压强的降低仅由气体密度的减小而引起；而在绝热膨胀过程中压强的降低，是由于气体密度减小和温度降低这两个因素导致的。

2. **答** 卡诺热机是一种理想热机，它所经历的循环是卡诺循环，该循环只在两个热源（温度分别为 T_1 和 T_2）之间进行。卡诺热机的效率 $\eta = 1 - \dfrac{T_2}{T_1}$，只决定于两个热源的温度。由该公式可知，高温热源的温度越高，低温热源的温度越低，卡诺热机的效率越高。

3. **答** 因为 $\gamma = \dfrac{C_p}{C_V} = \dfrac{i+2}{i}$，由于 $\gamma > 1$，即绝热线在 A 点斜率为 $\dfrac{dp}{dV} = -\gamma \dfrac{p_A}{V_A}$ 的绝对值大于等温线在 A 点斜率 $\dfrac{dp}{dV} = -\dfrac{p_A}{V_A}$ 的绝对值，所以绝热线要比等温线陡峭一些。

五、计算题

1. **解** （1）等温过程 $\quad \Delta E = 0$

$$Q = A = \dfrac{M}{\mu} RT \ln \dfrac{V_2}{V_1} = \dfrac{1.4 \times 10^{-2}}{2.8 \times 10^{-2}} \times 8.31 \times 273 \times \ln \dfrac{1}{2}$$
$$= -786.25 \text{ J}$$

外界对系统做功 $\quad A' = 786.25 \text{ J}$

系统放热 $\quad Q' = 786.25 \text{ J}$

（2）绝热过程 $\quad A = -\Delta E = \dfrac{M}{\mu} C_V (T_1 - T_2)$

$$= \dfrac{M}{\mu} C_V T_1 \left(1 - \dfrac{T_2}{T_1}\right)$$

由绝热过程方程得 $\quad T_1 V_1^{\gamma-1} = T_2 V_2^{\gamma-1}$

则 $\quad A = \dfrac{M}{\mu} C_V T_1 \left[1 - \left(\dfrac{V_1}{V_2}\right)^{\gamma-1}\right]$

$$= \frac{1.4\times 10^{-2}}{2.8\times 10^{-2}}\times \frac{5}{2}\times 8.31\times 273\times (1-2^{1.4-1})$$
$$= -906 \text{ J}$$

外界对系统做功 $\qquad A' = 906 \text{ J}$

系统内能变化 $\qquad \Delta E = 906 \text{ J}$

2. **解** 绝热膨胀时,气体对外界做功为

$$A' = -A = \int_{V_1}^{V_2} p\mathrm{d}V = C\int_{V_1}^{V_2}\frac{\mathrm{d}V}{V^{\gamma}} = \frac{C}{1-\gamma}(V_2^{1-\gamma}-V_1^{1-\gamma})$$
$$= \frac{p_1 V_1^{\gamma}(V_2^{1-\gamma}-V_1^{1-\gamma})}{1-\gamma} = \frac{p_1 V_1}{1-\gamma}\left[\left(\frac{V_1}{V_2}\right)^{\gamma-1}-1\right]$$
$$= \frac{M}{\mu}\frac{RT_1}{1-\gamma}\left[\left(\frac{V_1}{V_2}\right)^{\gamma-1}-1\right]$$
$$= \frac{\frac{80}{32}\times 8.31\times 300}{1-1.4}\left[\left(\frac{0.41}{4.1}\right)^{1.4-1}-1\right]$$
$$= 9.36\times 10^3 \text{ J}$$

3. **解** 因为内能是状态函数,所以三个过程系统的内能变化相同。

$$\Delta E = \frac{M}{\mu}C_V \Delta T$$
$$= \frac{100}{32}\times \frac{5}{2}\times 8.31\times [(273+60)-(273+10)]$$
$$= 3.25\times 10^3 \text{ J}$$

三个过程的终态不是同一状态。

4. **解** 由绝热方程可得氮气经绝热压缩后的压强与温度分别为

$$p_2 = \left(\frac{V_1}{V_2}\right)^{\gamma} p_1 = 9.61\times 10^5 \text{ Pa}$$
$$T_2 = \left(\frac{V_1}{V_2}\right)^{\gamma-1} T_1 = 5.71\times 10^2 \text{ K}$$

以上计算结果表明,气体经绝热压缩,外界对气体做正功,气体升温升压。

5. **解** 空气在等温膨胀过程中所做的功为

$$A_T = \frac{M}{\mu}RT_1 \ln\frac{V_2}{V_1} = p_1 V_1 \ln\frac{p_1}{p_2}$$

空气在等压压缩过程中所做的功为

$$A_p = \int p\mathrm{d}V = p_2(V_1 - V_2)$$

利用等温过程关系 $p_1V_1 = p_2V_2$,则空气在整个过程中所做的功为

$$\begin{aligned}A &= A_T + A_p = p_1V_1\ln\frac{p_1}{p_2} + p_2V_1 - p_2V_2\\ &= p_1V_1\ln\frac{p_1}{p_2} + p_2V_1 - p_1V_1\\ &= 1.52\times 10^5 \times 5.0\times 10^{-3}\ln\frac{1.52\times 10^5}{1.01\times 10^5} + 5.0\times 10^{-3}\\ &\quad \times (1.01 - 1.52)\times 10^5\\ &= 55.7\text{ J}\end{aligned}$$

6. **解** 设高温热源的温度分别为 T_1'、T_1'',则有

$$\eta' = 1 - \frac{T_2}{T_1'}$$

$$\eta'' = 1 - \frac{T_2}{T_1''}$$

其中 T_2 为低温热源的温度。由上述两式可得高温热源需提高的温度为

$$\Delta T = T_1'' - T_1' = \left(\frac{1}{1-\eta''} - \frac{1}{1-\eta'}\right)T_2 = 93.3\text{ K}$$

第五章 静电场

一、单选题
1. C 2. A 3. D 4. D 5. C 6. D 7. C 8. B 9. D 10. D

二、判断题
1. × 2. × 3. √ 4. × 5. √ 6. × 7. √

三、填空题

1. 电场力;正电荷
2. 通过电场内任意闭合曲面的电通量,等于该闭合曲面内包围的所有电荷电量的代数和除以 ε_0,与闭合面外的电荷无关

3. 路径;保守力;保守力场
4. 正电荷;负电荷;降低
5. 电势梯度;场强指向电势降落的方向
6. 势;零
7. 电极化强度
8. 无极分子;有极分子
9. $\dfrac{1}{\varepsilon_r}$;电介质极化
10. 瞬间综合心电向量的箭头
11. 除极;复极

四、简答题

1. **答** (1)在正电荷的电场中,各点的电势为正,由 $W_P = q_0 V_P$ 可知,正电荷在其中的电势能为正,负电荷在其中的电势能为负;(2) 在负电荷的电场中,各点的电势为负,由 $W_P = q_0 V_P$ 可知,正电荷在其中的电势能为负,负电荷在其中的电势能为正。

2. **答** (1)在电势不变的空间内,电势梯度为零,所以场强为零。(2)在电势为零处,电势梯度不一定为零,所以场强不一定为零。(3)场强为零处,电势梯度为零,电势不一定为零。

3. **答** 在匀强电场中,场强处处相等,因而各点的电势梯度相等。由于电势梯度的存在,除垂直于电场的平面上的各点以外,其他各点的电势不相等。

4. **答** 空腔导体放在静电场中,静电平衡时导体内和空腔中的场强处处为零,空腔内部放入带电物体不会受到外部电场的影响。将一带正电体放在金属空腔内,由于静电感应,在空腔内、外表面上分别出现等量异号电荷,外表面的电荷所产生的电场会对外界产生影响。要防止腔内带电体对腔外物体有影响,可将外表面接地,从大地引来的与外表面上的感应电荷等量异号的电荷同感应电荷中和,这样腔外的电场消失,从而实现空腔内部不受外电场影响,腔内带电体也不影响到腔外,即全屏蔽作用。

5. **答** 静息电位的形成是由于细胞膜内外存在着离子浓度差、细胞膜对不同离子的通透性不同及钠泵的作用而引起的。

6. **答** 心房除极过程中形成的向量环是 P 空间向量环,心室除极形成的向量环是 QRS 向量环,心室复极形成的向量环是 T 向量环。

五、计算题

1. **解** 带电球体激发的电场呈球对称性,电场强度应该沿径向球对称分布,方向是沿径向指向球外,因此可以用高斯定理求出均匀带电球体内外的电场分布。以带电球体的球心为中心、任意长度 r 为半径作同心球面为高斯面,根据高斯定理有

$$\Phi = \oiint_S E \mathrm{d}S = E \oiint_S \mathrm{d}S = E 4\pi r^2 = \frac{\sum q_i}{\varepsilon_0}$$

当 $r < R$ 时 $\quad E 4\pi r^2 = \dfrac{\sum q_i}{\varepsilon_0} = \dfrac{\rho}{\varepsilon_0} \dfrac{4}{3} \pi r^3$

带电球体内的电场强度为

$$E = \frac{\rho r}{3\varepsilon_0}$$

当 $r \geqslant R$ 时 $\quad E 4\pi r^2 = \dfrac{\sum q_i}{\varepsilon_0} = \dfrac{\rho}{\varepsilon_0} \dfrac{4}{3} \pi R^3$

带电球体外及球面上的电场强度为

$$E = \frac{\rho R^3}{3\varepsilon_0 r^2}$$

2. **解** 由于对称性,"无限长"直圆柱场强 $\boldsymbol{E}$ 的方向由圆柱体的轴向外辐射,在离轴等距离处,$\boldsymbol{E}$ 的大小相等。如图 2 所示,作和带电直圆柱同轴的半径为 r 的直圆柱面为高斯面,由于该面的上、下底和场强方向平行,所以没有电通量。设高斯面的总面积为 S,其侧面积为 S'。

当 $r < R$ 时,由高斯定理得

$$\Phi = \oiint_S E_1 \mathrm{d}S = \iint_{S'} E_1 \mathrm{d}S = E_1 2\pi r l = \frac{\sum q_i}{\varepsilon_0} = \frac{\rho \pi r^2 l}{\varepsilon_0}$$

$$E_1 = \frac{\rho r}{2\varepsilon_0}$$

当 $r \geqslant R$ 时

$$\Phi = \oiint_S E_2 \mathrm{d}S = \iint_{S'} E_2 \mathrm{d}S = E_2 2\pi rl = \frac{\sum q_i}{\varepsilon_0} = \frac{\rho \pi R^2 l}{\varepsilon_0}$$

$$E_2 = \frac{\rho R^2}{2\varepsilon_0 r}$$

圆柱体内任意一点 A 的电势 ($r < R$)

$$V_A = \int_r^0 E \mathrm{d}r = -\int_0^r E \mathrm{d}r$$

$$= -\int_0^r \frac{\rho r}{2\varepsilon_0} \mathrm{d}r = -\frac{\rho r^2}{4\varepsilon_0}$$

圆柱体外任意一点 B 的电势 ($r \geqslant R$)

$$V_B = -\int_0^r E \mathrm{d}r = -\int_0^R E \mathrm{d}r - \int_R^r E \mathrm{d}r$$

$$= -\int_0^R \frac{\rho r}{2\varepsilon_0} \mathrm{d}r - \int_R^r \frac{\rho R^2}{2\varepsilon_0 r} \mathrm{d}r$$

$$= -\frac{\rho R^2}{4\varepsilon_0} \left(2\ln\frac{r}{R} + 1 \right)$$

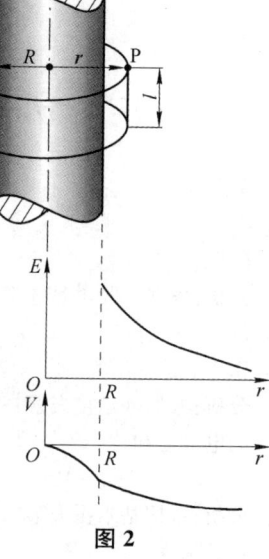

图 2

E-r 和 V-r 曲线如图 2 所示。

3. **解** (1) $Q = CU = 100 \times 10^{-12} \times 50 = 5.0 \times 10^{-9}$ C

(2) $E = \dfrac{E_0}{\varepsilon_r} = \dfrac{U}{\varepsilon_r d} = \dfrac{UC}{\varepsilon_r \varepsilon_0 S} = \dfrac{Q}{\varepsilon_r \varepsilon_0 S}$

$$= \frac{5.0 \times 10^{-9}}{6.4 \times 8.85 \times 10^{-12} \times 100 \times 10^{-4}}$$

$$= 8.8 \times 10^3 \text{ N} \cdot \text{C}^{-1}$$

(3) 云母中的场强 $E = \dfrac{E_0}{\varepsilon_r}$,所以有

$$E' = E_0 - E = E_0 \left(1 - \frac{1}{\varepsilon_r}\right)$$

又因为 $E_0 = \dfrac{\sigma}{\varepsilon_0}$,$E' = \dfrac{\sigma'}{\varepsilon_0}$,代入上式得

$$\sigma' = \sigma\left(1 - \frac{1}{\varepsilon_r}\right)$$

$$Q' = S\sigma' = S\sigma\left(1 - \frac{1}{\varepsilon_r}\right) = Q\left(1 - \frac{1}{\varepsilon_r}\right)$$

$$= 5.0 \times 10^{-9}\left(1 - \frac{1}{6.4}\right) = 4.2 \times 10^{-9} \text{ C}$$

第六章 恒定电流与电路

一、单选题

1. C
2. D
   分析：根据一段含源电路的欧姆定律可知 $U = \varepsilon + IR = 12 + 1 = 13 \text{ V}$
3. D
4. C
   分析：根据基尔霍夫第一定律即流入节点的电流之和等于流出节点的电流之和。
5. C
   分析：根据基尔霍夫第二定律即沿闭合回路绕行一周，电势降落的代数和为零。
6. B

二、判断题

1. ×
   分析：把单位正电荷从负极通过电源内部移到正极时，非静电力所做的功称为这个电源的电动势，而不是静电力所做的功。
2. ×
   分析：电流密度的数值等于通过导体某点单位垂直截面的电流强度。
3. √
4. ×
   分析：如果电路中有 n 个节点，则可列出 $n-1$ 个独立的节点方程。
5. √

三、填空题

1. 存在可以自由移动的电荷；存在电场

2. 电流强度;电流
3. 电流强度;电流
4. 流入;流出
5. 电阻;电源
6. $n-1$; $\sum I_i = 0$

四、简答题

1. **答** 两根截面不同但材料相同的导线串联起来,两端加上一定的电势差。则通过它们的电流强度相同,通过它们的电流密度不相同。

2. **答** 产生恒定电流的条件是导体中各点电流密度的大小和方向都不随时间发生变化,也就是电流连续地穿过任意一闭合曲面,即
$$\oiint_S \boldsymbol{J} \mathrm{d}\boldsymbol{S} = 0$$

3. **答** 基尔霍夫第一定律和基尔霍夫第二定律的理论依据分别是电流的连续性原理和稳恒电场的环路定理。

4. **答** 电源电动势完全取决于电源本身的性质,它反映了电源内部非静电力做功的大小,而端电压是指电动势两端的电势差,所以电动势的数值一般大于端电压的数值。当电源内阻为零时,或无电流流过电源时,端电压与电动势的值相等。

5. **答** 在电场作用下,带电胶粒发生迁移的现象称为电泳。电泳常应用于生物化学研究、制药、临床检验及农林生化等领域。

五、计算题

1. **解** 设电流强度为 I,则

$$I = \frac{\varepsilon_1 - \varepsilon_2}{r_1 + r_2 + R_1 + R_2 + R_3} = \frac{24-6}{2+1+2+1+3} = 2 \text{ A}$$

a 点的电位　　$V_a = U_{ae} = IR_1 = 2 \times 2 = 4$ V

b 点的电位　$V_b = U_{be} = -\varepsilon_1 + I(r_1 + R_1) = -16$ V

c 点的电位　$V_c = U_{ce} = -\varepsilon_2 - I(r_2 + R_2) = -10$ V

d 点的电位　　$V_d = U_{de} = -IR_2 = -2$ V

两个电池的端电压分别是

$$U_{ab} = V_a - V_b = 20 \text{ V}$$
$$U_{dc} = V_d - V_c = 8 \text{ V}$$

2. **解** 因为 $I=\dfrac{\varepsilon_1-\varepsilon_2}{R_1+R_2}=\dfrac{12-6}{3+3}=1$ A,所以可得

$$U_{ab}=-\varepsilon_3+IR_2=-3 \text{ V}$$
$$U_{ac}=-\varepsilon_3-\varepsilon_2=-12 \text{ V}$$
$$U_{bc}=-IR_2-\varepsilon_2=-9 \text{ V}$$
$$U_{ad}=-\varepsilon_3=-6 \text{ V}$$

3. **解** 设通过 R_1 上的电流为 I_1,通过 R_2 上的电流为 I_2,通过 R_3 上的电流为 I_3,根据基尔霍夫定律则有

$$I_1=I_2+I_3$$
$$I_1R_1+I_3R_3-\varepsilon_1=0$$
$$I_2R_2+\varepsilon_2-I_3R_3=0$$

解方程组可得通过 R_3 上的电流 $I_3=0.1$ A。

4. **解** 设通过 R_1 上的电流为 I_1,通过 R_2 上的电流为 I_2,通过 R_3 上的电流为 I_3,根据基尔霍夫定律则有

$$I_1=I_2+I_3$$
$$I_1(R_1+r_1)-\varepsilon_1+I_3R_3=0$$
$$-I_2(R_2+r_2)-\varepsilon_2+I_3R_3=0$$

解方程组可得 $I_1=4$ A, $I_2=-1$ A, $R_3=0.8$ Ω。

5. **解** 电流强度为

$$I=\dfrac{\varepsilon_1-\varepsilon_2}{r_1+r_2+R_1+R_2+R_3}=\dfrac{6-4}{1+1+1+2+3}=0.25 \text{ A}$$

A、B 两点的电势差为

$$U_{AB}=-\varepsilon_1+I(r_1+R_1+R_3)=-4.75 \text{ V}$$

6. **证明** 设通过 R_1 上的电流为 I_1,R_2 上的电流为 I_2,R_3 上的电流为 I_3,根据基尔霍夫定律则有

$$-\varepsilon_1+I_1R_1+IR=0$$
$$-\varepsilon_2+I_2R_2+IR=0$$
$$-\varepsilon_3+I_3R_3+IR=0$$

由以上方程组可得

$$I_1R_1 + I_2R_2 + I_3R_3 + 3IR = \varepsilon_1 + \varepsilon_2 + \varepsilon_3$$

再根据 $I = I_1 + I_2 + I_3$，$R_1 = R_2 = R_3 = R$，$U = IR$ 可得

$$U = \frac{1}{4}(\varepsilon_1 + \varepsilon_2 + \varepsilon_3)$$

第七章　电磁现象

一、单选题
1. D　2. A　3. B　4. D　5. A　6. D　7. B　8. C

二、判断题
1. ×
   分析：在一根磁感应线上，各点的磁感应强度不一定是常矢量。
2. √
3. ×
   分析：若磁感应强度沿某一环路的线积分等于零，环路上各点的磁感应强度不一定为零。

三、填空题
1. 洛伦兹力；$f = q\boldsymbol{v} \times \boldsymbol{B}$；安培力；$d\boldsymbol{F} = Id\boldsymbol{l} \times \boldsymbol{B}$
2. 匀速圆周运动；垂直
3. $\varepsilon_i = -k\dfrac{d\Phi}{dt}$；阻碍
4. $\dfrac{1}{16}$
5. 1.11×10^{-5} V；A 端

四、简答题
1. **答**　在远处某点的磁场是两根直流导线各自产生的磁场的矢量叠加，由于两导线中电流大小相等方向相反，所以在远处某点的磁场相互减弱。两导线扭在一起使其靠得更近，导致远处的磁场就越小。

2. **答**　这两个运动电子在垂直磁场的平面内运动轨迹是圆，圆周运动的周期和半径分别是 $T = \dfrac{2\pi m}{qB}$，$R_v = \dfrac{mv}{qB}$，$R_{2v} = \dfrac{2mv}{qB}$。

3. **答**　负号的含义是感应电动势总是阻碍磁通量的变化，如果磁通量变大，感应电流产生的磁通量与原来方向相反，如果磁通量变小，感

应电流产生的磁通量与原来方向相同。

4. **答** 在 CB 上取一个长度微元 $\mathrm{d}x$，它离 C 点的距离为 x，方向向 B 端。则 $\mathrm{d}x$ 两端的电势差由动生电动势公式可求得

$$\mathrm{d}\varepsilon_i = \boldsymbol{v} \times \boldsymbol{B} \cdot \mathrm{d}x = vB\mathrm{d}x = \omega Bx\mathrm{d}x$$

所以 C、B 两端的电势差为

$$V_B - V_C = \int_0^{\frac{L}{3}} \omega Bx\mathrm{d}x = \frac{1}{18}\omega BL^2$$

同理 C、A 两端的电势差为

$$V_A - V_C = \int_0^{\frac{2L}{3}} \omega Bx\mathrm{d}x = \frac{4}{18}\omega BL^2$$

所以 A、B 两点的电势差可求得

$$V_A - V_B = \frac{1}{6}\omega BL^2$$

故 A 点的电势高。

五、计算题

1. **解** 因电流延长直空金属薄管壁流动时，电流分布具有轴对称性，由安培环路定理可知

   (1) $r < R$ 时 $\qquad \oint_L \boldsymbol{B} \cdot \mathrm{d}\boldsymbol{l} = \mu_0 \sum I_i = 0$

   则 $\qquad\qquad\qquad B = 0$

   (2) $r \geqslant R$ 时 $\qquad \oint_L \boldsymbol{B} \cdot \mathrm{d}\boldsymbol{l} = \mu_0 \sum I_i = \mu_0 I$

   则 $\qquad\qquad\qquad B = \dfrac{\mu_0 I}{2\pi r}$

   方向由右手螺旋法则确定。

2. **解** 根据长直导线在空间产生磁场的特点可知，磁感应强度为零的点一定在两平行导线所决定的平面内，且是一条平行于导线的直线。当电流同向时，根据两根导线产生的磁场方向可知，磁感应强度为零的点在两导线中间，设该点与电流为 I 的导线的垂直距离为 l，则有

   $\dfrac{\mu_0 I}{2\pi l} = \dfrac{\mu_0}{2\pi} \dfrac{4I}{d-l}$，即 $l = \dfrac{d}{5}$。

3. **解** $\varepsilon = \int (\boldsymbol{v} \times \boldsymbol{B}) \mathrm{d}l = \int_0^L B\omega L \sin\theta \cos\left(\frac{\pi}{2} - \theta\right) \mathrm{d}l$

$= \int_0^L B\omega L \sin^2\theta \mathrm{d}l$

$= \dfrac{B\omega L^2 \sin^2\theta}{2}$

4. **解** (1) $\qquad \varepsilon = \int (\boldsymbol{v} \times \boldsymbol{B}) \mathrm{d}\boldsymbol{l}$

$$\varepsilon_1 = B_1 vl = Nlv \frac{\mu_0 I}{2\pi d}$$

$$\varepsilon_2 = B_2 vl = Nlv \frac{\mu_0 I}{2\pi(d+a)}$$

$$\varepsilon = \varepsilon_1 - \varepsilon_2 = Nlv \frac{\mu_0 I a}{2\pi d(d+a)}$$

(2) $\qquad \Phi = \dfrac{\mu_0 Il}{2\pi}\ln\left(\dfrac{d+a}{a}\right)$

$\varepsilon = -N\dfrac{\mathrm{d}\Phi}{\mathrm{d}t} = -N\dfrac{\mu_0 l}{2\pi}\ln\left(\dfrac{d+a}{a}\right)\dfrac{\mathrm{d}I}{\mathrm{d}t} = -250N\mu_0 l\ln\left(\dfrac{d+a}{a}\right)\cos 100\pi t$

5. **解** $\Delta q = \int_{t_1}^{t_2} I_2 \mathrm{d}t = \int_{t_1}^{t_2} \dfrac{N}{R}\dfrac{\mathrm{d}\Phi}{\mathrm{d}t}\mathrm{d}t = \int_{\Phi_1}^{\Phi_2} \dfrac{N}{R}\mathrm{d}\Phi = \dfrac{N}{R}\Delta\Phi$

由于为匀强磁场,$\Delta\Phi = BS$,则有

$$B = \frac{\Delta q R}{NS} = 5 \times 10^{-2} \text{ T}$$

6. **解** (1) 由 $\Phi = BS = B\dfrac{1}{2}xy$,$y = x\tan\theta$,$x = vt$ 得

$$\varepsilon = \frac{-\mathrm{d}\Phi}{\mathrm{d}t} = \frac{-\mathrm{d}\left(\frac{1}{2}Bv^2 t^2 \tan\theta\right)}{\mathrm{d}t} = Bv^2 t \tan\theta$$

方向为由 M 指向 N。

(2) 对非均匀时变磁场 $B = Kx\cos\omega t$,在 a 处取高为 $a\tan\theta$,宽为 $\mathrm{d}a$ 的面元。

$$\mathrm{d}\Phi = Ka\cos\omega t \cdot a\tan\theta \mathrm{d}a$$

$$\Phi = \int_0^x Ka\cos\omega t \cdot a\tan\theta \mathrm{d}a = \frac{1}{3}Kx^3 \cos\omega t \tan\theta$$

$$\varepsilon = \frac{-\mathrm{d}\Phi}{\mathrm{d}t} = Kv^3 \tan\theta\left(\frac{1}{3}\omega t^3 \sin\omega t - t^2 \cos\omega t\right)$$

第八章 机械振动和机械波

一、单选题

1. A 2. B 3. C 4. C 5. A 6. C 7. A 8. B 9. A 10. D 11. B

二、判断题

1. ×

   分析：小球在运动过程中所受的外力与位移的关系不满足 $f=-kx$。

2. ×

   分析：如果质点运动的动力学方程式可以归结为 $\dfrac{d^2x}{dt^2}+\omega^2 x=0$ 的形式，其中 ω^2 决定于振动系统本身的性质，则质点做简谐振动。

3. ×

   分析：从平衡位置运动到最远点需时 $\dfrac{1}{4}$ 周期，走过该距离的一半时相位差为 $\dfrac{\pi}{6}$，需时 $\dfrac{1}{12}$ 周期。

4. ×

   分析：因为波是振动状态的传播，在介质中各体元都将重复波源的振动，所以掌握了波源的振动规律以及波在介质中传播的速度方可得到波动规律。

5. ×

   分析：波动方程由振动方程推出，所以，当波源不动时，波源的振动周期与波动的周期在数值上是相同的。

6. ×

   分析：波源的振动速度描述质点在平衡位置附近振动的快慢程度；波速是描述波的传播速度。

7. ×

   分析：由波的叠加原理，两列互相独立波的传播，在两波相遇处体元的位移等于各列波单独传播时在该处引起的位移的矢量和。

8. ×

   分析：单位时间内通过介质中单位面积波的能量称为能流密度。

三、填空题

1. $\pm\dfrac{\sqrt{2}A}{2}$

2. 3×10^{-2} m; $-12\sqrt{3}\pi \times 10^{-2}$ m·s^{-1}; $-48\pi^2 \times 10^{-2}$ m·s^{-2}

3. $\frac{1}{2}kA^2$; $f = -kx$

4. 0.10 m; 2.4 s; $-\frac{\pi}{3}$ rad·s^{-1}; $0.10\cos\left(\frac{5\pi}{6}t - \frac{\pi}{3}\right)$ m

5. $\frac{3}{2}\pi$; $\frac{\pi}{2}$

6. 0.24 m; 0.12 m·s^{-1}; $0.05\cos\left(\pi t - \frac{\pi x}{0.12} + \frac{\pi}{2}\right)$ m

7. $0.02\cos\left(\pi t + \frac{\pi}{4}\right)$ m; $0.02\cos\left(\pi t + \frac{3}{4}\pi\right)$ m

8. $\frac{15\pi}{2}$

9. $y = 0.1\cos\left[165\pi\left(t - \frac{x}{330}\right) - \pi\right]$

10. 2.5 Hz; 3.5 m·s^{-1}

11. $y = A\cos\left[4\pi\left(t + \frac{x}{c}\right) - \frac{2\pi}{3}\right]$

四、简答题

1. **答** 振动是产生波动的根源,波动是振动的传播,它们是密切联系着的,但它们是两种不同的运动形式。振动是指单个物体(质点)或大块物体的一部分在其平衡位置附近做周期性运动。波动是指大块物体中从波源向外传播开来的周期性运动。在波动传播过程中,介质中某一体元的动能、势能同时增加,同时减少,因而总能量不守恒。这与质点振动时的能量关系完全不同。

2. **答** 做简谐振动的物体,$a = -\omega^2 x$,加速度的方向总是指向平衡位置。当物体沿接近平衡位置的方向运动时,速度与加速度方向相同;当物体背离平衡位置方向运动时,速度与加速度方向相反。加速度的正负是相对于所选定的坐标而言的,它不能反映出物体运动的快慢,只有当加速度与速度同向时物体才做加速运动,异向时则减速。

3. **答** 振动能量相同。简谐振动的能量 $E = \frac{1}{2}kA^2$,而 $\omega^2 = \left(\frac{2\pi}{T}\right)^2 = \frac{k}{m}$,因此 $E = \frac{1}{2}m\left(\frac{2\pi}{T}\right)^2 A^2 = \frac{1}{2}m(2\pi)^2 \left(\frac{A}{T}\right)^2$。

4. **答** 设弹簧的劲度系数为 k,原长为 l,将弹簧振子的弹簧剪掉一半时

其劲度系数为 k_1，则剪掉一半前的弹簧可以看作是两个长度均为 $\dfrac{l}{2}$、劲度系数均为 k_1 的轻弹簧串联而成，其等效弹簧的劲度系数，即原弹簧的劲度系数为 $\dfrac{1}{k} = \dfrac{1}{k_1} + \dfrac{1}{k_2} = \dfrac{k_1 + k_2}{k_1 k_2}$，因为 $k_1 = k_2$，所以 $\dfrac{1}{k} = \dfrac{2}{k_1}$，$k = \dfrac{k_1}{2}$，即弹簧剪掉一半时其劲度系数将增大。由 $\omega = \sqrt{\dfrac{k}{m}} = \dfrac{2\pi}{T} = 2\pi\nu$ 知，当弹簧的劲度系数增大而振子的质量不变时，弹簧振子系统的固有频率增大，周期将变小。即振动频率将增大。

5. **答** 波速是指波在介质中传播的速度，波的传播是运动状态的传播，平面简谐波在无限大均匀介质中的传播速度为 $c = \dfrac{\lambda}{T} = \nu\lambda$。波速与介质的特性和状态有关。振动速度是质点在平衡位置附近位移随时间的变化率，对于简谐振动，质点的振动速度为 $v = -\omega A \sin(\omega t + \varphi)$，与振动系统本身的性质、振幅以及初相位有关。

6. **答** 两列振幅相同的相干波在空间相遇，叠加的结果，有的地方振动始终加强，合振幅为原来的 2 倍，能量为原来的 4 倍；有的地方振动始终减弱，合振幅为零，能量也为零，故分布在整个相干区域的总能量是恒定不变的，因而不违背能量守恒定律。

7. **答** 当观察者向声源运动时，观察者在单位时间内接收到的完整波数增多，故频率变高；当声源向观察者运动时，在声源运动前方波长变短，导致波的频率变高；两者在物理意义上是有区别的。

8. **答** 因为 $\omega = \sqrt{\dfrac{k}{m}} = \dfrac{2\pi}{T}$，当有乘客时，弹簧振子的质量增加，所以振动系统固有频率减小，周期将变大。

9. **答** 从机械波在介质中传播的速度来看，声波在铁轨中的传播速度约为 $5\,000 \text{ m} \cdot \text{s}^{-1}$，而在空气中声波的传播速度大约为 $300 \text{ m} \cdot \text{s}^{-1}$，可见声波在铁轨中的传播速度远远大于空气中的传播速度；另一方面从机械波的强度来考虑，机械波的强度与媒质的密度及波速成正比，在波的频率和振幅相同的情况下，铁轨中声波的强度比在空气中的大很多。综上可知，把耳朵贴靠在铁轨上更容易判断是否有火车驶来。

10. **答** 合振动的轨迹为以 x 和 y 为轴的椭圆。$\alpha_2 - \alpha_1 = \dfrac{\pi}{2}$ 时，y 方向的振动比 x 方向的振动超前，质点沿椭圆逆时针方向运动。

11. **答** 弹性波在连续介质中的传播速度取决于介质的性质和状态，如固体、液体的形变模量、密度以及气体的体变模量和气体的状态等。在给定的非色散介质中，弹性波相位的传播速度（即波速）是一定的，与频率无关。当简谐波在连续介质中传播时，介质中各质元振动的频率是由波源决定的。由 $u = \lambda \nu$ 可知，波的频率越高，在介质中的波长越短。（1）若波源的频率增加，则波动的频率将随之增加。波速由于取决于介质的性质和状态，与频率无关，所以保持不变。由 $u = \lambda \nu$ 可知，波长将变短。（2）当波源的频率不变但介质改变时，波动的频率保持不变，波速将发生变化，增大或是减小取决于介质的性质和状态。由 $u = \lambda \nu$ 可知，波长亦将发生变化。（3）在空气中传播声波，伴随着介质（气体）的压缩膨胀，会引起温度变化，由于传热需一定的时间，故可将声波传播近似为绝热过程。在声波波源频率一定的条件下，声波先经过温度较高的空气，后穿入温度较低的空气时，由于声波的频率只和波源有关，所以其频率不变。由 $v_{声} = \sqrt{\dfrac{\gamma p T}{\mu}}$ 知，波速随温度的降低而减小。由 $u = \lambda \nu$ 可知，波长将变短。

五、计算题

1. **解** 简谐振动的运动学方程为 $x = A\cos(\omega t + \varphi)$，由于 $E = \dfrac{1}{2}m\omega^2 A^2$，得 $\omega = \sqrt{\dfrac{2E}{A^2 m}}$，因此振动方程为 $x = A\cos\left(\sqrt{\dfrac{2E}{A^2 m}}\,t + \varphi\right)$。

2. **解** （1）将 $y = 0.10\cos\left(2.5\pi t + \dfrac{\pi}{3}\right)$ m 与简谐振动方程的标准形式 $y = A\cos(\omega t + \varphi)$ m 进行比较，可直接写出该振动的特征量：角频率 $\omega = 2.5\pi\ \mathrm{rad \cdot s^{-1}}$；周期 $T = \dfrac{2\pi}{\omega} = 0.80\ \mathrm{s}$；频率 $\nu = 1.25\ \mathrm{Hz}$；振幅 $A = 0.10$ m；初相位 $\varphi = \dfrac{\pi}{3}$。

（2）$t = 2$ s 时，物体的位移

$$y = 0.10\cos\left(5\pi + \dfrac{\pi}{3}\right) = -5 \times 10^{-2}\ \mathrm{m}$$

物体的速度

$$v = -0.10 \times 2.5\pi \sin\left(5\pi + \frac{\pi}{3}\right) = 0.68 \text{ m} \cdot \text{s}^{-1}$$

物体的加速度

$$a = -0.10 \times (2.5\pi)^2 \cos\left(5\pi + \frac{\pi}{3}\right) \approx 3.1 \text{ m} \cdot \text{s}^{-2}$$

3. 解 已知简谐运动的振幅 A 和角频率 ω（可由 $\omega = \dfrac{2\pi}{T}$ 得到），根据物体的初始运动状态 x_0 和 v_0 即可得初相 φ，并写出简谐振动的运动方程。简谐振动物体在任意时刻的运动状态都与简谐振动的相位相对应。作为保守力系统，简谐振动系统的机械能守恒。

据题意，简谐振动的振幅 $A = 24$ cm，周期 $T = 4.0$ s，故 $\omega = \dfrac{2\pi}{T} = \dfrac{2\pi}{4} = \dfrac{\pi}{2}$。

由简谐运动的初始位移 $x_0 = A = 24$ cm 知，初始振动速度 $v_0 = 0$，则简谐振动的初相位 $\varphi = 0$，故简谐运动表达式为 $x = 0.24\cos\dfrac{\pi t}{2}$。

(1) $t = 0.5$ s 时，有 $x\big|_{t=0.5} = 0.24\cos\dfrac{\pi \times 0.5}{2} = 0.17$ m。物体的位移在 x 轴正方向，距平衡位置 0.17 m 处。

(2) $t = 0.5$ s 时，物体的加速度为

$$a\bigg|_{t=0.5} = \frac{d^2 x}{dt^2}\bigg|_{t=0.5} = -0.24\left(\frac{\pi}{2}\right)^2 \cos\frac{\pi \times 0.5}{2} = -0.419 \text{ m} \cdot \text{s}^{-2}$$

物体所受力的大小为

$$F\bigg|_{t=0.5} = ma\bigg|_{t=0.5} = -4.19 \times 10^{-3} \text{ N}$$

$t = 0.5$ s 时，物体受力的方向与位移的方向相反，指向平衡位置。

(3) 物体在 $x = 12$ cm 处的相位 $\varphi\big|_{x=0.12}$，由 $0.12 = 0.24\cos\dfrac{\pi t}{2}$ 得

$$\varphi\bigg|_{x=0.12} = \frac{\pi t}{2} = \pm\frac{\pi}{3}$$

由于物体是从起始时刻的最大位移处向平衡位置方向运动，故运动

至 $x = 12$ cm 时的速度 $v = \dfrac{\mathrm{d}x}{\mathrm{d}t}\bigg|_{x=0.12\text{ m}} = -0.24 \times \dfrac{\pi}{2}\sin\dfrac{\pi t}{2} < 0$, $\sin\dfrac{\pi t}{2} > 0$,其相位 φ 应取 $\varphi\bigg|_{x=0.12} = \dfrac{\pi}{3}$。故所需的最小时间为 $t = \dfrac{2}{3}$ s $= 0.67$ s。

(4) 在 $x = 12$ cm 处,物体的速度为

$$v\bigg|_{x=0.12} = -0.24 \times \dfrac{\pi}{2}\sin\dfrac{\pi}{3} = -0.326 \text{ m} \cdot \text{s}^{-1}$$

物体的动能为

$$E_\text{k}\bigg|_{x=0.12} = \dfrac{1}{2}mv^2\bigg|_{x=0.12} = 5.31 \times 10^{-4} \text{ J}$$

物体的势能为

$$E_\text{p}\bigg|_{x=0.12} = \dfrac{1}{2}kx^2\bigg|_{x=0.12} = \dfrac{1}{2}m\omega^2 x^2\bigg|_{x=0.12} = 1.78 \times 10^{-4} \text{ J}$$

简谐振动系统的机械能为

$$E\bigg|_{x=0.12} = E_\text{k} + E_\text{p} = (5.31 + 1.78) \times 10^{-4} = 7.09 \times 10^{-4} \text{ J}$$

4. **解** (1) $\varphi_2 = \dfrac{\pi}{6} + 2n\pi (n = 0, \pm 1, \pm 2 \cdots)$ 时,合振动振幅最大为

$$A = 0.4 + 0.2 = 0.6 \text{ m}$$

(2) $\tan\varphi = \dfrac{0.4\sin\dfrac{\pi}{6} + 0.2\sin\varphi_2}{0.4\cos\dfrac{\pi}{6} + 0.2\cos\varphi_2} = \tan\left(\varphi_2 + \dfrac{\pi}{2}\right) = -\cot\varphi_2$

即 $\dfrac{0.2 + 0.2\sin\varphi_2}{0.2\sqrt{3} + 0.2\cos\varphi_2} = -\dfrac{\cos\varphi_2}{\sin\varphi_2} \Rightarrow 2\sin^2\varphi_2 + \sin\varphi_2 - 1 = 0$

$$\sin\varphi_2 = \dfrac{-1 \pm \sqrt{1+8}}{4} = \begin{cases} -1 \Rightarrow \varphi_2 = -\dfrac{\pi}{2} + 2n\pi \\ \dfrac{1}{2} \Rightarrow \varphi_2 = \dfrac{5}{6}\pi + 2n\pi. \end{cases}$$

其中，$\varphi_2 = \frac{5}{6}\pi + 2n\pi$ 对应于 $\varphi = \varphi_2 - \frac{\pi}{2}$，故应舍去。

所以 $\varphi_2 = -\frac{\pi}{2} + 2n\pi$。

5. 解 （1）根据弹簧振子 $\omega_0^2 = \frac{k}{m}$ 得

$$k = m\omega_0^2 = 50 \times 10^{-3} \times 10^2 = 5.0 \text{ N} \cdot \text{m}^{-1}$$

（2）由 $x = 2\sin 10t = 2\cos\left(10t - \frac{\pi}{2}\right)$ 得

$$v = \frac{dx}{dt} = -20\sin\left(10t - \frac{\pi}{2}\right)$$

速度最大值 $\quad v_{\max} = 20 \times 10^{-2} \text{ m} \cdot \text{s}^{-1}$

故最大动能 $\quad E_{\max} = \frac{1}{2}mv_{\max}^2 = 1.00 \times 10^{-3} \text{ J}$

（3）总能量即等于最大动能 $E = E_{\max} = 1.00 \times 10^{-3}$ J 或 $E = \frac{1}{2}kA^2 = 1.00 \times 10^{-3}$ J。

6. 解 （1）波动方程 $y = 2\cos\pi(0.05x - 200t) = 2\cos 2\pi(0.025x - 100t)$ 与标准形式 $y = A\cos 2\pi\left(\frac{x}{\lambda} - \nu t\right)$ 比较可得 $A = 2$ m；$\lambda = 40$ m；$\nu = 100$ Hz；$T = \frac{1}{\nu} = 0.01$ s；$u = \lambda\nu = 4\,000 \text{ m} \cdot \text{s}^{-1}$。

（2）$t = 0$ s 时的波形如图 3 所示。

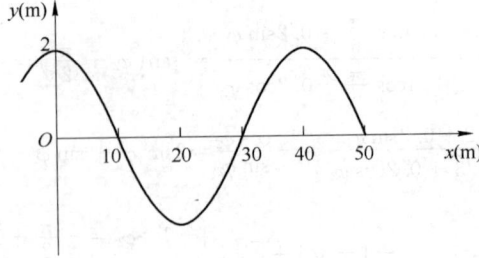

图 3

7. **解** (1) 由题设条件波的振幅 $A=0.10$ m,周期 $T=0.50$ s,波长 $\lambda=10$ m,可得波动方程为

$$y = A\cos\left[2\pi\left(\frac{t}{T}-\frac{x}{\lambda}\right)+\varphi\right] = 0.10\cos\left[2\pi\left(2.0t-\frac{x}{10}\right)+\varphi\right] \text{ m}$$

(2) 波线上相距 2.5 m 两点的相位差

$$\Delta\varphi = 2\pi\left(\frac{x+2.5}{\lambda}-\frac{x}{\lambda}\right) = \frac{\pi}{2}$$

(3) $t=0$ 时位于坐标原点处质元的振动位移为 $y_0=0.050$ m,有 $0.05=0.10\cos\varphi$,由此可得 $\varphi=\pm\frac{\pi}{3}$,则

$$\frac{dy}{dt} = -A\frac{2\pi}{T}\sin\left[2\pi\left(\frac{t}{T}-\frac{x}{\lambda}\right)+\varphi\right] = -\frac{2\pi}{5}\sin\left[2\pi\left(2.0t-\frac{x}{10}\right)+\varphi\right]$$

因为 $t=0$ 时原点处的质点速度 $v<0$,所以 $\left.\frac{dy}{dt}\right|_{x=0,\,t=0} = -\frac{2\pi}{5}\sin\varphi < 0$,则 $\varphi=\frac{\pi}{3}$。

故波动方程为 $y=0.10\cos\left[2\pi\left(2.0t-\frac{x}{10}\right)+\frac{\pi}{3}\right]$ m

8. **解** (1) 由图可知,$x=0$ 处质点振动的初相为 $\varphi=\frac{\pi}{2}$。所以,波的表达式 $y=A\cos\left[2\pi\nu\left(t-\frac{x}{c}\right)+\frac{\pi}{2}\right]$。

(2) $t=\frac{T}{2}$ 时,波形表达式为 $y = A\cos\left(\omega\frac{x}{c}+\frac{\pi}{2}\right) = A\cos\left(2\pi\nu\frac{x}{c}+\frac{\pi}{2}\right)$,波形如图 4a 所示。

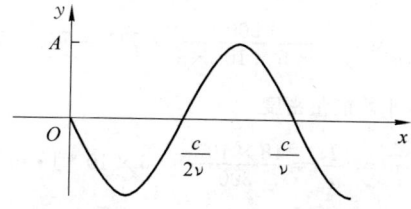

(a)

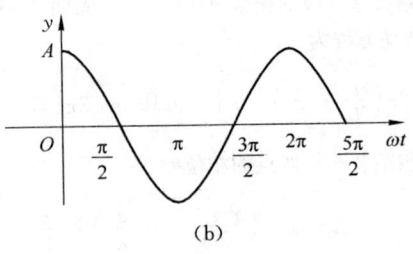

(b)

图 4

(3) $x = \dfrac{\lambda}{4}$ 处振动表达式为 $y = A\cos 2\pi\nu t$,振动曲线如图 4b 所示。

9. **解** (1) 由题意,$\varphi_1 = \varphi_2$,则 C 点处的相位差为

$$\Delta\varphi = \varphi_2 - \varphi_1 - 2\pi\dfrac{1.5\lambda}{\lambda} = -3\pi$$

(2) 由于相位差为 π 的奇数倍,C 点处产生相消干涉,振幅为零。

10. **解** 在距离波源 r_1 和 r_2 处,取以波源为中心的两个球面,则在单位时间内通过两个球面的平均能量必然相等,即 $I_1 4\pi r_1^2 = I_2 4\pi r_2^2$,或 $\dfrac{I_1}{I_2} = \dfrac{\frac{1}{2}ZA_1^2\omega^2}{\frac{1}{2}ZA_2^2\omega^2} = \dfrac{A_1^2}{A_2^2} = \dfrac{r_2^2}{r_1^2}$,即 $\dfrac{A_1}{A_2} = \dfrac{r_2}{r_1}$。由此式可知,对于球面简谐波,波的振幅 A 和离开波源的距离 r 成反比。于是,若设距离波源为单位长度处某质元的振幅为 A_0,离波源为 r 处体元的振幅为 $A = \dfrac{A_0}{r}$,则球面波的波动方程为 $y = \dfrac{A_0}{r}\cos\left[\omega\left(t - \dfrac{r}{c}\right) + \varphi\right]$。

11. **解** 已知 $\nu = 5\times 10^6$ Hz,$\theta = 0°$,$\Delta\nu = 500$ Hz,$c = 1\,500$ m·s^{-1},则血流速

$$v = \dfrac{c}{2\nu\cos\theta}\Delta\nu = \dfrac{1\,500}{2\times 5\times 10^6\times 1}\times 500 = 7.5\times 10^{-2} \text{ m·s}^{-1}$$

12. **解** (1) 波的平均能量密度

$$\bar{w} = \dfrac{I}{u} = \dfrac{18\times 10^{-3}}{300} = 6\times 10^{-5} \text{ J·m}^{-3}$$

(2) 相位差为 4π 的两个波阵面之间的波段对应长度为 2λ,此波段中

对应的能量为

$$E = \overline{w} \cdot \pi r^2 \cdot 2\lambda = \overline{w} \cdot \pi r^2 \cdot 2\frac{u}{\nu}$$
$$= 6 \times 10^{-5} \times \pi \times 0.07^2 \times 2 \times \frac{300}{300}$$
$$= 1.8 \times 10^{-6} \text{ J}$$

第九章 波动光学

一、单选题
1. A 2. C 3. A 4. B 5. C 6. C 7. B 8. D 9. C 10. A
11. B

二、判断题
1. √ 2. × 3. √ 4. × 5. × 6. √ 7. √ 8. √ 9. ×
10. √ 11. × 12. √

三、填空题
1. 干涉;衍射;偏振
2. 晶体表面的法线;光线的传播方向
3. 寻常;o;非常;e
4. 电场强度 E
5. 500 nm
6. $(n_1 - n_2)d$
7. 0.75

四、简答题

1. **答** 由光的干涉加强条件 $x = \pm k\dfrac{L}{d}\lambda (k=0,1,2,\cdots)$ 和条纹间距 $\Delta x = \dfrac{L}{d}\lambda$ 可知:(1)当屏幕移近时,L减小,则 x 减小,条纹间距 Δx 减小,干涉条纹变密集;(2)波长变长,λ 增大,则 x 增大,条纹间距 Δx 增大,干涉条纹变稀疏;(3)双缝的距离 d 变小,则 x 增大,条纹间距 Δx 增大,干涉条纹变稀疏。

2. **答** 各级条纹的分布将会变化,包括中央明纹的位置、各级明纹的位置和各级暗纹的位置,但各级条纹的亮度、宽度、相邻条纹的距离等

3. **答** 光波在传播过程中遇到障碍物后改变传播方向,不再沿原来的直线方向传播(传播方向发生弯曲),并且光的强度分布不均匀的现象,称为光的衍射。或者说光波偏离原来直线传播方向绕过障碍物后到达几何阴影区域,并且该区域的光强按照一定规律重新分布,这种现象称为光的衍射。

   光的衍射分为夫琅禾费衍射和菲涅耳衍射。

   夫琅禾费衍射是平行光线束的衍射,菲涅耳衍射不是平行光线的衍射。

4. **答** 肥皂泡是由肥皂薄膜构成的,白光照射下,会发生薄膜干涉,因膜的薄厚不一,不同波长的光分别在不同厚度的膜上干涉加强,肥皂泡呈彩色。

   由于重力的作用,空中的肥皂薄膜会逐渐变薄,它所呈现的颜色也会由红向紫变化;由光程差等于 $2nd - \dfrac{\lambda}{2}$ 可知,当 $d \to 0$ 时,薄膜薄到对各色可见光均不能形成相长干涉而形成相消干涉时,就呈现出黑色,预示着薄膜即将破裂。

5. **答** 光矢量在一个固定平面内只沿一个固定方向振动的光称为偏振光,亦称完全线偏振光。

   当完全线偏振光透过某一物质时,光的振动面以光的传播方向为轴旋转一定角度,这一性质称为物质的旋光性。

   观察者面对着光的传播方向观察,完全线偏振光的振动面沿顺时针方向旋转的物质,称右旋物质;反之,称左旋物质。

五、计算题

1. **解** 两个第三级明纹间距离为 2×10^{-2} m,说明第三级明纹的坐标为 1×10^{-2} m。根据公式 $x = \dfrac{L}{d}k\lambda$ 有 $\lambda = \dfrac{xd}{kL}$,取 $k = 3$,$x = 1 \times 10^{-2}$ m,$d = 2.2 \times 10^{-4}$ m,$L = 1$ m 可得

$$\lambda = \frac{1 \times 10^{-2} \times 2.2 \times 10^{-4}}{1 \times 3} = 7.33 \times 10^{-7} \text{ m} = 733 \text{ nm}$$

2. **证明** (1) 如图 5 所示,分别透过两条缝的光的光程差为

$$\delta = d\sin\theta - d\sin\varphi$$

出现暗条纹的条件是光程差满足

$$\delta = \pm\left(k+\frac{1}{2}\right)\lambda$$

因此出现暗条纹的条件是

$$d\sin\theta - d\sin\varphi = \pm\left(k+\frac{1}{2}\right)\lambda \ (k=0,1,2,3\cdots) \quad (1)$$

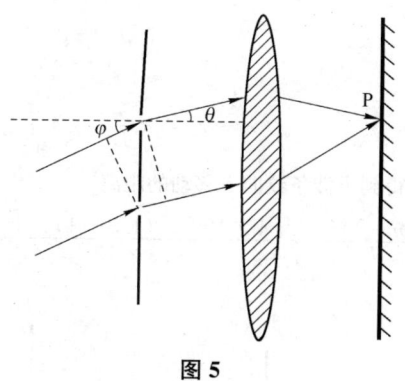

图 5

(2) 在 θ 很小的区域,有 $\sin\theta \approx \theta$,代入式(1)有

$$\theta = \pm\left(k+\frac{1}{2}\right)\frac{\lambda}{d} + \sin\varphi \ (k=0,1,2,3\cdots)$$

相邻暗条纹的角距离为

$$\Delta\theta = \theta_{k+1} - \theta_k \quad (2)$$

代入式(2)得

$$\Delta\theta = \theta_{k+1} - \theta_k = \left(k+\frac{3}{2}\right)\frac{\lambda}{d} + \sin\varphi - \left[\left(k+\frac{1}{2}\right)\frac{\lambda}{d} + \sin\varphi\right] = \frac{\lambda}{d}$$

故相邻暗条纹的角距离 $\Delta\theta$ 与 φ 无关。

证毕。

3. **解** (1) 设屏幕到双缝的距离为 L,由 $\Delta x = \frac{L}{d}\lambda$ 得

$$L = \frac{d\Delta x}{\lambda} = \frac{3.0\times 10^{-3}\times 0.3\times 10^{-3}}{600\times 10^{-9}} = 1.5 \text{ m}$$

(2) 如图 6 所示用玻璃片遮盖狭缝 S_2 后,缝 S_1 和 S_2 到屏中心 O 点

的光程不再相等,所以 O 点处不再是零级明条纹,因通过 S_2 的光线的光程增加,零级明纹会下移至 O' 点,以满足两光线至 O' 点的光程差 $\Delta L=0$。令薄玻璃片厚度为 e,则

$$\begin{aligned}\Delta L &= r_1 - [ne + (r_2 - e)] \\ &= (r_1 - r_2) - (n-1)e \\ &= 0\end{aligned}$$

其中

$$r_1 - r_2 = d\frac{x}{L}$$

代入前式可得到干涉条纹向下移动的距离

$$x = -\frac{e(n-1)L}{d} = -\frac{4\times 10^{-6}\times(1.5-1)\times 1.5}{0.3\times 10^{-3}} = -10^{-2}\ \text{m}$$

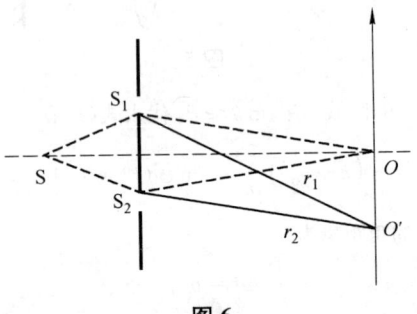

图 6

4. **解** 经过分析可知,在上、下两个分界面上的入射光均是从光疏介质射到光密介质,两束反射光均有半波损失。则两束反射光相遇时的总光程差为 $2nd$,设波长为 λ 的可见光得到加强,由 $2nd = k\lambda (k=1, 2, 3 \cdots)$ 得

$$\lambda = \frac{2nd}{k} = \frac{2\times 1.33\times 3.8\times 10^{-7}}{k}$$

将各个 k 值代入,求得当 $k=2$ 时,$\lambda = 505.4$ nm,在可见光范围内,是绿光。

5. **解** 由于在两个波长间没有其他波长相消的暗条纹,因此,两波长的

暗条纹干涉级相邻。

设 $\lambda_1 = 679\,\text{nm}$,$\lambda_2 = 485\,\text{nm}$,相应的暗条纹级次分别为 $k, k+1$,令油膜厚度为 d,则对 1 光有

$$2nd = \left(k + \frac{1}{2}\right)\lambda_1$$

对 2 光有

$$2nd = \left[(k+1) + \frac{1}{2}\right]\lambda_2 = \left(k + \frac{3}{2}\right)\lambda_2$$

则

$$\left(k + \frac{1}{2}\right)\lambda_1 = \left(k + \frac{3}{2}\right)\lambda_2$$

解得

$$k = \frac{3\lambda_2 - \lambda_1}{2(\lambda_1 - \lambda_2)} = \frac{3 \times 485 - 679}{2 \times (679 - 485)} = 2$$

因此 $\quad d = \dfrac{\left(k + \frac{1}{2}\right)\lambda_1}{2n} = \dfrac{2 + \frac{1}{2}}{2 \times 1.32} \times 679 = 643\,\text{nm}$

6. **解** 在薄膜上表面两束反射光线的光程差为

$$\Delta L = 2nd + \frac{\lambda}{2}$$

要使透射光线加强,即使反射光线干涉相消,则

$$\Delta L = 2nd + \frac{\lambda}{2} = \left(k + \frac{1}{2}\right)\lambda$$

当 $k = 1$ 时,薄膜具有最小厚度

$$d = \frac{\lambda}{2n}$$

7. **解** 设第二级明纹对应 $k_2 = 2$;第三级明纹对应 $k_3 = 3$;$\lambda_2 = 600\,\text{nm}$;所求光的波长为 λ_3。由光栅方程 $d\sin\theta = k\lambda$,结合题意可得

$$d\sin\theta = k_2\lambda_2$$
$$d\sin\theta = k_3\lambda_3$$

将已知代入,得

$$\lambda_3 = \frac{k_2 \lambda_2}{k_3} = \frac{2 \times 600}{3} = 400 \text{ nm}$$

8. **解** 设自然光光强为 I',通过第一个偏振片后光强为 I_0,通过第二个偏振片后光强为 I,自然光通过偏振片后光强成为原来的一半,即

$$I_0 = \frac{I'}{2}$$

由马吕斯定律,得

$$I = I_0 \cos^2 \theta$$

将数值代入

$$\frac{I}{I'} = \frac{1}{2} \cos^2 60° = \frac{1}{8}$$

9. **解** 设入射总光强为 I,其中完全线偏振光的光强为 I_1,则自然光的光强为 $I - I_1$,偏振片旋转过程中,当完全线偏振光的振动方向与偏振片偏振化方向平行时,有最大透射光强,为

$$I_{\max} = \frac{1}{2}(I - I_1) + I_1 = \frac{1}{2}(I + I_1)$$

当完全线偏振光的振动方向与偏振片偏振化方向垂直时,有最小透射光强,为

$$I_{\min} = \frac{1}{2}(I - I_1)$$

依题意

$$\frac{I_{\max}}{I_{\min}} = 5$$

因此

$$\frac{\frac{1}{2}(I + I_1)}{\frac{1}{2}(I - I_1)} = 5$$

得

$$I_1 = \frac{2}{3} I$$

完全线偏振光占 $\frac{2}{3}$,自然光占 $\frac{1}{3}$。

10. **解** 由 $\theta=[\alpha]_D^{20} cl$ 得

$$c = \frac{\theta}{[\alpha]_D^{20} l}$$

将已知数值代入

$$c = \frac{8.3}{6.64 \times 20} = 0.0625 \text{ g/cm}^3$$

第十章 几何光学

一、单选题

1. A

   分析:几何光学的许多公式都是在近轴光线的条件下推出的。

2. A

   分析:因为 $\frac{n_1}{u} + \frac{n_2}{v} = \frac{n_2 - n_1}{R}$,$n_2 = 1.5$,$n_1 = 1$,$u = \infty$。

3. B

   分析:因为 $\frac{1}{u} + \frac{1}{v} = \frac{1}{f}$,$u = 120 \text{ mm}$,$f = 40 \text{ mm}$。

4. B

   分析:因为 $\Phi = \frac{1}{f} = \frac{1}{0.25} + \frac{1}{-q}$,而 $q = 0.8 \text{ m}$。

5. C

   分析:因为 $\Phi = \frac{1}{f} = 12\text{D}$,$m = \frac{0.25}{f}$。

二、判断题

1. ×

   分析:因为光线有独立传播定律。

2. ×

   分析:因为射向第一节点的光线从第二节点沿平行于原来的方向射出。

3. ×

分析：因为近视眼的远点比正视眼近。
4. √
5. ×

分析：因为检眼镜是用来检查患者是否有眼底病变的仪器。

三、填空题

1. 光的直线传播定律；光的独立传播定律；光的反射定律；光的折射定律
2. 球面像差；色像差
3. 5 m
4. 增大物镜；减小
5. 小于

四、简答题

1. **答** 可利用的三条光线是：(1)平行于主光轴的光线；(2)通过第一焦点的光线；(3)射向第一节点的光线。
2. **答** 人眼的简化模型有平均眼、简约眼。
3. **答** 电子显微镜与光学显微镜的结构极为相似，也有聚光镜、物镜与目镜。但电子显微镜是高速电子束做"光源"；用电磁透镜代替了玻璃制造的光学透镜；光学显微镜的成像是由于物体的各部分对光的作用（折射、吸收和散射等）不同而形成的，电子显微镜的成像是由于物体的各部分对电子有不同的散射的结果；光学显微镜的像可直接用肉眼观察，而电子显微镜的像则不能用肉眼观察。

五、计算题

1. **解**

$$\frac{n_1}{u} + \frac{n_2}{v} = \frac{n_2 - n_1}{r}$$

$$\frac{1}{25} + \frac{1.5}{v} = \frac{1.5 - 1}{5}$$

$$v = 25 \text{ cm}$$

成实像。

当 $u = \infty$ 时，$v = f_2$，则

$$\frac{1.5}{f_2} = \frac{1.5 - 1}{5}$$

$$f_2 = 15 \text{ cm}$$

当 $v=\infty$ 时,$u=f_1$,则

$$\frac{1}{f_1} = \frac{1.5-1}{5}$$

$$f_1 = 10 \text{ cm}$$

2. **解**

$$\frac{n_1}{u} + \frac{n_2}{v} = \frac{n_2-n_1}{r}$$

$$\frac{1}{8} + \frac{1.5}{v_1} = \frac{1.5-1}{2}$$

$$v_1 = 12 \text{ cm}$$

又

$$\frac{1.5}{-(12-3)} + \frac{1}{v} = \frac{1-1.5}{\infty}$$

$$v = 6 \text{ cm}$$

3. **解** 透镜的焦距为

$$f = \left[(n-1)\left(\frac{1}{r_1} - \frac{1}{r_2}\right)\right]^{-1} = \left[(1.5-1)\left(\frac{1}{15} - \frac{1}{-30}\right)\right]^{-1} = 20 \text{ cm}$$

又

$$\frac{1}{u} + \frac{1}{v} = \frac{1}{f}$$

$$\frac{1}{100} + \frac{1}{v} = \frac{1}{20}$$

$$v = 25 \text{ cm}$$

放大率 $\quad m = \left|\dfrac{v}{u}\right| = \left|\dfrac{25}{100}\right| = \dfrac{1}{4}$

4. **解** $\Phi = \dfrac{1}{f_1} + \dfrac{1}{f_2} = \dfrac{1}{0.2} + \dfrac{1}{-0.4} = 2.5$ 屈光度

5. **解** 光线经过四次折射成像

$$\frac{n_1}{u} + \frac{n_2}{v} = \frac{n_2-n_1}{r}$$

光线由空气进入玻璃 $\quad \dfrac{1}{3R} + \dfrac{1.5}{v_1} = \dfrac{1.5-1}{R}$

光线由玻璃射入水 $\quad \dfrac{1.5}{-v_1} + \dfrac{\frac{4}{3}}{v_2} = \dfrac{\frac{4}{3}-1.5}{R}$

$$v_2 = \infty$$

光线由水射入玻璃 $\dfrac{\frac{4}{3}}{\infty}+\dfrac{1.5}{v_3}=\dfrac{1.5-\frac{4}{3}}{-R}$

光线由玻璃射入空气 $\dfrac{1.5}{-v_3}+\dfrac{1}{v}=\dfrac{1-1.5}{-R}$

$$v=3R$$

故最后像距球心 $4R$ 处。

6. **解** 整个成像过程分两个过程。

光线对球面折射 $\dfrac{1}{2R}+\dfrac{1.5}{v_1}=\dfrac{1.5-1}{R}$,解得 $v_1=\infty$。

平行光线入射到平面镜反射到球面折射 $\dfrac{1.5}{\infty}+\dfrac{1}{v}=\dfrac{1-1.5}{-R}$,解得 $v=2R$。

最后像成在物处,即物像重合。

7. **解**
$$\dfrac{1}{u}+\dfrac{1}{v}=\dfrac{1}{f}$$

$$\dfrac{1}{u}+\dfrac{1}{-25}=\dfrac{1}{10}$$

$$u=7.1\text{ cm}$$

又 $$\dfrac{v}{u}=\dfrac{h'}{h}$$

则 $$h'=\dfrac{hv}{u}=\dfrac{0.1\times 25}{7.1}=0.35\text{ cm(像高)}$$

8. **解**
$$\dfrac{n_1}{f_1}+\dfrac{n_2}{\infty}=\dfrac{n_2-n_1}{r}$$

$$\dfrac{1}{f_1}+\dfrac{\frac{4}{3}}{\infty}=\dfrac{\frac{4}{3}-1}{0.555}$$

$$f_1=1.665\text{ cm(第一焦点)}$$

$$\dfrac{1}{\infty}+\dfrac{\frac{4}{3}}{f_2}=\dfrac{\frac{4}{3}-1}{0.555}$$

$$f_2=2.22\text{ cm}$$

$$h'=\beta\cdot d=\dfrac{2\pi}{360}\times 15=0.26\text{ cm}$$

9. **解** 由 $\dfrac{1}{u}+\dfrac{1}{v}=\dfrac{1}{f}$ 可得：

   对 L_1
   $$\dfrac{1}{3}+\dfrac{1}{v_1}=\dfrac{1}{f_{物}}$$
   $$\dfrac{1}{3}+\dfrac{1}{v_1}=\dfrac{1}{2}$$
   $$v_1=6 \text{ cm}$$

   对 L_2
   $$\dfrac{1}{-(6-10)}+\dfrac{1}{v}=\dfrac{1}{5}$$
   $$v=-20 \text{ cm}$$

   $$m=\dfrac{v_1}{u}=\dfrac{6}{3}=2$$
   $$\alpha=\dfrac{25}{f_{目}}=\dfrac{25}{5}=5$$

10. **解** （1）$d=\dfrac{1.22\lambda}{2N.A.}=\dfrac{1.22\times 550}{2\times 1.32}=254.1 \text{ nm}$

    （2）设 y' 为经显微镜放大的像，显微镜的有效放大率为 m，则

    $$m=\dfrac{y'}{d}=\dfrac{\tan\beta\cdot 25}{d}=\dfrac{\tan\dfrac{1}{6}\times 25\times 10^{-2}}{254\times 10^{-9}}=286$$

第十一章 量子力学基础

一、单选题

1. C

   分析：光电流的强度主要决定于光电子的数量，而后者又主要决定于入射光的照射强度。

2. B

   分析：由光电方程 $\dfrac{mv^2}{2}=h\nu-A$ 可直接看出 ν 增加，$\dfrac{mv^2}{2}$ 也增加。

3. D

   分析：自由粒子的动量和能量均为常数。根据德布罗意关系，其相应的波长和强度（幅度）也为恒量，这样的波长就是单色平面波。

4. C

分析：公式 $\lambda \approx \dfrac{1.22}{\sqrt{U}}$ nm，$U = 100$ V，所以 $\lambda \approx 0.122$ nm

5. D

   分析：光子的能量为 $E = h\nu$，爱因斯坦的质能方程为 $E = mc^2$，由以上两式就得出 $m = \dfrac{h\nu}{c^2}$。

6. A

7. A

   分析：由公式 $\lambda = \dfrac{h}{\sqrt{2mE}}$，当 E 相同时，m 大，则 λ 小。

8. D

   分析：根据波函数的统计诠释可知，微观粒子在空间某处出现的概率必然与粒子在该处的波函数的绝对值的平方成正比。

二、判断题

1. √
2. ×

   分析：人体发出热辐射，其波长在红外区，所以人的肉眼看不到。

3. √

   分析：波动性在微观领域体现明显，在宏观领域无法体现。

4. ×

   分析：能否产生光电效应取决于入射光的频率，与其强度无关。

5. √

   分析：$\lambda = \dfrac{h}{\sqrt{2mE}} = \dfrac{h}{\sqrt{2meU}}$

6. √
7. √
8. √

三、填空题

1. 将辐射到它上面的辐射完全吸收的物体
2. 粒子性
3. 要么电子不吸收光子，要么电子吸收全部光子，即遵守"全/无"
4. 使金属发射光电子所照射的光的最小频率
5. $\psi(x, t) = A\cos\left[\dfrac{2\pi}{h}(Et - xp)\right]$

6. 6.63×10^{-35} m
7. 宏观;微观;经典;量子
8. 概率波

四、简答题

1. **答** 不是。绝对黑体吸收辐射(电磁波)的能量最强,同时它辐出辐射(电磁波)的能力也最强,所以它也能辐射各种电磁波。
2. **答** 不会。因为能否产生光电效应只决定于入射光的频率而与强度(亮度)无关。
3. **答** 光电流的大小与光电子的数量成正比,而后者决定于照射光的强度。
4. **答** 对一个微观粒子,它出现在全空间的概率应该是100%。

五、计算题

1. **解** 由 $\dfrac{1}{2}mv^2 = h\nu - A = \dfrac{hc}{\lambda} - A$ 得

$$v = \sqrt{\dfrac{2}{m}\left(\dfrac{hc}{\lambda} - A\right)}$$

$$= \sqrt{\dfrac{2}{9.1 \times 10^{-31}} \times \left(\dfrac{6.63 \times 10^{-34} \times 3.0 \times 10^{8}}{250 \times 10^{-9}} - 2.50 \times 1.6 \times 10^{-19}\right)}$$

$$= 0.932 \times 10^{6} \text{ m} \cdot \text{s}^{-1}$$

2. **解** 由公式 $E = \dfrac{p^2}{2m}$ 和 $\lambda = \dfrac{h}{p}$ 得

$$\lambda = \dfrac{h}{\sqrt{2mE}} = \dfrac{6.63 \times 10^{-34}}{\sqrt{2 \times 9.1 \times 10^{-31} \times 5\,000 \times 1.6 \times 10^{-19}}}$$

$$= 0.017\,3 \text{ nm}$$

3. **解** 由公式 $\lambda = \dfrac{h}{\sqrt{2meU}}$ 得

$$m = \dfrac{h^2}{2\lambda^2 eU} = \dfrac{(6.63 \times 10^{-34})^2}{2 \times (2.0 \times 10^{-12})^2 \times 1.6 \times 10^{-19} \times 400}$$

$$= 8.59 \times 10^{-28} \text{ kg}$$

4. **解** 由 $\Delta x \Delta p = h$ 得

$$\Delta x = \dfrac{h}{\Delta p} = \dfrac{h}{m\Delta v} = \dfrac{6.63 \times 10^{-34}}{9.1 \times 10^{-31} \times 200 \times 0.001}$$

$$= 3.64 \times 10^{-3} \text{ m}$$

5. 解 根据统计物理,在室温下中子的平均动能为

$$E_k = \frac{3}{2}kT = \frac{3}{2} \times 1.38 \times 10^{-23} \times 300 = 6.21 \times 10^{-21} \text{ J}$$

中子的静能为

$$E_0 = m_n c^2 = 1.67 \times 10^{-27} \times (3.0 \times 10^8)^2 = 1.50 \times 10^{-10} \text{ J}$$

因为 $E_k \ll E_0$,所以不考虑相对论效应,于是得到

$$\lambda = \frac{h}{\sqrt{2mE_k}} = \frac{6.63 \times 10^{-34}}{\sqrt{2 \times 1.67 \times 10^{-27} \times 6.21 \times 10^{-21}}} \approx 0.146 \text{ nm}$$

6. 解 因为 $U(x)$ 与时间无关,所以粒子处于定态。按照势能特点,分两步求解。

(1) 在 $x < 0$ 和 $x > a$ 区域内,势能为无限大。列出一维定态薛定谔方程为

$$-\frac{\hbar^2}{2m}\frac{d^2\psi}{dx^2} + U(x)\psi = E\psi$$

求解该方程,在 $x < 0$ 和 $x > a$ 的区域,由于 $U = \infty$,要使方程成立必须有 $\psi = 0$。

(2) 在 $0 \leqslant x \leqslant a$ 区域内,列出一维定态薛定谔方程为

$$-\frac{\hbar^2}{2m}\frac{d^2\psi}{dx^2} = E\psi$$

求解该方程,其通解为

$$\psi(x) = A\sin kx + B\cos kx$$

$$\frac{d^2\psi}{dx^2} + k^2\psi = 0$$

其中,$k = \sqrt{\frac{2mE}{\hbar^2}}$,$A$、$B$ 和 k 可根据边界条件及归一化条件来确定。

由边界条件确定能量 E。

根据波函数的标准化条件——单值、有限、连续,可得

$$\psi(0) = 0 \to A\sin 0 + B\cos 0 = 0 \to B = 0$$

$$\psi(a) = 0 \to A\sin ka + B\cos ka = 0 \to A\sin ka = 0$$

在 $x=a$ 处,因为 A 不能再为 0,所以
$$\sin ka = 0 \Rightarrow k_n a = n\pi \ (n=1, 2, 3\cdots)$$

由 $k=\sqrt{\dfrac{2mE}{\hbar^2}}$ 得到

$$E_n = n^2 \frac{\hbar^2 \pi^2}{2ma^2} \ (n=1, 2, 3\cdots)$$

可见,粒子的能量不是连续的,而是分裂的,即量子化的。E_n 称为能量本征值。最低能量称为基态能级 E_1,其他为激发态能级。即

$$E_1 = 1^2 \frac{\hbar^2 \pi^2}{2ma^2} \quad E_2 = 2^2 \frac{\hbar^2 \pi^2}{2ma^2} \quad E_3 = 3^2 \frac{\hbar^2 \pi^2}{2ma^2}$$

利用波函数的归一化条件求系数 A。由于 $B=0$,因而波函数可写成

$$\psi_n(x) = A \sin \frac{n\pi}{a} x \quad (0 \leqslant x \leqslant a)$$

由 $\int_{-\infty}^{\infty} |\psi_n(x)|^2 \mathrm{d}x = \int_0^a \left| A \sin \frac{n\pi}{a} x \right|^2 \mathrm{d}x = 1$ 得到

$$A = \sqrt{\frac{2}{a}}$$

最后得到归一化的波函数

$$\psi_n(x) = \begin{cases} \sqrt{\dfrac{2}{a}} \sin \dfrac{n\pi}{a} x & (0 \leqslant x \leqslant a) \\ 0 & (x < 0 \text{ 或 } x > a) \end{cases}$$

第十二章　X射线

一、单选题

1. C
2. D
3. B
4. A
5. D
6. B

分析：$\lambda_0 = \dfrac{hc}{eU} = \dfrac{6.626 \times 10^{-34} \times 3 \times 10^8}{1.6 \times 10^{-19} \times 2 \times 10^5} = 0.0062 \text{ nm}$

7. C

分析：$E = h\dfrac{c}{\lambda} = 6.626 \times 10^{-34} \times \dfrac{3 \times 10^8}{0.05 \times 10^{-10}} = 2.5 \times 10^5 \text{ eV}$

8. A

分析：$E = eU = 100 \text{ keV}$

9. C

10. B

二、判断题

1. ×

 分析：因为 X 射线的强度通过调节管电流来控制。

2. √

3. ×

三、填空题

1. 电离作用；荧光作用；贯穿作用；光化学作用；生物效应
2. 不连续性；标识原子的性质
3. $I_0(1 - e^{-\mu l})$
4. $8.8 \ \mu\text{m}$

四、简答题

1. **答** X 射线的硬度是指它的贯穿本领，决定于波长。波长愈短的 X 射线，光子的能量愈大，贯穿本领愈强，它的硬度就愈大，常用于深部治疗。反之，波长较长的射线，光子的能量较小，贯穿本领较弱，X 射线较软，适用于透视及体表治疗。X 射线的硬度由管电压控制，管电压愈高，轰击阳极的电子动能就愈大，发射光子的能量也愈大，X 射线愈硬。因此，在医学上通常用管电压来衡量 X 光管发出的 X 射线的硬度。

2. **答** X 射线的强度是指单位时间通过与射线方向垂直的单位面积的辐射能量。增加管电流，使轰击阳极靶的高速电子数目增加，产生光子的数目也增加，X 射线的强度增加。增加管电压，可使每个光子的能量增加。在使用时，首先按照用途来确定管电压，以便获得适合于需要的硬度。在管电压一定的条件下，X 射线的强度由管电流决定。因此在医学上常用管电流的毫安数来表示 X 射线的强度。

五、计算题

1. 解 $\lambda_{min} = \dfrac{hc}{e} \cdot \dfrac{1}{U} = \dfrac{6.63 \times 10^{-34} \times 3 \times 10^8}{1.6 \times 10^{-19} \times 80 \times 10^3} = 0.0155 \text{ nm}$

$h\nu_{max} = h\dfrac{c}{\lambda_{min}} = \dfrac{6.626 \times 10^{-34} \times 3 \times 10^8}{0.0155 \times 10^{-9}} = 1.28 \times 10^{-14} \text{ J}$

2. 解 $h\nu_{max} = E_k = mc^2 - m_0 c^2 = m_0 c^2 \left[\dfrac{1}{\sqrt{1 - \left(\dfrac{v}{c}\right)^2}} - 1 \right]$

$= 9.1 \times 10^{-31} \times (3 \times 10^8)^2 \times \left[\sqrt{\dfrac{1}{1 - (1.5 \times 10^8 / 3 \times 10^8)^2}} - 1 \right]$

$= 1.27 \times 10^{-14}$ J

$\lambda_{min} = \dfrac{hc}{h\nu_{max}} = \dfrac{6.626 \times 10^{-34} \times 3 \times 10^8}{1.27 \times 10^{-14}} = 1.57 \times 10^{-11}$ m

3. 解 $\mu_m = \dfrac{\mu}{\rho} = \dfrac{0.2455 \times 10^2}{1.04 \times 10^3} = 0.0236 \text{ m}^2/\text{kg}$

4. 解 对 40 kV 的射线

$\dfrac{\mu_b}{\mu_t} = \dfrac{2.4434 \times 10^2}{0.4012 \times 10^2} = 6.09$

对 150 kV 的射线 $\dfrac{\mu_b}{\mu_t} = \dfrac{0.3918 \times 10^2}{0.1842 \times 10^2} = 2.13$

所以,对手部拍片应采用 40 kV 的 X 射线。

5. 解 由 $2d\sin\theta = k\lambda$ 可得

$d = \dfrac{k\lambda}{2\sin\theta} = \dfrac{1 \times 0.154 \times 10^{-9}}{2 \times \sin 15°58'} = 2.81 \times 10^{-10}$ m

6. 解 由 $2d\sin\theta = k\lambda$ 可得

当 $k = 4$ 时,$\lambda = \dfrac{2d\sin\theta}{k} = \dfrac{2 \times 2.75 \times 10^{-10} \sin 60°}{4} = 1.19 \times 10^{-10}$ m

第十三章 原子核物理学基础

一、单选题

1. D 2. B 3. A 4. A 5. A 6. B 7. C 8. C 9. B 10. C

11. B 12. D 13. B 14. C 15. C

二、判断题

1. ×

   分析：衰变常数仅决定于原子核自身的性质。

2. √

3. √

4. ×

   分析：由于铀的半衰期很长。

5. ×

   分析：效应的大小主要取决于吸收剂量即单位质量的被照射物体从放射线中吸收的能量，而非照射量。

三、填空题

1. 质子和中子；^A_ZX；235；92；143

2. 8；6

3. 1.2×10^{-4} y^{-1}；8 268 y

4. 1.92×10^{17}；1.08×10^{14} Bq

5. 32

6. 一张纸或薄膜手套；有机玻璃或铝片；铅板；含氢的物质（水、石蜡）

7. g 因子；外磁场 B

8. 4；$g\mu_N B$

四、简答题

1. 答　放射性核素在单位时间内发生衰变的概率称为衰变常数；放射性核素衰变掉一半所需要的时间称为半衰期；半衰期与衰变常数成反比关系。放射性核素在衰变前能够存在的平均时间称为平均寿命，平均寿命与半衰期成正比关系。衰变常数、半衰期和平均寿命三者均是反映放射性核素衰变快慢的物理量，三者均与核素的种类有关。三者的定量关系为：$\lambda = \dfrac{\ln 2}{T_{1/2}} = \dfrac{1}{\tau}$。

2. 答　照射量 X 指单位质量的空气电离形成的离子总电量，单位为库仑每千克（C·kg^{-1}）。吸收剂量 D 指单位质量的被照射物质所吸收的辐射能量，单位为戈瑞（Gy）。剂量当量 H 指用生物组织受伤害的程度来修正单纯的吸收剂量，剂量当量的量值等于吸收剂量 D 与品质因数 Q 的乘积，单位为希沃特（Sv）。最大容许剂量指国际上规定经过长期的积累或一次照射后对机体既无损害又不发生遗传危害的最大剂量。

3. **答** 在外磁场 B 中,原子核的一个核能级分裂成 $2I+1$ 个子能级,两个相邻的子能级之差 $\Delta E = g\mu_N B$。如果在垂直于稳恒磁场 B 的方向上,另加一个高频交变磁场,且其频率满足共振条件 $h\nu = g\mu_N B$ 时,则处于该磁场中的原子核就会吸收高频交变磁场的能量,从低能级跃迁到高能级,大量的原子核显示出对交变磁场的强力吸收现象,产生核磁共振。

五、计算题

1. **解** (1) 设溶液出厂时单位体积的核子数为 N_0,溶液出厂后 11 d 单位体积的核子数为 N。

$$N = N_0 \left(\frac{1}{2}\right)^{\frac{t}{T_{1/2}}} = N_0 \left(\frac{1}{2}\right)^{\frac{11}{8}} = 0.386 N_0$$

由核子数相等得 $\quad N_0 V_0 = 0.5 N_0 = 0.386 N_0 V$

$$V = 1.3 \text{ ml}$$

(2) 由核子数相等 $0.5 N_0 = 8 N_1$ 得

$$N_1 = 0.062\, 5\, N_0$$

由 $N_1 = N_0 \left(\frac{1}{2}\right)^{\frac{t}{T_{1/2}}}$ 得

$$0.062\, 5 N_0 = N_0 \left(\frac{1}{2}\right)^{\frac{t}{8}}$$

解得 $t = 32$ d。

2. **解**

$$\begin{aligned}
A_0 &= \lambda N_0 = \frac{\ln 2}{T_{1/2}} \times 3 \frac{M}{\mu} N_A \\
&= \frac{\ln 2 \times 3 \times 5 \times 6.02 \times 10^{23}}{4.5 \times 10^9 \times 365 \times 24 \times 3\,600 \times (238 \times 3 + 16 \times 8)} \\
&= 52\,382 \text{ Bq}
\end{aligned}$$

3. **解** (1) $\lambda = \dfrac{\ln 2}{T_{1/2}} = \dfrac{0.693}{14.3 \times 24 \times 3\,600} = 5.61 \times 10^{-7} \text{ s}^{-1}$

$$\tau = \frac{1}{\lambda}\frac{T_{1/2}}{\ln 2} = \frac{14.3}{0.693} = 20.6 \text{ d}$$

(2) $A_0 = \lambda N = \lambda \dfrac{M}{\mu}N_A = 5.61 \times 10^{-7} \times \dfrac{2 \times 10^{-3}}{32} \times 6.02 \times 10^{23}$

$= 2.11 \times 10^{13}$ Bq

(3) $A = A_0 \left(\dfrac{1}{2}\right)^{\frac{t}{T_{1/2}}} = 2.11 \times 10^{13} \times \left(\dfrac{1}{2}\right)^{\frac{28.6}{14.3}} = 5.28 \times 10^{12}$ Bq

4. **解** 所求活度为

$$A = \lambda N = \frac{0.693}{T_{1/2}}\frac{MN_A}{\mu}$$

$$= \frac{0.693}{1.3 \times 10^9 \times 3.15 \times 10^7} \times \frac{70 \times 0.0037}{40 \times 10^{-3}} \times 1.2 \times 10^{-4} \times 6.02 \times 10^{23}$$

$= 7.9$ kBq

5. **解** 经 24 h 后

$$A = A_0 e^{-\lambda t} = 100 e^{-\frac{\ln 2}{8} \times 1} = 91.7 \ \mu\text{Ci}$$

剩余体内的活度

$$A - A' = 91.7 - 52.1 = 39.6 \ \mu\text{Ci}$$

6. **解** 因为 1 cm³ 血液内 ^{24}Na 的活度 $A' = 0.5$ min^{-1}, 30 h 前应为 A_0', 则

$$A' = A_0'\left(\frac{1}{2}\right)^{\frac{t}{T_{1/2}}} = A_0'\left(\frac{1}{2}\right)^{\frac{30}{15}} = \frac{1}{4}A_0'$$

$$A_0' = 4A' = 4 \times 0.5 = 2 \text{ min}^{-1}$$

总血液量 $V = \dfrac{A_0}{A_0'}V' = \dfrac{12\ 000}{2} \times 1 = 6\ 000$ cm³

7. **解** 由放射性规律 $N = N_0\left(\dfrac{1}{2}\right)^{\frac{t}{T_{1/2}}}$ 及 $N \propto M$ 得

$$M = M_0\left(\frac{1}{2}\right)^{\frac{t}{T_{1/2}}}$$

$$0.3 = 0.42 \times \left(\frac{1}{2}\right)^{\frac{t}{4.5 \times 10^9}}$$

$$t = 2.45 \times 10^9 \text{ y}$$

8. 解 （1）发生核磁共振时，$h\nu = \Delta E = g\mu_N B$，则有

$$g = \frac{h\nu}{\mu_N B} = \frac{6.626 \times 10^{-34} \times 60 \times 10^6}{5.05 \times 10^{-27} \times 1.41} = 5.5826$$

（2）$\mu_I = g\sqrt{I(I+1)}\mu_N = 5.5826 \frac{\sqrt{3}}{2}\mu_N = 2.4 \times 10^{-26}$ A·m²

其最大分量 $\mu'_{IZ} = gI\mu_N = \frac{1}{2}g\mu_N = 1.4 \times 10^{-26}$ A·m²

第十四章 狭义相对论简介

一、单选题
1. C 2. C 3. D 4. C 5. D 6. A 7. C 8. C

二、判断题
1. √ 2. √ 3. × 4. × 5. √ 6. ×

三、填空题
1. 0.75×10^{-8} s

2. 4.33×10^{-8} s

3. $0.6c$；$3c$

4. $\frac{m}{LS}$；$\frac{25m}{9LS}$

5. $0.5c$

6. $0.196c$

四、简答题
1. 答 洛伦兹变换式表明，对于同一地点的那些事件来说，如果它们在某一惯性系中是同时发生的，那么它们在一切惯性系中也都是同时发生的；而对于分散在空间不同地点的那些事件来说，同时是相对的，与惯性系选择有关，不再具有绝对性。

2. 答 宇宙飞船上的表没有坏。这是相对论中运动时钟的延缓效应。同样，地球上的人观察地面上一个物理过程共1 h，而宇宙飞船上的人观察此过程大于1 h。运动时钟的延缓是一种相对效应，即时间测量是相对的不是绝对的。

3. 答 地球上的人看宇宙飞船上的米尺长度也是收缩的。这是运动尺度的缩短效应，又称为洛伦兹收缩。运动尺度的缩短是一种相对效

应,即长度测量是相对的不是绝对的。

五、计算题

1. **解** 已知火箭的固有长度 L,运动速度 v_1;子弹速度 v_2,由题意火箭上发射的子弹从发射到击中靶子所前进的距离为火箭的固有长度 L,于是子弹前进 L 距离所需时间就是所求的时间间隔,即

$$\Delta t = \frac{L}{v_2}$$

2. **解** 设与粒子一起运动的坐标系为 S' 系,S' 系相对于 S 系运动速度 $u = 0.8c$。由题意知,该粒子存在的时间 Δt(S 系中测量)就是该粒子在 S 系中飞行 $l = 3$ m 所需的时间。即

$$\Delta t = \frac{3}{0.8c} = 1.25 \times 10^{-8} \text{ s}$$

如果在 S' 系中来测量,则粒子衰变前存在的时间 $\Delta t'$(固有时间)为

$$\Delta t' = \Delta t \sqrt{1 - \left(\frac{u}{c}\right)^2} = 7.5 \times 10^{-9} \text{ s}$$

3. **解** 由题意知 $t_0 = 2 \times 10^{-6}$ s,$u = 0.998c$,考虑相对论效应,以地球为参考系,μ 子的平均寿命为

$$t = \frac{t_0}{\sqrt{1 - \left(\frac{u}{c}\right)^2}} = 31.6 \times 10^{-6} \text{ s}$$

则 μ 子的平均飞行距离为

$$L = ut = 9.46 \text{ km}$$

4. **解** 由题意知 $L_0 = 90$ m,$v_0 = 0.8c$。

(1) 观测站测得飞船船身的长度为

$$L = L_0 \sqrt{1 - \left(\frac{v_0}{c}\right)^2} = 54 \text{ m}$$

则所求的时间为固有时间,即

$$\Delta t_1 = \frac{L}{v_0} = 2.25 \times 10^{-7} \text{ s}$$

(2) 航天员测得船身通过观测站的时间间隔为

$$\Delta t_2 = \frac{\Delta t_1}{\sqrt{1-\left(\frac{v_0}{c}\right)^2}} = 3.75 \times 10^{-7} \text{ s}$$

5. **解** 令 S′系与 S 系的相对速度为 v,已知 $\Delta t = 2$ s,$\Delta t' = 3$ s,由 $\Delta t' = \frac{\Delta t}{\sqrt{1-\left(\frac{v}{c}\right)^2}}$ 得

$$v = c\sqrt{1-\left(\frac{\Delta t}{\Delta t'}\right)^2} = 2.24 \times 10^8 \text{ m} \cdot \text{s}^{-1}$$

那么在 S′系中测得两事件之间的距离为

$$\Delta x' = x'_2 - x'_1$$

由洛伦兹变换得

$$\Delta t = \gamma \Delta t' + \gamma \frac{v}{c^2} \Delta x'$$

由此得 $\Delta x' = \frac{(\Delta t - \gamma \Delta t')c^2}{v\gamma} = -6.70 \times 10^8$ m

其中

$$\gamma = \frac{1}{\sqrt{1-\frac{v^2}{c^2}}}$$

式中,负号表示 $x'_2 < x'_1$。

6. **解** 由题意知 $E = 6 \times 10^3$ MeV,$p = 3 \times 10^3$ MeV $\cdot c^{-1}$,由相对论的动量与能量关系式 $E^2 = (m_0 c^2)^2 + p^2 c^2$ 得

$$E_0 = m_0 c^2 = \sqrt{E^2 - (pc)^2}$$

由此得 $E_0 = m_0 c^2 = 5.20 \times 10^3$ MeV

7. **解** 由题意知 $v_0 = 0$,$v_1 = 0.1c$,$v_2 = 0.9c$,$v_3 = 0.99c$,$m_0 = 9.11 \times 10^{-31}$ kg,根据功能原理,要做的功 $W = \Delta E$。根据相对论能量公式 $\Delta E = m_2 c^2 - m_1 c^2$ 与相对论质量公式 $m = \frac{m_0}{\sqrt{1-\left(\frac{v}{c}\right)^2}}$ 即可求

出相应物理量

$$\Delta E_1 = m_0 c^2 \left(\frac{1}{\sqrt{1-0.1^2}} - 1 \right)$$
$$= 9.11 \times 10^{-31} \times (3.00 \times 10^8)^2 \times 5.038 \times 10^{-3}$$
$$= 4.13 \times 10^{-16} \text{ J}$$

$$\Delta E_2 = m_0 c^2 \left(\frac{1}{\sqrt{1-0.99^2}} - \frac{1}{\sqrt{1-0.9^2}} \right)$$
$$= 9.11 \times 10^{-31} \times (3.00 \times 10^8)^2 \times 4.793$$
$$= 3.93 \times 10^{-13} \text{ J}$$

8. **解** 由动量守恒定律有 $m_A v_A - m_B v_B = M'v'$。因为 $m_A = m_B = m$, $v_A = v_B = v$, 所以 $v' = 0$, 即合成后粒子是静止的, 即 $M = M_0$(M 表示合成粒子的静止质量)。

由能量守恒定律得

$$M_0 c^2 = 2 \frac{m_0}{\sqrt{1 - \left(\frac{v}{c} \right)^2}} c^2$$

故

$$M_0 = \frac{2m_0}{\sqrt{1 - \left(\frac{v}{c} \right)^2}}$$

9. **解** 当薄板以速度 v 沿其长度方向匀速直线运动时, 观察者测得该板的长为 $a' = a\sqrt{1 - \left(\frac{v}{c} \right)^2}$, 宽 $b' = b$, 此时板的质量

$$m = \frac{m_0}{\sqrt{1 - \left(\frac{v}{c} \right)^2}}$$

则该板的面密度为

$$\rho = \frac{m}{a'b'} = \frac{m_0}{\sqrt{1 - \left(\frac{v}{c} \right)^2}} \frac{1}{a\sqrt{1 - \left(\frac{v}{c} \right)^2}} \frac{1}{b} = \frac{m_0}{ab\left[1 - \left(\frac{v}{c} \right)^2 \right]}$$

10. **解** 由 $t = \dfrac{t_0}{\sqrt{1 - \dfrac{v^2}{c^2}}} = 8t_0$ 得

$$\frac{1}{\sqrt{1-\frac{v^2}{c^2}}} = 8$$

则相对论动能

$$E_k = mc^2 - m_0 c^2 = \frac{m_0}{\sqrt{1-\frac{v^2}{c^2}}} c^2 - m_0 c^2 = 8m_0 c^2 - m_0 c^2 = 7m_0 c^2$$